성인학습 및 상담

나항진 강갑원 권희완
김경미 박성희 송선희 공저

YANGSEOWON
양서원

머리말

현대사회에서 가치를 창출하는 원천이 토지, 에너지, 노동에서 지식으로 급속하게 변하고 있다. 사회는 농업사회에서 산업사회, 지식사회로 옮겨가고 있다. 경제도 노동집약적 경제에서 자본기술집약적 경제로 또 지식·정보집약적인 형태로 바뀌고 있다. 지식을 갖춘 사람이 사회의 커다란 자산이 되는 사회가 도래하였다. 지식기반사회는 지식의 창출과 학습의 생활화를 토대로 한 사회이다. 특히 평생에 걸쳐 진행되는 지식의 생성과 공유는 지식기반사회를 유지하고 발전시키는 실질적 토대라고 할 수 있다.

이에 각 개인은 급격한 사회 변화 속에서 다양한 삶의 각 단계에서 어떻게 자신의 능력을 높이고, 보람과 행복을 실현시키며 창조적으로 국가 발전에 기여할 것인가를 고민하여야 한다. 이러한 측면에서 성인학습의 기초와 상담의 토대를 탐구하는 본서의 출간은 그 의의가 크다고 하겠다. 이 책은 평생교육사 자격과정의 교재로 활용될 수 있도록 성인학습 및 상담 분야에서 기본적으로 다루어야 하는 내용, 사례, 선행연구들을 요약, 정리하였으며, 이를 바탕으로 현장 종사자 및 전문가 집단도 응용·활용할 수 있도록 집필하였다.

이 책은 총 12장으로 구성되었다. 1장에서는 성인학습의 이해, 2장에서는 성인학습자의 이해, 3장에서는 성인기 발달이론, 4장에서는 성인학습 이론, 5장에서는 성인학습 제도와 기관, 6장에서는 성인학습의 실제, 7장에서는 상담의 기초, 8장에서는 상담자와 상담기법, 9장과 10장에서는 여러 성인상담이론을 탐색하고, 11장에서는 성인학습 상담의 이해, 12장에서는 성인학습자의 직업상담과 가족상담을 살펴 학습자들의 이해를 돕고자 하였다. 그러나 이 책을 쓰고자 했던 초기의 의도와 달리 저자들의 능력의 한계와 시간 부족 등으로 인해 미흡한 부분들이 적지 않아 아쉬움이 많이 남는다. 이에 저자들은 관련 전공의 동료들과 선후배들의 조언을 바탕으로 부족한 부분을 꾸준히 보완, 수정할 것을 약속한다.

아무쪼록 이 책이 교육학도, 평생교육사 자격증을 취득하고자 하는 분들, 평생교육과 상담 분야에 종사하는 모든 분들의 전공 지식 발전 및 현장의 과업 수행에 작으나마 도움이 되기를 바란다. 아울러 출판계의 어려운 사정에도 불구하고 본서를 흔쾌히 출판해주신 양서원의 박철용 회장님과 편집을 도와주신 직원 여러분께도 감사드린다.

저자 일동

차 례

C o n t e n t s

CHAPTER 01

성인학습의 이해

성인학습의 의의와 등장배경
성인학습의 구체적 필요성
성인학습의 이론적 기초

학습목표

1. 성인학습의 의의를 알 수 있다.

2. 성인학습의 등장배경을 이해할 수 있다.

3. 성인학습의 필요성을 알 수 있다.

4. 성인학습의 이론적 기초를 알 수 있다.

CHAPTER 01

성인학습의 이해

1. 성인학습의 의의와 등장배경

1) 성인학습의 개념 및 의의

현재 세계 모든 나라에서 많은 성인들이 정규 학교를 졸업한 이후 혹은 정규 학교교육의 대안으로 취업을 위해, 직무재교육(OJT)을 위해, 각종 연수교육을 위해, 교양 증진을 위해 성인학습 혹은 평생교육의 명목으로 학습하고 있다. 여기서 말하는 성인학습은 무엇인가? 문자 그대로 성인들이 학습하는 것으로 성인이 학령기 아동과 다르게 학습하는 것이다. 즉, 성인학습이란 학습자인 성인이 자신의 요구와 흥미에 따라 자기주도적으로 실행하는 학습활동이다. 이러한 성인학습은 성인의 전 생애에 걸쳐 다양하고 빈번하게 경험하는 다양한 형태의 학습활동을 포함하기도 한다.

많은 학자들이 이러한 성인학습에 대해 나름대로 정의를 내리고 있으나, 모든 사람들이 수긍할 수 있는 성인학습에 대한 보편타당한 정의를 내리기는 어렵다. 그럼에도 성인학습에 대한 메이어(Mayer)의 정의는 우리에게 시사하는 바가 크다. 그는 성인학습이란 '경험의 결과로 인하여 사회에서 성인으로 간주되는 사람들의 지식, 태도 및 행동이 비교적 지속적으로 변화되는 과정'이라고 할 수 있다고 하였다(Mayer, 1992). 즉, 성인학습이란 첫째, 성인의 행동 변화가 있어야 한다. 둘째, 성인의 행동 변화를 위해 경험이나 훈련 또는 연습을 한다. 셋째, 발생한 행동 변화가 비교적 오래 지속되어야 한다는 것이다. 이는 성인기에도 지속적이고 계속적인 발달이 이루어지기 때문에 학습이 계속 필요하다는 것과 그 맥을 같이 한다.

이러한 성인학습이 지니는 의의로 몇 가지를 지적할 수 있다(최은수 외, 2010). 첫째, 학습자의 제반 경험에 근거한 학습활동이 전개된다는 점이다. 둘째, 일정한 목적 달싱을 위한 특성 계획과정으로 이루어지는 의도적 활동이라는 것이다. 셋째, 다양한 학습에 의해 자기실현을 가능하게 한다는 것이다.

2) 성인학습의 등장배경

우리는 학습의 시대(learning age)가 도래했음을 머리는 물론 몸으로도 체험하고 있다. 현대사회에서 학습 혹은 교육은 어느 나라에서나 '요람에서 무덤까지' 이루어져야 할 삶의 중요한 양식으로 이해되고 있기 때문이다(나항진 외, 2011). 그러나 이러한 관점은 인류의 시작과 함께한 것이라고 할 수 있다. 예컨대, 동양에서는 고대 중국의 유교 및 도교, 고대 인도의 우파니샤드 경전 등에서 그 유래를 찾을 수 있다. 또한 서양에서는 고대 그리스 철학자 소크라테스, 플라톤, 아리스토텔레스 등의 사상에서 평생학습, 평생교육, 평생수양 등과 같은 생각이 강조되어 왔다. 그러나 이들의 사상 속에 내재된 것은 대체적으로 개인 혹은 소수 선택된 집단의 평생에 걸친 학습이나 교육을 강조하는 것이었다(권두승, 1995). 아쉽게도 이들의 사상이 '모든 이를 위한 학습'으로서의 이념으로 구축되고 제도로서 정착되도록 주장한 경우는 찾아보기 어렵다(한숭희, 2009).

그럼에도 많은 나라들이 근대 이후 자기 나라의 교육제도를 정비하고 모든 사회 구성원에게 균등한 교육 기회를 보장해 주기 위해 교육정책을 수시로 바꾸며, 자국민 교육에 엄청난 예산을 투입하는 등 모든 역량을 집중하고 있다. 즉, 오늘날 거의 모든 나라는 각국의 교육경쟁력을 강화하고 교육의 효율성을 높이고 또한 자국민들을 유능한 인적 자원(functional manpower)으로 만들기 위해 교육개혁을 국가정책의 최우선 과제로 매우 중요시하고 있다. 이는 교육을 통해 국가는 국가 발전에 필수적인 양질의 노동력을 공급받을 수 있으며, 개인은 자기존중과 자아실현을 통해 최상위 단계의 인간 욕구를 충족시킬 수 있기 때문이다.

성인학습은 앞에서 언급한 이유 외에도 여러 가지 요인에 의해 현대시대의 주요한 화두가 되었다. 특히, 제2차 세계대전 이후 국민들의 높아지는 학습요구는 많은 국가들이 성인학습 혹은 평생교육에 관심을 기울이게 하는 커다란 이유가 되었다. 이로 인해 세계적 교육기구인 UNESCO가 UN 산하에 생겨나게 되었다. UNESCO를 중심으로 세계성인교육회의(CONFINTEA)가 약 12주년을 주기로 개최되었다. 1949년의 제1차 덴마크 엘시노어회의, 1960년의 제2차 캐나다 몬트리올회의, 1972년의 도쿄회의, 1985년의 파리회의, 1997년의 독일 함부르크회의, 2009년에는 브라질 벨렘회의가 개최되었다. 이러한 맥락에서 세계 모든 국가에서 효율성, 효과성이 떨어지는 학교교육의 대안으로 성인교육 혹은 평생교육이 굳건히 자리매김하고 있는 추세이다. 이에 성인학습 혹은 평생교육이라는 말은 특정한 부류의 사람들만이 사용한 특수한 개념이 아니라 일상적으로 사용하는 보편적인 개념이 되었다. 이러한 연속적인 학습의 변화는 [그림 1-1]과 같다.

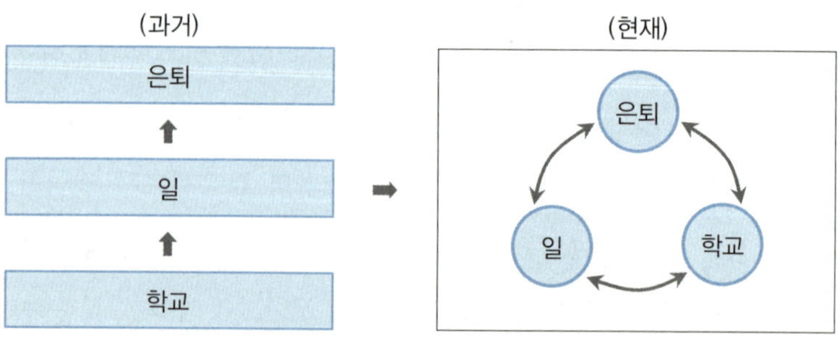

[그림 1-1] 학습의 변화

2. 성인학습의 구체적 필요성

1) 인구학적 변화

여타 선진국들과 마찬가지로 우리나라도 평균 수명이 늘어나고, 고령화가 급속히 진행되고 있다. 아울러 대졸 이상의 고학력자를 포함한 고학력 인구 비율이 빠른 속도로 늘고 있다(교육통계, 2014). 사회 구성원의 평균 연령의 증가, 교육 수준의 향상, 수입 정도의 변화 등과 같은 인구학적 특성은 그 사회의 교육 및 평생교육의 방향과 활동을 결정짓는 중요한 요인으로 작용한다.

이러한 환경은 다양한 경험에 대한 성인의 학습요구를 증가시키고 있다. 그 결과 많은 나라에서 그 형태는 다를지라도 특정한 성인 집단을 대상으로 선별적인 학습활동을 제공하거나 그것을 실천하기 위해 노력하고 있다. 일례로 노인 인구의 증가는 양적 측면에서뿐만 아니라 질적 측면에서도 우리 사회에 커다란 변화를 끼치고 있다. 급속히 증가하는 노인 인구는 이전의 노인들에 비하여 상대적으로 교육 수준이 높으며 경제 수준도 높다. 이에 따라 노인에 대한 지원정책을 수립하고 집행할 때에도 상황에 맞는 변화가 필요하다. 즉, 노인교육학 분야에서는 노인을 위한 공공 서비스 제공을 확대하기보다는 은퇴한 노인들의 다양한 잠재력을 개발·활용하는 데 초점을 맞추어야 한다(나항진 외, 2011). 이러한 주장은 '노화와 은퇴'를 '쇠퇴와 후퇴'의 의미로 받아들이는 사회문화적 통념이 노인의 개인적 성장과 사회적 공헌의 가능성을 무시해 온 경향에 대한 반성으로부터 나온 것이다(Na, 2009; Williamson, 1997).

2) 글로벌 경제의 진전

최근 빈번히 반복되는 경제위기 속에서 우리는 다음과 같은 교훈을 얻을 수 있다. 전 세계 대부분의 국가가 서로 밀접한 네트워크로 연결되어 있으며,

국가 간에 얽히고설킨 이러한 상호 의존성은 장점도 있지만, 때로는 엄청난 재앙을 가져올 수 있다(김종서 외, 2000).

대부분의 국가들은 글로벌 경제하에서 공장, 조립라인, 대량생산으로 대변되는 생산중심 사회에서 금융서비스, 대형 할인점, 쇼핑몰 등과 같은 소비중심 사회로 변화하고 있다. 이러한 분위기 속에서 일의 성격, 내용, 방법도 변화하고 있다. 이와 함께 기능중심의 전문가보다는 통합된 역량을 갖춘 전문가가 요구되고 있다. 특히, 우리와 같은 선진국들은 고용 없는 성장이라는 특이한 현상으로 인해 일상생활에서 실업, 미취업 같은 커다란 변화 및 고통을 겪고 있다.

경제, 문화, 정치, 사회 전반에 걸친 전 세계적인 글로벌화 현상은 성인학습에도 커다란 변화를 일으키고 있다. 어셔 등(Usher, Bryant, & Johnston, 1977)은 이러한 맥락에서 이 사회가 소비문화와 소비자 중심주의를 숭상하는 탈근대사회로 변모해 간다는 전제하에 성인학습의 변화된 모습을 비판적으로 지적하기도 했다. 소비주의의 탈근대사회에서 교육자와 학습자의 관계는 생산자와 소비자의 관계로 변화하고, 교육될 지식은 소비자로서 학습자에게 수행적 가치를 지닌 것인지에 근거하여 교환된다. 최근 우리나라의 많은 대학들이 지식을 상품처럼 홍보하고 판매하는 인력 공급처로 공인받기 위해 서로 경쟁하고 몸부림을 치는 풍토가 확대 및 재생산되는 것은 이러한 맥락과 함께한다.

3) 과학기술의 발전

성인학습의 성격을 근본적으로 변화시킨 요인에는 여러 가지가 있지만 그 중 과학기술의 발전은 어느 요인보다도 그 영향력이 강력하다. 과학기술의 발전은 성인의 학습활동을 의무적·필연적인 조건으로 만들기도 하지만, 성인의 학습활동을 도와줄 다양한 수단과 방법을 제공해 주기 때문이다.

현대인들은 이러닝(e-learning), 유비쿼터스 학습(ubiquitous learning) 등으로 일컬어지는 컴퓨터 보조학습, 화상통신 강의, 인터넷 활용 등에 의하여 보다 효율적인 교육매체를 제공받고 있다. 이를 통하여 폭발적으로 증가하는 다양한 학습자의 교육적 요구를 보다 쉽게 충족시킬 수 있게 되었다. 또한 과학기술의 발전은 교육자와 학습자에게 새로운 역할을 요구하고 있다.

우리는 이러한 환경 속에서 발생할 수 있는 윤리적·가치적 문제에도 관심을 기울여야 한다. 과학기술의 발전으로 지식과 정보에 무제한적으로 접근할 수 있게 되었다고 해서 반드시 중요하고 필요한 지식과 정보를 획득할 수 있는 것은 아니기 때문이다. 또한 정보 격차(digital divide)에 대해서도 관심을 기울여야 한다. 경제적인 부유 정도, 교육 수준에 따라 지식과 정보 그리고 평생교육의 혜택을 누릴 가능성이 높은 것이 현실이다. 이에 평생교육은 누구나, 어디서나, 언제나 학습하고자 하는 '모든 사람들을 위한 학습'(education for all)이라는 UNESCO의 기초 선언을 잊어서는 안 된다.

4) 학교교육의 한계

예전에는 한 인간의 인생주기(life cycle)는 학교에서 습득한 지식을 바탕으로 직장생활을 하고, 퇴직하여 노후를 맞이하면 됐다. 그러나 반도체 메모리의 용량이 1년마다 2배씩 증가한다는 '황의 법칙'을 언급할 것도 없이 학교에서 배운 지식의 수명이 점차 짧아져 가고 있다. 그 결과 학교가 학생들에게 지식과 기술을 독점적으로 전달하던 시대는 끝났다. 학교는 더 이상 학습의 종착역도 아니며, 학교에서 배운 것을 평생 활용한다는 생각은 터무니없는 것이 되었다. 학교에서 한 번 배운 지식과 기술로 평생을 사는 것이 불가능해졌기 때문이다.

현대인의 삶에서도 많은 변화가 일어나고 있다. 노동시간의 단축과 여가시간의 증대, 고령 인구의 증가, 흥미나 관심의 다양화 등으로 인해 일반 사람들의 학습욕구가 높아지고 있다. 그러나 보편화된 학교교육은 현대인들의 높아진 학습욕구를 충족시키지 못하고, 오히려 여러 가지 역기능을 초래하고 있다. 즉, 교육이 사회가 바라는 '인간형성'이라는 본래의 기능을 수행하기보다는 인재를 적당히 선발하여 적당한 장소에 배치하는 수단으로 전락되고 있다. 즉, 학교의 기능이 학력이나 학벌, 출신학교 등에 따라 사회적 지위나 소득을 결정하는 도구적 수단으로 전락되고 있다. 이에 일리치(Illich, 1971)와 라이머(Reimer, 1971) 등은 학교교육의 본래의 기능을 회복하여야 함을 주장하였다. 특히, 일리치는 학습망(learning webs)을 주장하였는데, 이는 탈학교화의 대안으로 성인교육 및 평생교육에 시사하는 바가 크다.

3. 성인학습의 이론적 기초

학습이론이란 학습이 어떤 과정을 통해 이루어지며, 어떠한 힘이 학습을 가능케 하는지 설명하는 이론체계라고 할 수 있다. 성인학습의 속성을 설명하는 중요 이론은 여러 가지 차원에서 나누어 볼 수 있으나 본 절에서는 메리엄, 카파렐라, 바움가르트너(Merriam, Caffarella, & Baumgartner, 2007)의 구분에 따라 행동주의 학습이론, 인지주의 학습이론, 인본주의 학습이론, 사회학습이론, 구성주의 학습이론으로 나누어 살펴본다.

1) 행동주의 학습이론

행동주의는 20세기 초 왓슨(Watson)에 의해 발전된 이후 손다이크(Thorndike), 톨만(Tolman), 파블로프(Pavlov), 헐(Hull), 스키너(Skinner) 등에 의하여 계속 발전하여 왔다. 행동주의자들은 학습을 경험의 결과로 나타나는 행동의 비교적 영속적인 변화로 규정한다. 이들은 개인의 행동 변화에 초점을 맞추고 있다. 예컨대,

왓슨은 개인의 행동 중 밖으로 드러나는 행동을 관찰하여 그러한 행동을 일으킨 구체적인 자극을 알아내기만 한다면 인간이 어떠한 행동을 하는 이유를 완벽하게 설명할 수 있을 뿐만 아니라 특정한 조건에서 인간이 어떻게 행동하는가를 정확하게 예측할 수 있다고 믿었다.

손다이크는 학습이 시행착오의 과정을 통해서 이루어진다고 하는 시행착오설(trial-and-error)을 주장하였다. 그는 비둘기, 쥐 등과 같은 동물 실험으로 자극과 반응 사이의 결합이 반복되는 시행착오를 통하여 강해지거나 약해진다는 것을 발견하였다. 그는 여러 실험을 통하여 효과의 법칙(law of effect), 연습의 법칙(law of exercise), 준비성의 법칙(law of readiness)과 같은 학습의 법칙을 발견하기도 하였다. 이러한 법칙이 성인학습에 시사하는 것은 성인학습자들이 학습에 대해 만족감을 느껴야 학습의 효과를 극대화할 수 있다는 것이다. 자신의 학습에 대해 불만족하더라도 배우기를 거부할 수 없는 아동과 달리 성인은 학습과정이나 결과에 만족하지 않는다면 도중에 학습을 포기하거나 흥미를 느끼지 못한다.

파블로프는 조건화(conditioning)라고 하는 학습 현상을 발견하였다. 이는 조건자극에 대한 조건반응의 결합으로 고전적 조건화(classical conditioning)라고 불리기도 한다. 예컨대, 개의 소화과정 실험과 같이 무조건반응을 일으키는 무조건자극이 중성자극과 같이 제시되면 처음에는 무조건자극에 대한 무조건반응을 보이던 유기체가 나중에는 중성자극에 대해서도 무조건자극에 대해서 보였던 것과 같은 반응을 보인다는 것이다. 이러한 고전적 조건형성은 왜 성인들이 자발적으로 학습에 참여하는 것을 꺼리는지에 관해 잘 설명해 준다(권두승 외, 2006). 대부분의 학령기 아동들은 입시 위주의 학교에서 성적을 위주로 평가받다 보니 학교(중성자극)에서의 여러 가지 경험이 행복한 기억이라기보다는 불쾌한 기억(무조건자극)으로 연결되게 된다. 이러한 이유로 성인들은 학습에 대해 흥미를 느끼지 못하는 경우가 많다고 한다. 이에 성인들을 학습에 참여시키기 위해서는 학습이 불쾌하고 기분 나쁜 경험의 재발견이 아니라 즐겁고

기분 좋은 경험이라는 것을 일깨워주는 것으로 변화되어야 한다.

행동주의적 학습이론이 성인학습 및 상담에 주는 시사점은 다음과 같다(권두승 외, 2006).

첫째, 바람직한 행동이 재현될 수 있도록 즉각적이고 정규적인 강화를 제공한다.

둘째, 강화를 하지 않으면 바람직하지 못한 행동은 소거될 것이다.

셋째, 경쟁적인 반응은 학습과제를 방해할 것이기 때문에 제거되어야 한다.

넷째, 학습과제에 적절한 배경을 제공하는 것은 과업을 성공적으로 수행하기 위한 선결과제이다.

다섯째, 학습과제의 모든 구성요소들을 구체적으로 확인해야 하며, 이들 각 과업요소들이 학습될 때까지 다양한 실습 기회가 제공되어야 한다.

여섯째, 학습자의 과업수행을 유도하기 위하여 바람직한 행동모형이 활용될 수 있다.

일곱째, 과업수행을 위한 자극은 학습자의 외부는 물론 내부에서도 일어날 수 있다.

2) 인지주의 학습이론

인지주의 학습이론은 행동주의 학습이론과 많은 차이점을 보인다. 행동주의가 자극과 반응의 결합을 통한 학습의 외적 변인들에 주로 관심을 두지만, 인지주의는 자극과 반응을 조정하는 기억, 사고와 같은 유기체의 내적 변인을 중요시한다(이현림 외, 2003). 이러한 인지주의 학습이론은 크게 세 가지로 나누어 볼 수 있다(권두승 외, 2006).

첫째, 부분보다는 전체에 그리고 독립된 사건보다는 패턴에 관심을 두는 레빈(Lewin), 코프카(Koffka) 등으로 대표되는 게슈탈트 심리학이다.

둘째, 내적 인지과정에 관심을 갖는 인지심리학자인 피아제(Piaget)이다.

셋째, 학습에서의 정신적 과정에 초점을 두는 입장으로 정보처리이론, 기억, 초인지, 전이이론, 인공지능 등이 있다.

인지주의적 관점의 연구자들은 인간의 내재적인 정신과정에 초점을 둔다. 이들은 정신이 특정한 자극을 어떠한 과정을 거쳐 의미 있는 것으로 받아들이는가에 관심을 가진다. 이러한 점은 성인학습을 연구하는 데 매우 도움이 된다. 정보를 저장하고 인출하는 능력에 노화(aging)가 어떠한 영향을 미치며, 성인의 내적 정신구조에 어떠한 영향을 미치는가에 관심을 두기 때문이다. 이들이 성인학습에 주는 중요한 시사점을 정리하면 다음과 같다(조성연 외, 2010 재인용).

첫째, 성인학습자의 생활공간은 아동의 경우보다는 매우 다양하며 분화되어 있다.

둘째, 학습활동은 학습자의 인지적 발달을 반영하는 지식의 구조와 밀접하게 관련될 때 보다 효과적이다.

셋째, 학습은 외부적으로 제공된 체계를 통하여 관찰된 세계를 재조정하고 분류하며 의미를 부여하는 귀납적인 탐구활동의 결과로 나타난다.

넷째, 학습은 개인이 현상적인 세계를 경험할 때 그들 자신의 구조를 설정하는 것과 같은 귀납적인 탐구활동의 결과로 나타난다.

다섯째, 학습목표는 최종적인 상황을 의미하며, 이는 개인이 기존에 지니고 있던 폐쇄적인 개념을 수정하는 것과 같은 형태로 나타난다.

3) 인본주의 학습이론

인본주의 연구자들은 학습이란 성장하고자 하는 인간의 잠재력의 하나로 여긴다. 매슬로우(Maslow)와 로저스(Rogers)로 대표되는 이들은 인간의 행동이 환경이나 개인의 전의식에 의해서 미리 결정되었다는 생각을 받아들이지 않는다.

인간은 스스로 운명을 개척할 수 있고 선천적으로 선하며, 보다 나은 세상을 위해 투쟁할 의지가 있고, 행동은 선택의 결과이며, 무엇보다도 인간은 성장과 발달에 대한 무한한 가능성을 지닌 존재라고 생각한다. 학습이론의 관점에서 보면 인본주의는 개인의 가능성을 발휘할 수 있는 자유와 책임감뿐만 아니라 지각이 경험의 중심에 있다는 점을 강조한다. 인본주의는 성인의 자기주도성과 학습과정에서 일어나는 경험의 가치를 강조하는 많은 성인학습이론의 근거가 되고 있다(권두승 외, 2006).

인본주의적 입장에서 학습에 기여를 한 학자로 매슬로우와 로저스를 들 수 있다. 매슬로우에 따르면, 인간은 태어나면서부터 다른 사람과 매우 다르며, 고유한 본성을 타고 난다고 한다. 교육이란 그 타고난 본성을 발견하고, 그 본성이 완전히 실현되도록 돕는 것이다(고미숙, 2001). 로저스는 학습을 전적으로 학습자에 의해서 통제된 내적 과정이며 학습자가 전체적으로 자신이 지각하는 대로 자신의 환경과 상호작용한다고 보았다. 그는 심리치료가 곧 학습이라고 생각했으며, 개인의 성장과 발전에 기여하는 학습에 관심을 두었다.

인본주의적 경향이 성인학습 지도에 주는 시사점은 다음과 같다(권두승 외, 2006).

첫째, 인간은 본성적으로 학습에 대한 잠재력을 갖고 있다.

둘째, 의미 있는 학습은 학습자에 의해서 특정 주제가 그 자신에게 의미 있는 것으로 지각될 때 일어난다.

셋째, 자아를 위협하는 학습이 용이하게 지각될 수 있고 외부의 위협이 최소한에 그칠 때 동화작용이 일어난다.

넷째, 학습자가 학습과정에 책임이 있다고 여길 때 학습이 보다 촉진된다.

다섯째, 학습자가 학습과정에 주도적으로 참여한 학습의 결과가 가장 오래도록 지속된다.

여섯째, 학습자가 지속적으로 개방적인 경험을 통해 변화과정에 적극적으로 참여할 때 가장 유용한 학습이 일어난다.

4) 사회학습이론

사회학습이론은 행동주의와 인지주의의 영향을 받은 것으로 다른 사람들을 관찰함으로써 사람들이 학습한다는 주장이다. 관찰이 사회적 맥락 속에서 발생하기 때문에 사회학습이라고 한다. 대표적인 인물인 반두라(Bandura)는 주의, 기억보존, 행동연습, 동기의 네 과정에 의해 관찰학습이 이루어진다고 하였다.

반두라의 이론으로부터 학습에 대한 두 가지 시사점을 도출할 수 있다. 첫째, 교사가 의도하지 않아도 교사는 모델이 되어 학습자로 하여금 교사의 사고나 행동을 학습하도록 할 수 있다는 것이다. 둘째, 모델링이나 관찰을 하나의 학습 방법으로 이해할 수 있다는 것이다. 이것은 성인학습에서 학령기 학생들의 수업 방식과 달리 다양한 수업 방식의 적용 가능성을 제시하였다는 점에서 의의가 있다. 그는 또 자기효능감에 대해 강조하였는데, 이는 성인학습과 관련이 많다. 예컨대, 자기효능감이 높은 사람은 자신이 컴퓨터를 꼭 배워야 한다면 내용이 아무리 어렵거나 돈이 많이 들거나, 시간이 걸려도 반드시 배우려고 할 것이다. 그러나 자기효능감이 떨어지는 사람은 이러한 경우 쉽게 포기한다. 따라서 성인학습에서는 학습자의 자기효능감 수준을 제대로 파악하여 학습의 수준과 질을 적절히 조절하여야 한다. 학습자의 자기효능감 수준에 따라 수업 및 과제의 난이도를 고려하여야 학습자의 학습에 대한 흥미와 열정을 조절할 수 있기 때문이다.

사회학습이론으로부터 성인학습을 위한 시사점을 몇 가지 도출할 수 있다(권두승 외, 2006; 이현림 외, 2003).

첫째, 학습은 개인과 환경, 그리고 행동 간의 상호작용의 결과로 나타난다. 동일한 환경 내에서 다양한 행동이 나타나는 것은 각 개인이 지니고 있는 성격 특성과 주어진 자극에 대한 독특한 상호작용의 결과이다.

둘째, 사회학습이론의 경제성과 효과성은 새롭고 복잡한 행동을 가르침에 있어서 길고 긴 조건형성 과정에 따라 하나하나 체험하지 않고도 학습이 가능하다는 점에서 매우 의의가 있다.

셋째, 개인이 처한 환경에서 만나는 사람들의 행동을 관찰함으로써 이루어지므로 사회적 상황의 중요성을 부각시켰고 성인학습자 상호 간의 모델링과 멘토링의 과정을 설명하는 데 있어서 사회적 맥락을 강조하였다는 점이다.

5) 구성주의 학습이론

구성주의자들은 학습이란 의미를 구성하는 과정이라는 기본가정을 같이 한다. 즉, 학습자의 능동적인 지식구성 과정을 중요시한다. 그러나 현실의 성격, 경험의 역할, 관심 있는 지식, 의미를 만드는 과정이 일차적으로 개인적인 것이냐 사회적인 것이냐에 따라 개인적 구성주의, 사회적 구성주의로 나누어지기도 한다. 어느 쪽이든 간에 구성주의는 각각의 인식론과 독립적인 신뢰성을 갖는다.

사회적 구성주의자로 알려진 캔디(Candy, 1991)는 이러한 점이 성인교육에 적용될 수 있는지에 대해 논의를 전개한 바 있다. 캔디는 더 나아가 학습에 대한 구성주의자들의 입장이 자기주도성(self-directedness)과 적절히 조화를 이룬다고 하였다. 구성주의는 활동적 탐구, 독립성, 학습과제에서의 개인의 특성이 조합된 특징을 강조하기 때문이다. 실제로 성인학습 분야에서 인지적 도제제도, 상황에 따른 학습, 반성적 사고 등 구성주의적 요소와 개념이 많이 적용되고 있는 것도 사실이다. 또한 그는 지식이란 개인이 사회적으로 공유하는 문제나 과제에 대해서 말하고 행동할 때 만들어진다고 하였다. 의미를 만드는 것은 사람들 간의 대화과정이고, 학습은 사회적 접촉을 통해 하나의 문화 속에 동화되는 과정이라고 생각하기 때문이다. 이것은 학습이 문화적으로 공유된 방식으로 세계와 현실에 대해서 이해하고 말하는 것을 의미한다.

구성주의는 성인학습에 다음과 같은 시사점을 던진다.

첫째, 학습자가 그들 자신의 경험으로부터 지식을 구성하며, 관점을 재조정하는 것을 강조한다.

둘째, 인간이 외부 세상에 대한 독특한 경험과 믿음에 의해서 모든 외부의 실재를 다르게 받아들인다는 인식론적 가정을 갖고 있다.

셋째, 인간은 외부 세계에 있는 실재의 본성을 경험에 의하여 의미 있게 구성하고, 학습을 이끌어 내는 동시에 개인적인 학습목적을 추구한다(Simpson, 1980).

TV 프로그램으로 이해하는 성인학습 및 상담

1. TV 프로그램 제목

EBS 지식채널의 어떤 열아홉(2006년 12월 11일 방영)

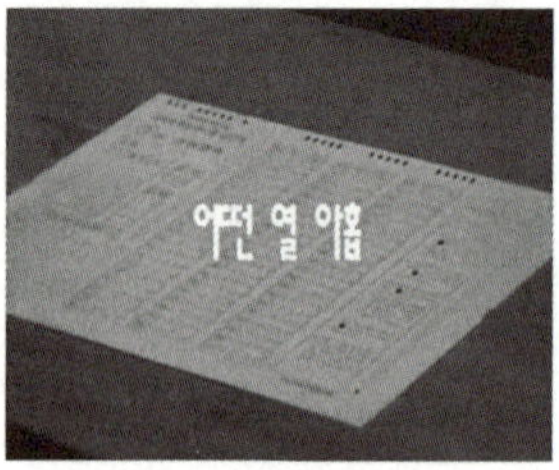

2. TV 프로그램의 간략한 내용

각 개인에게 19살은 의미 없이 대학을 선택하고 직장을 선택한다. 직장생활을 하면서도 자신의 목표를 위해 끊임없는 학습을 하는 학습자들이 우리 주변에 참으로 많음을 보여 준다.

3. 토론하기

- 우리에게 19살은 삶에서 어떤 의미를 갖는가?
- 자신이 꿈을 위해 계속 준비하는 모습이 어떤 가치가 있는가?

01 REFERENCE

고미숙(2001). 인간교육의 의미. **한국교육**, 28(2), 29-55.

권두승(1995). **평생교육론**. 교육과학사.

권두승, 조아미(2006). **성인학습 및 상담**. 교육과학사.

김종서, 황종건, 김신일, 한숭희(2000). **평생교육개론**. 교육과학사.

나항진, 김경수, 김형수, 구본영, 박성희(2011). **평생교육론**. 양서원.

이현림, 김지혜(2003). **성인학습 및 상담**. 학지사.

조성연, 박미진, 문미란(2010). **성인학습 및 상담**. 학지사.

최은수, 기영화, 최성우, 이기성, 전주성(2010). **평생교육론**. 학지사.

한국교육개발원, 교육통계연구센터(2014). **교육통계**.

한숭희(2009). **평생교육론**. 학지사.

Candy, P. C.(1991). *Self-direction for lifelong learning*. San Francisco: Jossey-Bass.

Illich, I.(1971). *Deschooling society*. New York: Harper & Row Publishers.

Mayer, R. E.(1992). Cognition and instruction: Their historic meeting within educational psychology. *Journal of Educational Psychology*, *84*, 405-412.

Merriam, S. B., Caffarella, R. S., & Baumgartner, L. M.(2007). *Learning in adulthood* (3rd ed.). San Francisco: Jossey-Bass.

Na, H. J.(2009). An inquiry of the meaning of leisure in the lives of female senior citizens. *Asian Women, 25*(4), 87-112.

Reimer, E.(1971). *School is dead*. New York: Doubleday.

Simpson, E. L.(1980). *Adult learning theory: A state of the art*. Washington, D.C.: U.S. Department of Education.

Usher, R., Bryant, I., & Johnston, I.(1977). *Adult education and the postmodern challenge: Learning beyond the limits*. New York: Routledge.

Williamson, A.(1997). You're never too old to learn! Third-age perspective on lifelong learning. *International Journal of Lifelong Education, 16*(3), 173-184.

CHAPTER 02

성인학습자의 이해

사회적 특성
생물학적 특성
인지적 특성
심리적 특성

학습목표

1. 성인학습자의 사회적 특성을 알 수 있다.

2. 성인학습자의 생물학적 특성을 알 수 있다.

3. 성인학습자의 인지적 특성을 알 수 있다.

4. 성인학습자의 심리적 특성을 알 수 있다.

CHAPTER 02

성인학습자의 이해

성인학습자의 특성을 이해하기 위해 사회적 특성, 생물학적 특성, 인지적 특성, 심리적 특성으로 나누어 살펴보기로 한다.

1. 사회적 특성

1) 나이

일반적으로 신체적 연령, 즉 역연령(chronological age)인 나이를 기준으로 인생주기의 단계를 나누고 있다. 그러나 인간의 성장과 발달 및 사망은 단순한 시간의 경과에 따라 좌우되는 것이 아니라 시간 외의 다른 요인에 의해 결정되는 경우도 많다. 이에 인간이 나이 먹는 것 또는 노화과정과 관련해서도 단순한 신체적 연령뿐만 아니라 인생주기와 관련한 여러 형태의 나이를 고려해야 한다(윤진, 1999). 한 개인의 나이를 말하기 위해서는 다음과 같은 여러 가지 기준에 의해 종합적으로 나이를 평가해야 하기 때문이다.

첫째, 신체적 나이로 흔히 역연령이 있다. 출생 후 지나간 기간으로, 이 나이는 개인의 능력이나 의지와는 상관없이 시간의 흐름에 따라 1년씩 늘어나는 것으로 우리 사회의 법률 및 관습의 중요한 기준이 되고 있다.

둘째, 생물학적 나이(biological age)이다. 개개인의 생리적·생물학적 발달 정도와 신체적 건강 수준을 말한다. 개개인의 신체적 활력 정도를 나타내며, 혈압, 폐활량, 근육의 유연성 등으로 파악한다. 신체적 나이가 같더라도 생물학적 나이가 적으면 그만큼 잔여 수명이 더 남아 있다고 할 수 있다.

셋째, 심리적 나이(psychological age)이다. 신체적 나이를 먹어감에 따라 심리적 성숙과 적응이 동시에 이루어져 자신의 삶의 발달단계를 자각하는 나이이다. 통상 성인들은 20세 전후에 이르러 자아정체감이 생겨 자신이 누구인지 또 장래계획을 뚜렷이 하게 된다. 참고로 신체적 나이는 많아도 심리적으로는 덜 성숙한 사람이 있을 수 있으며, 그 반대의 경우도 있을 수 있다.

넷째, 사회적 나이(social age)이다. 이는 사회에서 규범으로 정해 놓은 나이로서 교육받을 시기, 결혼 및 출산의 시기, 취업의 적령기 등이다. 성인은 사회적 나이에 따라 지위가 결정되고 자신에 대한 기대감이 다르게 된다. 따라서 20대, 40대, 60대는 각기 다른 역할과 행동을 요구받게 된다.

다섯째, 자신이 자각하는 나이(self-awaring age)이다. 신체적 연령과 상관없이 개인이 자신의 나이를 자각하는 것이다. 노인이라 하더라도 자신의 나이를 30, 40대로 인식할 수 있다.

2) 인생주기

성인의 발달과정에서 하나의 기준이 되는 것은 인생의 각 단계와 그에 대한 연령의 범위이다. 청년기, 중년기, 노년기가 어디에서 시작되며, 언제 끝나는가를 결정하여야 각 인생단계에 적절한 심리적·사회적 행동을 예측할 수 있기 때문이다. 인생의 발달은 출생에서 죽음까지 한 방향으로만 진행되며 일정한 순서가 있기에 인생주기의 중요성이 등장한다. 예컨대, 반드시 청소년기를 거쳐야 성인기에 도달하고 또 노년기에 도달하게 된다. 이러한 개인의 인생여정의 이정표를 인생주기라 한다. 이러한 인생주기를 설명하는 이론들이 많이 있지만, 어느 이론도 우리 인간의 생물학적·심리적·사회적 변인들 간의 상호작용을 포괄적으로 설명하지 못한다. 그럼에도 대표적인 몇 가지를 살펴보면 다음과 같다.

공자는 아시아권에서 인생주기에 관해 처음으로 언급한 것으로 알려져 있다. 그는 『논어(論語)』의 〈위정편(爲政編)〉에서 '子曰 吾十有五而志于學하고 三十而立하고 四十而不惑하고 五十而知天命하고 六十而耳順하고 七十而從心所欲하야 不踰矩니라'라고 하였다. 이는 공자께서 말씀하시기를 '나는 열다섯 살에 학문에 뜻을 두었고, 서른 살에 섰으며, 마흔 살에 (사리에) 미혹하지 않았고, 쉰 살에 천명을 알았으며, 예순 살에 들은 것을 순리로 받아들였고, 일흔 살에 내가 하고 싶은 대로 하여도 법도에서 벗어나지 않았다'라고 하셨다고 번역된다. 여기서 공자는 인생주기의 분류를 수업(修業)의 과정을 자기 스스로 서술한 것으로 올바른 인격을 형성하자는 것이다.

레빈슨(Levinson)은 미국 남자들의 자서전과 전기를 분석하여 인생의 계절론을 제시하였다. 그는 인간의 생애주기를 아동·청소년기, 성인 초기, 중년기 과도기, 성인 중기, 성인 후기 과도기 등 5개의 시기로 구분하고 각 시기마다 약 20년 간의 기간을 설정하였다. 각 시기에는 질적으로 서로 다른 몇 개의 단계와 과도기가 있다. 이것들은 단순히 눈에 보이는 행동의 변화보다는 어떤 행위와 사건이 그 개인에게 갖는 의미에 따라 이들 간에 차이가 난다고 한다.

첫째, 성인 초기(17~40세)는 인생에 있어 가장 활발하고 활력과 정력이 넘치는 시기로서 취업, 결혼, 출산 등을 경험하고 직장에서 안정된 역할과 가정에서 부양자로서의 역할을 하게 된다.

둘째, 중년기 과도기(40~45세)는 체력이 떨어지면서 노화를 자각하게 되고, 노부모들이 사망하게 된다. 자신의 죽음에 대해 생각하게 되며 자신이 해 온 일과 인생에서의 남은 시간 등에 관해 생각하게 된다. 아울러 이루지 못한 젊은 시절의 꿈을 바탕으로 자신의 꿈과 목표를 재평가하게 된다.

셋째, 성인 중기(45~59세)는 삶의 절정기로서 자신이 삶의 주인이 되며, 지혜와 포용력 등이 절정에 이르게 된다. 성숙한 사람들은 주변인들의 성과에 대해 질투하거나 위협을 느끼기보다는 함께 기뻐하고 자랑스러워 한다.

넷째, 성인 후기 과도기(59~65세)는 자신의 신체적 노화와 동료들의 노화를 새삼 확인하게 되는 시기이다. 권위와 힘이 감소해 가는 것을 느끼고 자신의 에너지를 새로운 형태의 업무와 놀이에 투입하며, 새로운 상황에 맞는 인생 구조를 가지려고 노력한다. 이 외에도 에릭슨(Erikson)과 헤비거스트(Havighurst) 등의 주장이 있으나, 이들의 주장은 다음 발달단계 내용에서 구체적으로 살펴본다.

3) 발달단계

성인의 인성 변화와 관련한 이론 중 많은 것은 발달단계 모델에 근거하고 있다. 이러한 모델은 성인기를 계속적인 발달과정으로 보며, 이전 단계와는 질적으로 다른 시기로 보고 있다. 예컨대, 에릭슨(Erikson, 1963), 헤비거스트(Havighurst, 1972)와 맥닐과 티그(MacNeil & Teague, 1992), 레빈슨(Levinson, 1986) 등의 모델이 이러한 접근 방식을 가장 잘 나타내는 것으로 보인다.

에릭슨(1963)의 심리사회 발달단계이론은 프로이드(Freud)의 심리·성적 발달이론을 발전시킨 것으로 정신분석학적 입장을 따르고 있다. 그러나 그는 유아기부터의 발달이 꼭 성욕을 중심으로만 하지 않으며 대인관계, 사회적 접촉 등 사회적 발달을 중시하고 있다. 그는 한 개인은 두 가지 상반되는 가치가 혼돈하는 과정 속에서 8단계를 거치며 발전해 간다고 하였다.

이 8단계 중 성인기와 관련 있는 생의 후반 3단계를 살펴보면 다음과 같다.

첫째, 그는 성인의 삶에서 20세에서 35/40세까지를 친밀감과 고립(intimacy vs. isolation)을 중심으로 설명하였다. 이 단계에서 청소년은 친구관계, 부부관계, 전우애 등의 형태로 타인과 깊은 관계를 맺는다고 했다. 이러한 친밀감을 얻지 못할 경우, 성인 초기에 사람들은 친구, 애인, 배우자 없이 고립된 삶을 살아가야 한다고 한다.

둘째, 40세에서 50세까지의 성인 중기의 삶에서 생산감 대 정체감(generativity vs. stagnation)의 개념을 중심으로 설명했다. 중년들은 가정과 직장의 동료에게만 관심을 갖는 것이 아니라 자녀를 기르는 부모로서의 역할을 잘 수행해 내야 한다.

셋째, 60세 이후의 후기 성인들은 성인 중기의 과업으로부터 자아통합 대 절망이라는 성인 후기의 과업으로 옮겨간다. 특히 삶을 마무리하는 이 단계에서는 자아통합감과 절망(ego integrity vs. despair) 사이에서의 조절이 중요하다. 이 시기의 성인들은 자신과 자신 세대에만 관심을 갖는 것이 아니라, 자손과 역사적 미래의 가치를 중시하고 세상을 이롭게 하기 위해 헌신한다. 즉, 중년의 성인들은 자신들의 직업과 시민으로서의 책무를 중요한 생산성의 통로로 보면서 그들의 자손에게 유산을 남기는 것에 관심이 많다. 그렇지 않으면, 자신의 이익과 편안함, 쾌락만을 추구하여 호의호식과 유흥 등으로 세월을 보낸다.

발달에 대한 재미있는 접근 중에서 성인기의 심리적 과업을 수행하기 위해 필요한 '성숙'이라는 개념이 있다. 이는 성인기 초기에 시작하여 50대와 60대에 최고로 발현된다(MacNeil & Teague, 1992). 성숙의 일반적 특징은 다음과 같다.

- 자아감의 확장: 다른 사람을 배려하며 주변 환경에 능동적으로 참여하려고 한다.
- 다른 사람들과 원만한 대인관계를 맺는 능력의 신장: 친밀한 유대를 위한 고리를 개발하고 타인들을 섬세하게 배려한다.
- 자아의 수용과 정서적 안정감의 증대: 자아를 받아들이고 자아를 표현할 수 있다. 좌절하는 상황에서도 더욱 훌륭한 참을성을 보인다.
- 정확한 현실감각의 증진: 현실을 인식하고 이에 맞게 처신한다.
- 자신을 객관적으로 보는 능력의 확대: 개인적 기술과 한계를 알 수 있다. 자기 직관 능력을 지니고 불리한 상황에서도 유머를 구사할 수 있다.
- 통일된 삶의 철학 수립: 의미 있는 목적을 만들고 이에 맞게 처신한다.

헤비거스트(1972)는 개인과 그가 살고 있는 사회와의 상호작용에 관심을 가졌다. 어느 사회나 그 안에 살고 있는 사람들에게 연령에 맞는 역할과 활동을 기대하는데, 그는 개인이 직면하는 발달과업[1]을 밝혔다. 그는 인생주기를 6단계로 나누고 각각의 단계에 나름의 발달과업이 있음을 알린다. 여기서는 성인기와 관련하여 성인 초기(18~30세), 성인 중기(30~60세), 성인 후기(60세 이후)에 관해 살펴볼 것이다. 성인 초기에는 독립된 가정을 꾸미고 사회적 역할을 수행하여야 한다. 특히 이 시기에는 배우자 선택, 자녀양육, 취업, 사교 등이 중요한 과업이다. 성인 중기에는 사회에 대한 개인의 영향력이 절정에 달하며 노화에 대한 생물학적 변화도 직·간접적으로 느끼게 된다. 이 시기에는 자녀들을 성숙한 성인으로 성장하도록 돕는 것, 사회적 책임감을 다하는 것, 중년기의 생리적 변화를 수용하고 적응하는 것 등이다. 성인 후기의 발달과업으로 약해지는 건강과 체력에 적응하는 것, 퇴직과 줄어든 수입에 적응하는 것, 삶의 의미를 찾는 것, 삶을 계속해서 만족스럽게 사는 것, 가족 안에서 만족을 찾는 것, 죽음을 현실로 인정하는 것, 자신이 노인이라는 사실을 인정하는 것 등을 들고 있다.

2. 생물학적 특성

통상적으로 생물학적 성장과 발달은 대략 출생 후 60년간 지속된다. 그 이후로 성인학습자를 포함한 모든 사람들은 나이를 먹는다는 것, 즉 노화(aging)와 관련한 완만한 퇴화과정이 시작된다. 이에 '누구나 매일매일 늙는다. 또 이것이 법칙이다' 라고 할 수 있다. 이 말 속에는 중요한 사실 두 가지가 포함되어 있다. 첫째, 누구도 늙는 것을 피할 수 없으며, 그것은 모든 생명체가 공통

---

1) 발달과업 : 인생의 각 단계에서 꼭 배워야 할 사항을 발달과업이라고 한다. 이 과업의 학습을 잘하려면 행복한 생활을 하는 동시에 그 다음 단계에 배워야 할 과업도 원만하게 이룰 수 있다. 이 과업의 학습에 실패하면, 개인의 불행은 물론 사회적으로 인정받지 못하고 후일의 생활에도 문제점을 던져주게 된다.

적으로 경험하는 현상이다. 둘째, 늙는다는 것은 점진적 과정으로 갑자기 진행되지 않는다는 것이다. 그러나 나이를 먹는다는 것(aging)은 각 개인에게 각기 다른 비율로 발생하기에 역연령을 기준으로 신체적 특성이 일정한 형태와 방향으로 변한다는 것을 일괄적으로 정의하기 어렵다.

1) 신체적 외양의 변화

성인 중기와 후기의 사람들을 생각해 보면 흔히 주름지고 축 처진 흰 피부와 숱 없는 머리를 언급할 수 있다. 이는 지방분비선(sebaceous gland)이 감소하고 이에 따라 피부 각질이 변화하여 피부가 거칠어지고 탄력성이 떨어지기 때문이다. 비록 대머리와 잿빛머리가 유전적으로 결정된다고 하여도, 모발에서 색소가 빠지고 모발이 가늘어지는 것은 예상되는 변화이다. 이 외에도 치아와 손톱, 발톱과 관련하여 여러 가지 신체적 모습에 변화가 오는데 개인차는 있을지라도, 모든 사람에게 어느 정도는 공통적으로 발생하는 현상이다. 이 변화는 기능적 중요성 이외에도 일차적으로 사회적 의미를 갖는다. 다른 사람들이 성인과 노인을 평가할 때 어떠한 사회적 기준을 적용할 것인가에 따라서 자신의 이미지와 자아개념에 일정한 영향을 끼칠 수 있기 때문이다.

2) 근육골격계통

나이가 들어감에 따라 대부분의 사람들은 근육이 줄어들고 탄력성이 떨어지는 변화를 보인다. 살이 빠짐에 따라 사람들은 대개 힘이 빠지고 지구력도 떨어진다. 근육의 힘은 20세와 30세 사이에서 절정을 이루며 그 이후 점차 떨어진다. 그러나 60대 후반이나 70대가 되면 현저히 줄어든다. 근육조직의 수적·양적인 감소는 결국 '퇴화'(atrophy)를 초래한다. 근육의 퇴화는 신체를 움직이지 않는 것과 밀접한 관련이 있다. 근육이 퇴화함에 따라 쉽게 피로를 느낀다. 또 과도한 근육활동 후에는 신속히 항상성을 회복하는 데 어려움을 겪거나 탄력성이 떨어져 종종 유연성이 떨어지게 된다. 이것은 골격 변화와 결합하여 몸이 굳어져서 이동하는 데 불편함을 주기도 한다. 또한 근육구조의 변화는 근육운동의 종합적 운용에 문제를 일으켜 특히 성인기 중반의 사람들과 노인의 사고율을 높이기도 한다.

3) 심장혈관계통

성인들은 심장혈관계통에도 변화를 경험하게 된다. 심장질환과 관련한 질병으로 동맥경화증(arteriosclerosis)과 아테롬성 동맥경화증(atherosclerosis) 등이 알려져 있다. 동맥경화증은 동맥관이 두꺼워져서 탄력이 떨어지게 되는 것을 말하며 흔히 동맥경화라고 알려져 있다. 이는 혈관 안의 침전물(calcification)이 고이고 아테롬성 동맥경화로 인해 생긴다. 혈관질환 질병은 노인의 주요 사망원인 중 하나이다. 심장질환은 미국에서 장애를 일으키는 제1의 노인 만성질환이다(U.S. Senate Special Committee on Aging, 2010). 우리나라의 경우도 고혈압이 연간 만성질환 유병률의 2위를 차지하고 있다(통계청, 2010).

4) 호흡계통

성인학습자는 연령의 증가와 함께 신경계통에도 변화를 겪는다. 자극에 반응하는 시간은 길어지고, 반응시간의 변화는 과업의 복잡한 정도에 따라 비례하게 된다. 성인학습자들의 반응이 점차적으로 느려지는 것은 당연하다. 중앙신경계통이 신체기관의 전체적 기능을 통제하기 때문이다. 이때 느려지는 정도는 대개 미미하여 일상생활에 큰 영향을 끼치지 않는다고 한다. 또한 주어진 과업의 정도와 관련 있는 선행 경험의 유무와 과업을 수행하는 동기 등도 이에 영향을 끼친다. 이 외에도 감각계통, 생식기계통, 비뇨기계통, 내분비계통, 장계통, 호흡기계통에도 크고 작은 변화가 발생한다.

3. 인지적 특성

1) 지능

지능은 정의하기 쉬운 개념이 아니다. 심리학에서 사용되는 이 개념은 복잡한 성질로 인해 종종 논쟁거리가 되었다. 직접 관찰할 수 없기 때문에 사람들의 행위와 행동을 통해 지적 능력을 추론한다. 달리 말하면, 과업을 수행하는 정도를 보고 능력을 평가한다.

통상 지능을 WAIS(Wechsler Adult Intelligence Scale)와 같은 표준화 검사로 측정한다. WAIS는 '언어능력'과 '수행능력'의 두 개의 영역으로 구성된다. '언어능력'은 어휘, 이해, 수학과 같은 범주로 구성되고, '수행능력'은 그림 완성, 블록 설계, 숫자 기호 등으로 구성된다.

이러한 도구를 사용하여 젊은이들과 노인들을 비교하는 연구결과는 '언어능력' 범주에서는 줄곧 차이를 보이지 않으나 '수행능력' 분야에서는 확실한 차이를 보인다. 수행능력에서 차이가 나는 것을 다음과 같이 설명할 수 있다. 수행능력과 관련된 과제는 주로 '유동적 지능'(fluid intelligence)에 의존함에 비해 언어능력 과제는 '결정적 지능'(crystallized intelligence)에 좌우되기 때문이다.[2] 또한 수행능력 과제를 할 때는 속도를 필요로 할 수도 있다. 노인들이 반응하는데 시간이 더딘 이유는 그들이 이러한 과제를 수행하기에 불리하기 때문이다. WAIS와 같은 지능검사가 이러한 비난을 주로 받는다.

최근에는 '실용성 지능'(practical intelligence)이라고 하는 재미있는 개념이

---

2) '유동적 지능'(fluid intelligence)과 '결정적 지능'(crystallized intelligence)은 카텔(Cattell)에 의해 주장되고 혼(Horn)에 의해 발전한 이론이다. 이것들은 성인기 이후의 지능 발달에 초점을 맞추고 있기 때문에 1970년대 이후 평생교육 및 평생발달 심리학적 입장에서 활발하게 연구되고 있다.
- 유동적 지능 : 유전적, 신경·생리적 영향에 의하여 발달되는 지능이다. 이것은 뇌와 중추신경의 성숙에 비례하여 발달하는데, 청년기까지 증가하다가 성인기 이후 쇠퇴한다.
- 결정적 지능 : 환경적, 경험적, 문화적 영향에 의하여 발달되는 지능이다. 이것의 발달은 가정환경, 교육 정도, 직업 등의 영향을 받으며, 성인기 이후에도 계속 증가한다. 계속 지적 자극을 추구하면, 결정적 지능의 발달은 더욱 뚜렷해진다고 한다.

주목을 받고 있다. 이것은 전통적 검사방법보다도 지능을 검사하는 데 훨씬 유용한 방법이다. 전통적 과정이나 정신측정학(psychometric)으로는 지능을 측정할 수 없는 부분이 있으며, 일상 행동에 적용되는 지능이 각 개인에 따라 다르기 때문이다. 따라서 지능의 개념을 새로이 검토함으로써, 성인들이 일상에서 겪게 되는 지능의 퇴화를 재조명하여야 한다.

2) 횡단연구와 종단연구

노화에 따른 지능의 변화를 측정할 때, 여러 가지 형태의 방법을 적용한다. 횡단연구(cross sectional)는 젊은이와 노인들 사이의 지능 차이를 밝히기 위해 동시대 사람(cohorts)을 한 시점에서 비교한다. 횡단연구는 대개 지능은 성인 초기까지 증가하다가 40대까지 고원(plateau) 현상을 보이며 일정하다가 50대부터는 퇴화한다는 것을 보여 준다. 그러나 이러한 퇴화는 나이 때문일 수도 있고 또 아닐 수도 있다. 세대 간의 영향이 그러한 결과를 낳을 수도 있기 때문이다. 세대 간에 발견되는 차이는 노인들이 실제로 지적 능력을 잃어서가 아니라 교육체계의 변화나 문화적 가치 변화를 반영할 수도 있다.

종단연구(longitudinal studies)는 일정한 기간 동안 시간차를 두고 특정한 집단을 추적한다. 이 연구에서는 지능이 특정 영역에서는 미미한 퇴화를 보이지만, 다른 영역에서는 증가된다고 한다. 또 예전에 생각했던 것보다도 지능은 훨씬 늦은 나이에 퇴화한다고 한다(MacNeil & Teague, 1992). 종단연구도 횡단연구처럼 시간간격의 타당성과 관련하여 결함이 있다. 반복되는 검사와 적자생존의 원리는 연구와 관련한 바람직한 결과의 창출을 도울 수도 있다. 양쪽의 방법을 절차적 발달기법에 의해 결합하면 보다 좋은 대안이 될 수도 있다. 이러한 형태의 방법론을 사용하는 연구도 노화로 인하여 지적 기능이 퇴화한다고 한다. 그러나 이러한 연구는 퇴화 현상은 일반적인 현상이 아니며 인생여정 중 늦은 시기에서나 인식하게 되는 현상이라는 사실을 명확히 밝히고 있다.

3) 인지기능의 최대화

지능과 노화연구의 권위자 중 한 사람으로 샤이에(Schaie)를 들 수 있다. 샤이에에 따르면, 사람들은 예전에 획득한 수행 수준을 유지하며 지적 기능을 최대화하면서 생물학적 퇴화와 환경적 손상에 적응한다고 한다(Schaie, 1990). 그의 연구결과 중 이 장의 주제와 가장 밀접하게 연관되는 것은 다음과 같다.

- 40대까지는 여러 면에서 성장한다. 이것은 지능이 떨어지는 것이 감지되는 50대 중반이나 60대 초반까지는 안정성을 보인다.
- 53세에서 60세 사이에는 퇴화 현상이 미미하다. 단지 언어구사 부분과 숫자 영역에서만 통계적으로 유의미한 차이를 보인다. 그러나 60세에서 67세 이상까지의 노인들은 모든 영역에서 능력이 떨어진다.
- 퇴화 증세를 보이는 60세 이상의 사람들의 비율을 검토해 보면, 대상자의 60%에서 85%는 7년 이상 동안 안정적인 수행능력 수준을 유지한다.
- 74세까지의 노인들에게는 이러한 능력 감소가 1/3도 안 되는 사람들에게서 보인다. 81세의 사람들에게는 40%도 안 되는데 이것은 모든 영역에서도 마찬가지이다.
- 60세가 될 때까지 3/4 정도의 사람들은 7년 동안 적어도 4개에서 5개의 검사 영역에서 안정적인 상태를 유지했다. 81세 때까지 절반 이상의 사람들도 그러하다.
- 60세가 될 때까지 모든 참가자들은 적어도 한 가지 영역에서는 자신들의 기능 수준을 유지할 수 있다. 95%의 사람들은 81세가 되어도 비슷한 경우를 보인다. 다섯 개 영역 모두에서 퇴화되는 경우는 매우 드문 일이다.

이러한 결과를 볼 때, 성인들은 나이를 먹어도 자신들의 능력을 최대화함으로써 지적 수준을 유지하는 능력을 갖고 있다는 것을 확인할 수 있다. 모든 영역에서 똑같이 퇴화되는 것은 아니고 사람에 따라 어떤 능력은 유지되며, 감소하는 차이도 다르다는 것을 알 수 있다.

4) 기억력

'늙은 개에게 새로운 기술을 가르칠 수 없다'는 격언은 성인학습자의 학습에 관한 사회적 관점을 반영하는 것 같다. 학습과 기억은 밀접히 관련되어 있기 때문이다. 호이만과 키야크(Hooyman & Kiyak, 1993)는 학습이란 사람들이 기억으로부터 정보를 불러내는 것이며, 정보를 코딩(coding)하여 기억 안에 위치시키는 것이라고 한다. 그들에 따르면, 기억에는 감각기억, 1차적 혹은 단기기억과 2차적 혹은 장기기억의 세 가지 종류가 있다고 한다. 기억은 등록(registration), 보유(retention), 회복(retrieval)의 3단계 과정을 거친다.

첫 단계에서는 정보를 얻어 청각 저장고(echoic memory)나 시각 저장고(iconic memory) 같은 감각 저장고 중 하나에 간략히 보관한다. 만약 정보가 보다 심층적 수준으로 다시 처리되지 않는다면, 그 정보는 소멸된다. 그러나 정보는 선별적으로 주의를 기울이고 패턴을 인식함으로써 단기기억(1차적 기억)으로 옮겨지게 된다. 이 단계에서 정보는 처리되어 명칭이 붙는다. 그것은 대개 새로운 자극이 유입되어 용량이 찰 때까지 아주 짧은 기간 동안 단기기억에 저장된다. 만약 정보가 사용되지 않고 더 이상의 의미를 갖지 않는다면, 사라지기 쉽다. 의식적으로 주의를 기울여 반복하게 되면, 정보는 보다 오래 보관된다. 정보를 영구적으로 보관하기 위해서는 일정한 형태로 코딩을 하여야 한다. 코딩을 통해서 처리된 정보는 의미를 갖게 되어 장기기억(2차적 기억)으로 옮겨져 장기간 유지된다. 장기기억에 저장되어 있는 정보가 필요할 때는 언어 혹은 신체반응의 형태로 활동하기 위해서 단기기억으로 보내진다. 이러한 기억력 회복과정은 항상 성공적이지는 않다. 우리는 이전에 저장되었던 정보가 회복되지 않을 때에는 이것을 잊어버렸다고 한다.

한편 '원격기억(remote memory)'이라는 것이 있다. 이것은 오래된 기억 혹은 제3의 기억이라고도 하는데, 이 기억은 아주 먼 과거의 사건에 대해 기억력을 회복하는 능력과 관계있다. 전통적으로 이러한 형태의 기억은 나이를 먹어도 매우 안정적이라고 생각하였다. 이러한 믿음에 대한 일화를 많은 전쟁 이야기와 노인들이 들려주는 가족사 등에서 쉽게 찾아볼 수 있다. 기억이 최근에 '암묵적(implicit) 기억', '명시적(explicit) 기억'으로 나누어지는 것과도 통한다. '명시적 기억'은 기억하려는 의도를 포함하며 사람에 따른 특정한 지시사항과 관련있다. 반면에 '암묵적 기억'은 기억한 것을 의식적으로 회상하지 않아도 되며 기억하도록 하는 지시가 없어도 된다. 최근의 연구는 노화가 진행됨에 따라 '암묵적 기억'보다도 '명시적 기억'이 훨씬 많이 떨어진다고 한다.

4. 심리적 특성

1) 창의성

사고와 표현의 독창성을 창의성이라고 정의한다. 또는 새로운 상황에서의 문제해결 능력이라고도 한다. 이러한 인지 영역은 지능이나 기억 분야만큼 연구자들의 주의를 많이 끌지는 못했지만, 최근 이 주제는 다시 관심을 끌고 있다. 이의 원인으로 인구통계학적인 흐름을 들 수 있다. 문헌상에서 자주 인용되는 전통적인 연구의 하나로 리먼(Lehman, 1953)의 연구가 있다. 이 연구에 의하면, 창의성은 30세에 정점에 이르며 그 이후 급격히 떨어지다가 점차 하향 곡선을 그린다고 한다. 리먼은 또한 창의성, 학문적 수월성, 과학과 예술 등 세 분야를 검토한 이후, 세 범주 안에서의 패턴의 차이를 지적했다. 수학은 가장 빠른 정점을 보이지만, 철학은 가장 늦은 정점을 보인다.

창의성을 측정하는 것을 반대한 데니스(Dennis, 1996)는 전체적 결과보다는 기여 정도를 중시하는 것으로 리먼이 밝힌 결과를 반박했다. 평생 창의적 생산성을 검토할 때, 40대가 가장 생산적으로 보이지만, 다른 분야에서는 결과가 다르다. 가장 중요한 것은 결과물에서의 퇴화는 리먼이 주장한 것보다 그다지 심하지 않다고 한다. 관찰되는 퇴화는 점진적이다. 역사와 철학 같은 분야에서는 60대에 업적이 절정에 이르러 70대에서도 높은 수준을 유지하기 때문에 퇴화는 거의 무시할 수 있는 정도이다.

20세기를 통틀어 연구자들은 세 가지 중요 주제, 즉 '창의적 결과물에 대한 나이 곡선의 존재', '조숙(precocity)과 장수(longevity)와 결과물 사이의 관계', '결과물의 양과 질 사이의 관계'에 초점을 맞추었다(Simonton, 1990). 먼저, '창의적 결과물에 대한 나이 곡선의 존재'에 관한 연구결과는 리먼의 주장을 지지하는 것 같다. 창의적 결과물에 대한 나이 곡선의 모양을 뒤집어진 J형 곡선으로 보고 있다. 이것은 확실한 정점에 도달할 때까지 생산성이 빠르게 상승하다가 퇴화할 때는 정점에 비해 약 절반 정도로 점진적인 퇴화를 보인다고 한다. 퇴화하는 정도가 다른 것처럼, 생애주기에 따른 정점의 위치도 퇴화에 따라 다르다. 과학과 관련된 분야는 20대와 30대 초반에 가장 빠른 정점을 보이며 그 이후 급격한 추락을 보인다. 반면에 인문학 분야는 가장 늦은 정점을, 즉 40대와 50대에 보이며 그 이후 아주 미미한 퇴화를 보인다.

'양과 질 사이의 관계'는 정적인 상관관계를 보이는 듯하다. 높은 질은 많은 양의 결과물 때문인 것으로 보인다. 즉, 나이와 상관없이 많이 생산하면 할수록, 예외적으로 높은 질의 결과물이 만들어질 가능성이 더 많아진다.

'조숙, 장수와 결과물의 관계'에도 강한 관련이 있다. 이른 나이에 높은 수준의 업적을 이룬 사람은 노년기까지 이를 유지하는 것 같다. 조숙과 장수 모두 평생의 양질의 결과물과 관계있다.

창의성과 노화 분야의 보편적인 연구결과물에도 불구하고, 성인학습자는 나이를 먹어도 높은 창의성을 보이는 예외적인 경우가 있다. 이러한 예들은 창의성이 늙는다고 해서 일반적으로 떨어진다고 하는 신념을 반박한다. 피카소,

톨스토이, 프로이드, 소포클레스 같은 사람들은 70세 이후에도 위대한 업적을 남겼기 때문이다.

2) 인성

인성(personality)은 나이를 먹어 노인이 되어도 거의 변화하지 않는다고 한다. 코간(Kogan, 1990)은 '일정한 기간 동안 개인이 보이는 인성적 특징은 매우 안정적이다'고 하였다. 인성에 관한 대부분의 연구결과물들에서도 인성 구조는 평생 계속성을 유지한다고 한다. 그러나 이러한 안정성이 인성의 변화 가능성을 배제하지는 못한다.

한편, 이와 관련한 종단연구에서는 중년에 시작하여 노인이 되면 보다 확실해지는 일반적 경향이 있음을 밝히고 있다(Neugarten, 1964; Atchley, 1991). 이러한 경향성을 '내향성(introspection)의 증대'라고도 정의한다. 이것은 개인의 관심이 외부 환경으로부터 개인의 내부 세계로 이동하는 것을 말하며 환경이 갖는 '수동적인 지배력'을 강조하는 것이라고 할 수 있다. 이는 성인 및 노인들이 점점 위험하고 복잡해져 가는 세상을 바꾸기 위해 자신들의 에너지를 허비하기보다는 환경에 '순응'하려는 것을 뜻한다. 이와 관련된 연구들도 성인기 및 노년기에는 주의력과 신중함이 증대되는 반면에, 융통성과 충동성은 감소한다는 것을 지적하고 있다(Kalish, 1982).

관련 문헌에서 일반적으로 논의되고 있는 또 다른 특징으로는 노화가 진행되면서 남자와 여자가 오히려 상대방의 영역으로 움직이려는 경향이 있다는 점이다. 즉, 남자들은 전통적으로 여자들의 고유 영역이라고 여겨지던 자녀 양육과 보호에 더 관심을 보이며, 여성들은 전통적으로 남성들의 특징이라고 여겨지던 공격성과 독립성을 더욱 강하게 보인다고 한다. 이에 따라 장년 및 노년에는 성역할 분화가 감소하는 것으로 나타나는데, 이는 곧 성인교육학(andragogy)의 등장과 그 맥을 같이 한다.

또한 성인들은 노년기에 접어들면서 점차 수동성이 강해진다고 한다. 그러나 이것은 동기 혹은 사회적 맥락과 관련한 이전의 논의에 비추어 살펴봐야 한다. 앞 장에서 지적한 것처럼 노인들이 새로운 정보를 배우는 것을 주저하는 것은 그들이 자신들에게 진정 중요한 것이 무엇인지를 알기 때문이라는 것이다. 수십 년간의 경험을 통해 노인은 자신의 에너지를 어디에 써야 할지에 관해서도 잘 알기 마련인데, 이때의 학습 동기는 가치 평가와 관련 있다. 노인은 외부 세계를 무조건 공격하는 대신에 해야 할 싸움을 선별한다. 그리고 삶의 회고와 같은 중요한 자신만의 내부 세계를 위해 에너지를 비축한다.

사회적 맥락과 관련해서는 1960년대 이후의 인구 변화를 살펴보는 것이 중요하다. 뉴가튼의 연구결과 중 어떤 부분들은 보편적이며 변하지 않는 성인기, 노년기의 특징이라기보다는 동년배 효과(cohort effect)에 불과한 것일 수도 있다. 그녀가 종단연구 방법을 사용했을지라도, 그것은 20세기 초에 태어난 사람들을 대상으로 한 한정된 연구일 뿐이기 때문이다. 이에 다음과 같은 질문을 할 수 있다. '베이비붐 세대가 이전 세대와 같은 특징을 보일 것인가?' 이 세대들은 남녀를 불문하고 사회활동을 활발히 하는 것으로 알려져 있다. 이들은 건강하며, 육체적으로도 활동적이며, 자기 주장이 강하며, 높은 수준의 서비스를 요구하는 것으로 알려져 있다(메트라이프재단, 2011). 여자들의 취업률은 그 어느 때보다 높으며, 이전에는 남성들의 전유물이었던 가장이라는 역할의 스트레스까지도 공유하고 있다. 한편 남자들은 가족과 가정을 돌보는 책임을 여자와 함께 나누고 있는 것으로 보인다. 이러한 집단이 보이는 결과가 이전의 연구와 유사한지의 여부를 살피는 것은 흥미로운 일이다.

영화로 이해하는 성인학습 및 상담

1. 영화 제목

블랙(2005)

2. 영화의 간략한 내용

세상이 '블랙' 자체인 보지도 듣지도 못하는 8살 소녀 미셸에게 끊임없는 사랑과 노력으로 세상과 소통하는 법을 가르쳐 주고 그녀의 꿈을 펼칠 수 있게 해준 사하이 선생님이 있다. 그러나 알츠하이머로 기억상실증에 걸려 그녀조차 알아볼 수 없게 된 사하이 선생에게 이제 미셸 자신이 기적을 보여 주려 하는데…

3. 토론하기

- 교사 사하이는 여주인공 미셸에게 가르쳐 주지 않은 유일한 단어는 불가능이라고 한다. 우리의 삶과 학습에서 이 말이 의미하는 바가 무엇인가?
- 미셸이 어려운 난관과 고난 속에서 자신의 삶을 꿋꿋이 이어 가는 모습이 성인학습자들에게 어떤 점을 시사하는가?

02 REFERENCE

메트라이프재단(2011). 한국의 베이비부머 연구 심포지엄 자료집.

윤진(1999). 성인 · 노인심리학. 중앙적성출판사.

통계청(2010). 전 국민 유병률 통계조사.

Atchley, R. C.(1991). *Social forces in later life*(6th ed.). Belmont, CA: Wadsworth Publishing.

Dennis, W.(1996). Creative productivity between the ages of 20 and 80 years. *Journal of Gerontology, 21*, 1-8.

Erikson, E. H.(1963). *Childhood and society*. New York: Norton.

Havighurst, R. J.(1972). *Developmental tasks and education*(3rd ed.). New York: David Mckay.

Hooyman, N. R. & Kiyak, N. R.(1993). *Social gerontology: A multidisciplinary perspective*(3rd ed.). Boston: Allyn & Bacon.

Kalish, R. A.(1982). *Late adulthood: Perspectives on human development*(2nd ed.). Monterey, California: Brooks Cole.

Kogan, N.(1990). Personality and aging. In J. E. Birren & K. W. Schaie(Eds.), *Handbook of the psychology of aging*(pp.330-346). San Diego: Acadimic Press.

Lehman, H. C.(1953). *Age and achievement*. Prinston: Prinston University Press.

Levinson, D. J.(1986). A conception of adult development. *American Psychologist, 41*, 3-13.

MacNeil, R. D. & Teague, M. L.(1992). *Leisure and aging: Vitality in later life*(2nd ed.). Dubuque, IA: Brown & Benchmark.

Neugarten, B. L.(1964). *Personality in middle and later life*. New York: Ateherton Press.

Schaie, W.(1990). Intellectual development in adulthood. In J. E. Birren & K. W. Schaie(Eds.), *Handbook of the psychology of aging*(pp.291-309). San Diego: Academic Press.

Simonton, D. K.(1990). Creativity and wisdom in aging. In J. E. Birren & K. W. Schaie(Eds.), *Handbook of the psychology of aging*(pp.320-329). San Diego: Academic Press.

U.S. Senate Special Committee on Aging(2010). *Developments in aging: Volume 3*. Washington, D.C.: U.S. Government Printing Office.

CHAPTER 03

성인기 발달이론

초기 성인의 발달
중년기의 발달
노년기의 발달

학습목표

1. 결혼을 하고 부모가 되는 성인 초기에 요구되는 역할의 변화를 익힌다.

2. 성인기의 직장과 여가생활의 중요성, 그리고 직업과 인성 발달과의 관계를 학습한다.

3. 중년기와 노년기의 특징을 이해하고, 현장에 적용한다.

CHAPTER 03

성인기 발달이론

1. 초기 성인의 발달

1) 일반적인 특징

성인 초기에 이르면 일반적으로 사회적 역할이 확대되어 직장에서는 상사나 또래, 지역사회에서는 이웃과의 상호작용이 증가하게 된다. 또한 인생의 전 생애를 발달단계적 측면에서 보면 초기 성인의 시기에는 배우자를 선택하고 자녀를 출산하여 부모가 되는 것이 가장 핵심적인 과업이 된다.

(1) 에릭슨

에릭슨(E. Erikson)의 심리사회학적 발달이론은 인간이 전 생애에 걸쳐서 성장하며, 생물학적·환경적 영향에 완전히 순응하는 존재가 아니며, 개인의 성장이 인생의 전 과정에서 완성되도록 노력하는 존재라고 보았다.

에릭슨(1950)은 초기 성인의 시기를 19~35세로 보았다. 이 시기에 배우자를 선택하는 과업을 달성하려면 이성과 친밀감(intimity)을 발전시키는 것이 가장 중요하다고 보았다. 에릭슨은 자신에 대한 신뢰감 없이는 타인과 친밀한 교제를 지속하기 어렵다고 보았다. 초기 성인은 자신의 내적인 통일감과 계속성을 유지할 수 있는 자신의 정체성을 정립하고 자신의 배우자와 친밀감을 발전시키는 만남을 이루어가야 할 것을 강조하였다. 그러나 친밀감을 형성하지 못하면 인간관계가 피상적으로 흐르게 되어 누구도 사랑할 수 없게 되고 고립감(isolation)을 느끼게 된다고 하였다. 이러한 친밀한 관계를 만들어 가는 데 실패하게 되면 고립감이 생성되며 타인과의 교제나 접촉을 회피하게 되고, 자신에게 위협적으로 느껴지는 사람을 거부하게 되며 공격적인 태도를 보이기도 한다.

성인 초기의 시기에는 부모로부터 독립하여 자신의 일을 찾고 배우자를 선택하여 성숙하고 책임감 있는 성인의 역할을 수행해야 할 것이 중시되었다. 자신의 특성에 맞는 직업을 선택하여 근로활동에 종사하며 타인과 우정을 쌓으며 친밀한 관계를 만들어 가야 한다.

(2) 길리간

길리간(Gilligan, 1984)은 성인 초기의 시기에 남자와 여자라는 성별에 따라서 사회화가 다르게 진행되므로 남녀 간의 차이가 명확해진다고 보았다. 이러한 차이는 남녀의 사회화 과정이 다른 것에 원인이 있다고 보아, 남성들은 부모에게서 독립하려는 독립성이 뚜렷한 특징으로 나타나지만 여성은 자율적인 존재로서의 발달보다는 타인과의 관계성을 중시한다고 보았다. 남녀의 사회화 과정이 달라 여성들은 겸손, 남성들은 자신감이라는 덕목을 소지하게 된다고 보았다.

(3) 헤비거스트

헤비거스트(Havighurst, 1972)는 에릭슨의 영향을 받아 인간 발달에는 각 단계마다 누구나 습득해야 할 행동형태가 있으며 그것을 습득하게 되면 다음 단계에서도 잘 적응할 수 있으나 제대로 습득하지 못했을 때는 적응하는 과정에서 장애나 불행을 경험하게 되고 사회적으로도 부적응 상태에 놓이게 된다는 의미에서 발달과업(developmetal tasks)을 주장하였다. 초기 성인의 발달과업은 부부관계를 통하여 가족의 과업을 달성하고 직업 영역에서 경력을 쌓아가는 것을 과업으로 보았다. 정신적인 측면에서는 직장생활에서 필요한 기능을 습득하고 사회적 역할과 기술을 학습하고 직장생활에 순응할 것을 강조하였다. 사회적인 측면에서는 배우자를 선택하고 가정을 이루며, 성인으로서의 생활양식을 습득하여 동료집단과의 관계를 잘 유지해 나갈 것을 강조하였다.

2) 배우자 선택과 선택과정

(1) 배우자 선택

성인이 배우자를 선택하는 과정을 간단하게 설명하는 것은 매우 어렵다. 사회문화적으로 많은 연구들이 이루어졌음에도 초기 성인이 배우자를 선택하는 조건을 완전하게 설명해 주는 연구는 없다. 같은 성(性)에 이끌리게 된다는 동성애(homogamy)와 서로 다른 성(性)을 좋아하게 된다는 이성애(heterogamy)만으로는 간단하게 설명되지 않는다. 남녀가 매우 친밀한 관계를 형성하게 되는 것은 두 사람이 지향하는 가치관이 동일하여 의사소통 관계에서 갈등이 줄어들며 긴장과 오해가 줄어들기 때문이다. 이러한 의사소통은 만족감을 더해주며 자신들이 지향하는 가치관을 단단하게 해주므로 관계를 지속시켜 나가는 데 도움이 되는 것으로 보았다.

워렌(Warren, 1966)이나 제켈(Jaeckel, 1980)은 배우자를 선택하는 데 중요한 기준을 교육 수준으로 보아 사회경제적 배경(SES)이 비슷한 사람끼리 결혼하는 경향이 높다고 보았다. 뉴만과 뉴만(Newman & Newman, 1975)은 여성들은 대부분 상향혼을 선호한다고 보았다.

교환이론에서는 남녀가 사회적 자원과 신체적 자원을 비롯하여 자신에게 최대의 보상을 줄 수 있는 배우자를 선택하려는 것에 주목하여 이질혼의 경향이 높다고 보았다. 공평성 이론에서 남녀는 공평한 관계를 지향하므로 자원을 교환하는 과정에서 자원의 질과 양의 상호 형평성을 고려하여 최대의 만족을 위해 동질혼을 추구한다고 보았다. 여과망 이론에서는 배우자를 선택할 때

미혼남녀는 사회적 자원, 신체적 자원, 심리적 자원, 역할 가치관의 사원들을 고려하여 개인의 자질과 자원을 유사하게 교환하거나 이질적으로 교환한다고 보았다.

상호적 욕구이론에서 남녀는 심리적 욕구 수준이 자신과는 반대 성향을 가진 경우에 매력을 느끼며, 비슷한 사람보다는 서로를 보완해 줄 수 있는 요인이 있을 때 매력을 느낀다고 보았다. 즉, 남녀는 배우자를 선택할 때 사회적 자원, 신체적 자원, 역할 가치관 등을 유사하게 교환할 때는 동질혼(Lewin, 1963)의 경향이 나타나지만, 성격적 측면에서 상호 보완적인 것을 선호하게 되면 이질혼의 경향이 높다고 보았다.

(2) 배우자 선택과정

배우자를 선택하는 과정은 사회변화에 따라 다르게 나타난다. 전통사회에서 결혼은 성인이 되면 치르는 인륜지대사인 통과의례로 인식되어 개인보다는 가족이 선택하고 결정하는 경향이 컸다(정옥분, 2003). 유교적 가치에 따라 배우자 선택 기준이 신분적으로 일정한 집단의 구성원 가운데 고르는 것만 허용된 내혼제이고, 혈연적으로 일정한 범위 안의 사람과는 혼인할 수 없다는 외혼제를 준수하였으며 배우자 선택은 중매혼이었다.

산업사회에서는 도시화가 진행되면서 부모의 영향력이 줄어들었으나, 사회경제적 자원을 많이 갖고 있는 남성에게 결혼을 결정할 수 있는 선택권이 주어졌다. 배우자 선택권을 소지한 남성은 여성의 연령과 신체적 매력을 중시하였고, 여성은 남성의 경제적 자원을 중시하였다.

이러한 성별에 따른 배우자 선택의 조건과 남고여저의 가치관이 결혼관에 영향을 주어 여성들은 상향혼을 지향하였다. 지식기반사회에서는 결혼이 개인의 선택으로 인식되어 결혼의 목적이 개인의 행복, 성장 및 자아실현을 누리는 의미로 변화되었다. 여성들이 사회진출을 하면서 사회경제적 자원을 소지하게 되자 배우자 선택은 남성과 여성 모두에게 평등하게 주어지고 있다.

3) 부모로의 전이 시기

자녀의 임신과 출산으로 시작되는 부모의 시기는 부부에게 있어서 생물학적인 의미와 심리적인 의미를 제공해 주므로 부모에게는 매우 중요한 시기가 된다. 성인은 부모가 되어 스스로의 성장과 발달을 위한 기회를 갖게 된다. 결혼 후 첫 자녀가 출생하여 부모의 시기로 전환되는 과정에 관한 연구는 외국에서는 단기 종단적인 연구방법을 이용하여 활발하게 진행되지만 국내에서는 거의 이루어지지 못하고 있다.

부모가 되는 전이시기에 관한 연구결과는 긍정적으로 과업을 수행해 간다는 연구와 매우 큰 어려움을 겪는다는 두 가지 상이한 연구결과가 알려져 있다. 부모의 역할이라는 것이 점진적으로 획득되는 것이 아니고 갑작스럽게 일어나며 다른 성인의 역할들에 비해 역할 수행을 위한 준비가 거의 이루어지지 않은 상태에서 일어나기 때문에 좋은 부모로서의 전환이 어렵다고 보았다(Rossi, 1968; 이숙현, 1990 재인용). 다이어(Dyer, 1963)의 연구는 조사대상의 과반수 이상이 심각한 위기를 경험하며, 38%는 약간의 위기를 경험한 것으로 나타나 부모로의 전환이 위기로 받아들여진다고 보았다.

그러나 성인발달적 측면에서는 성공적으로 부모 역할을 수행하는 경우에는 자녀 출산 후 부부들이 더 행복한 결혼생활을 하는 것으로 알려져 있다. 루셀(Russell, 1974)도 첫 자녀 출산 후 적응기에 부모의 90% 정도만이 중간 정도의 스트레스를 겪기 때문이며 심각한 위기를 겪는 것은 아니라고 하였다. 밀러와 솔리(Miller & Sollie, 1980)는 부모시기로의 전환이 개인 및 가족생활 주기 속에서 정상적인 발달단계이므로 첫 자녀의 출생이 스트레스를 가져다주기는 하지만 동시에 성취감 및 삶의 의미를 부여해 주고 부부간의 유대감 및 가족응집력을 강화시켜 준다고 보았다. 이숙현(1988)은 서양과는 달리 한국의 부부들은 부모역할로 전환되어 가는 시점에서 자녀의 출생을 비교적 긍정적으로 자각하고 주위의 가족들, 친정부모, 시부모, 남편 그리고 도우미 등의 도움을 받아 비교적 잘 적응한다고 보았다.

그러나 최근 연구들은 자녀의 출산으로 부모가 되는 전이시기를 부정적 혹은 긍정적으로 평가하기보다는 부모가 되어가는 전이과정(transit process)의 일부분으로 보아 부모와 자녀 간의 상호적인 과정을 통하여 우호적인 관계를 만들어 가는 것이 더 중요하다고 알려졌다.

4) 여가

전통적으로 교육은 일과 동일하게 생각되어 왔지만 현대에 들어와서 교육과 학습의 특징이 여가로 인식되고 있다. 즉, 학습활동이 여가의 본질인 즉흥성, 놀이성, 사고의 상호 교환 등을 매개로 통합될 수 있다는 시각이 등장하였다. 사회의 생활 수준이 높아지면서 많은 사람들은 자신의 만족과 즐거움의 원천이 되는 여가활동을 삶의 한 양식으로 추구하는 경향이 증가하고 있는데 여가활동은 성인의 복잡하고 힘든 일상생활에서 즐겁게 학습하는 것을 가능케 한다.

성인기에 여가를 빼놓고는 평생교육의 목적인 삶의 질(quality of life) 향상을 달성할 수 없다. 여가를 즐기는 삶과 사회를 만들어 가려면 모든 사람들이 살고 싶어 하는 공동체사회를 만들어 가야 할 것이며(조용하, 1998), 학습할 수 있는 학습권이 보장되어야 한다.

(1) 여가의 개념

① 구체적 활동으로서의 여가

구체적 활동으로서의 여가는 활동의 내용과 기능을 중시하는 시각에서 개인이 일과 의무적인 활동에서 해방된 시간으로 오락, 사회봉사, 자아개발 등을 위하여 사용하는 시간이라는 개념과 유쾌하지 못한 활동에서 벗어나 즐거운 활동에 사용하는 시간이라는 개념으로 이해되었다.

자유시간 속에서 여가가 나타난다고 생각하는 듀마디에(Dumazedier, 1974)는 '자유시간에 휴식, 기분전환, 개인적 성장이라는 세 가지의 기능을 다하기 위하여 행해지는 임의적인 총체적 활동'으로 보았다.

② 가치실현적 활동으로서의 여가

가치와 이데올로기적 측면에서 여가는 가치실현적 활동으로 생각되었다. 여가의 본질을 규명한 그라지아(Grazia, 1962)는 여가를 본질적으로 쾌락이나 행복에 직결되는 것으로 간주하고 인간의 자유로운 정신의 개발을 강조하였다. 즉, 여가는 하나의 이상이며 인생에 즐거움과 아름다움, 그리고 자유를 가져다주는 것으로 보았다. '여가란 일상적인 필요에서 해방된 상태를 지칭하는 개념'이며 이러한 상태에 있는 사람들이 여가를 즐기는 것이다.

여가교육이란 자신과 여가를 이해하면서 자신의 생활양식을 고쳐 나가거나 사회조직 속에서 자신의 역할이나 관계 등을 성찰해 보면서 개인의 발전과 조직의 발전을 이끌어 갈 수 있다는 총체적인 발달과정으로 이해되었다.

(2) 여가교육

여가교육의 개념을 제시한 문디와 오드륨(Mundy & Odum, 1979)은 여가를 다음과 같이 정의하였다.

① 성인들이 그들의 삶의 질 향상을 위해서 행하는 총체적인 운동(total movement)이다.

② 성인들이 여가의 가치와 여가관을 확인하고 명백하게 발전시키도록 지원하는 과정이다.

③ 일상생활 속에서 여가시간을 스스로 결정하고 만족할 수 있도록 사전에 준비하는 활동이다.

④ 여가는 성인들이 스스로 결정해야 할 사항을 잘 결정하도록 지원한다.

⑤ 여가를 이용하여 자기 자신을 잘 알도록 지원하는 것이다.

⑥ 성인의 요구, 가치, 능력을 여가와 여가 경험에 연관시켜 개발하도록 지원하는 것이다.

⑦ 성인의 삶 속에서 여가의 활용을 증진시켜 개인의 잠재력을 개발하도록 지원하는 것이다.

⑧ 유아기 이전부터 퇴직에 이르는 인간의 전 생애 동안 평생 발전되는 과정이다.

⑨ 다양한 원리들과 서비스의 체계 속에서 역할과 사회적 책임을 갖도록 하는 시민운동이다.

여가교육의 원리들은 여가교육의 목표가 '여가를 이용한 삶의 질 향상'이라는 것을 알려 준다. 여가교육은 그리스 시대부터 강조되었으나, 당시에는 일부 귀족들만이 여가를 즐길 수 있었다.

1930년 국제노동기구가 만들어지면서 여가시간의 확보와 여가선용의 문제를 공론화하기 시작하면서 사회정책의 일부분으로 국제적으로 중시되기 시작하였다. 1948년 유엔총회에서 세계인권선언이 채택되면서 제27조에 여가교육의 필요성을 기본적인 인권에 포함시켜, 획기적 전환이 이루어졌다. 이러한 노력의 결과로 1970년대에 이르러 일반 대중을 위한 여가시대가 시작되었다(조용하, 1998).

5) 일과 인성

과거에 근로는 매우 오랫동안 성인기에 강제적으로 부여된 고된 노동으로 여겨졌다(Meissner, 1971). 그러나 현대사회에 들어와 성인에게 직장생활은 경제적 수입, 사회적 지위, 소속감, 사회성의 발전, 인간관계의 유지, 복지를 보장해 줄 뿐만 아니라 직장 평생교육을 통하여 개인의 지속적인 발전 및 성장도 보장해 주고 있다. 따라서 근로는 개인의 계속적인 인격의 완성을 지원해 주는 학습의 장으로 인식되고 있다.

대부분의 사람들은 자신이 성장하는 시기에 부모의 역할을 보면서 취업활동이 개인의 사회경제적 지위 및 가족의 사회적인 지위까지도 보장해 주는 것을 보면서 취업활동의 중요성을 경험하게 된다. 정돈, 근면, 연습을 생활습관으로 소지하게 되고, 자율성은 성공으로 이어진다는 행위양식이 유년기와 청소년 시절에 직업 가치관으로 형성되어 성인이 되었을 때 취업활동을 성공적으로 수행해 나간다.

성인이 취업 현장에서 일의 주체가 된다고 느끼는지 또는 지시적 대상인 객체로 인식하는지는 인성 발달에 영향을 미친다. 이것은 인간이 환경에 일방적으로 순응하는 객체가 아니며 자신의 환경을 만들어 나가는 존재이기도 하기 때문이다.

인간은 기계가 아니므로 개인의 인성은 직업생활에서 의식적, 무의식적 또는 적극적으로 행위·인지·정서에 영향을 주게 된다. 이러한 인성은 근로활동뿐만 아니라, 여가활동을 통해 서로 고착되기도 하고 변화되기도 하는 것으로 알려져 있다. 인간은 일에 대한 스트레스를 여가로 보상하려는 경향도 있고, 일의 연속으로 이해하는 경향도 있는 것으로 나타났다.

노동심리학(psychology of work)에서는 인성이 근로활동에 영향을 주는 것으로, 노동사회학(sociology of work)에서는 일이 개인의 인성 발달에 영향을 준다고 보았으나, 최근의 연구에서는 일과 인성은 서로 영향을 주고받는 것으로 나타났다.

(1) 정서-동기유발 요인

정서-동기유발 특징에 관한 연구결과는 매우 다양하지만, 우울 성향, 적극적 행동 지향, 자기신뢰 등은 일과 매우 높은 상관관계를 나타낸다. 불안, 노이로제 같은 정신건강은 일의 만족도 등을 낮춘다고 알려져 있다. 건강하지 못한 성인이 경직된 일자리에서 근무할 때는 우울한 성향이 많이 나타나며,

자유스러운 분위기 속에서 근무할 때는 동기유발이 촉진되는 것으로 나타났다.

(2) 인지적 특성

근로의 질적 수준은 개인의 지능 발달에 긍정적인 영향을 준다. 그러나 콘과 스쿨러(Kohn & Schooler, 1982)는 어떤 일에 종사하는지가 더 중요하다고 보아, 직장에서 인간 간의 교제, 상징, 일의 복잡성 그리고 자율성 정도, 근로 유형이 성인의 인지적인 발달에 더 큰 영향을 준다고 보았다.

(3) 심리적-통제적 측면

성인이 직장에서 자율적으로 일을 할 수 있는지 또는 지시에 따라서 주어진 일만 하는지도 개인의 인성에 영향을 준다고 알려져 있다. 스스로 자신을 하급 직원으로 인식하고 고급의 관리직과 구분할 때, 스스로 무력감을 갖게 되어 불행해진다고 보았다. 그러나 계급적 차별이 있다고 느끼는 경우에는 개인이 뛰어난 성과물을 내려고 노력하기도 하는데, 이것은 성공으로 이어지기도 한다고 보았다.

2. 중년기의 발달

1) 에릭슨

에릭슨(E. Erikson)은 중년기를 35~50세로 보았으며 발달과업이 잘 이루어지면 생산성(generativity)을 발전시키게 되지만 반대의 경우에는 침체성(stagnation)을 갖게 된다고 보았다. 중년기를 많은 심리학자들은 인생의 정점으로 보았으며 자신에 대한 성찰이 가장 많이 일어나는 시기로 보았다. 중년기에는 주로 다음 세대를 가르치거나 지도하는 데 능동적이 되며 매우 적극적으로 참여한다고 보았다. 다음 세대를 위한 사회봉사 등을 통해 사회성을 발휘하며 특히 자녀가 없는 경우에는 후세대를 돌보는 일에 더욱 열성을 보이게 된다고 하였다.

(1) 생산성

중년기에는 부부 사이의 친밀감이 더 넓은 타인에게로 확대되어 생산성(generativity)이 형성되는 시기이다. 생산성이란 자신의 내적 자원을 생산적 목적을 위해 끌어내며 후세대를 보살피는 미덕을 터득하는 것이므로(김애순, 2004), 행복한 노년기를 보내는 데 중요한 기반을 닦는 시기가 된다고 보았다. 자신의 직업과 관련된 분야에서 직업적인 성취나 학문적 · 예술적인 업적을 남기려는 성향이 강해 중년기에는 생산성을 발휘하게 된다고 보았다.

리프(Ryff, 1984)도 중년기에는 생산성에 가장 큰 관심을 갖게 되며, 신세대를 돕고 지도하는 일에 관심이 커져 후세대를 이끌어 가는 돌봄의 역할을 수행한다고 보았다.

(2) 침체성

침체성이란 성인이 다음 세대를 위하여 자신이 한 일이 아무것도 없다는 것을 깨닫게 되는 것이다.

생산성을 발달시키는 데 실패하면 개인은 침체감(stagnation)에 빠지게 된다. 일상에서 따분함을 느끼게 되어 우울증 성향이 강해지며 대인관계나 또래관계는 거의 상실된다고 보았다. 인생을 지루하고 따분하다고 생각하는 사람, 불평불만이 많은 사람, 모든 일에 비판적인 사람들이 침체성을 갖고 있다고 볼 수 있다.

2) 헤비거스트

중년기에는 생리적 변화를 인정하고 이에 적응해야 할 것을 강조하였다. 정신적인 측면에서는 시민으로서 사회적 책임수행 의식을 가져야 할 것, 경제적 안정을 달성할 것, 10대의 청소년들이 책임감을 소지한 행복한 성인이 되도록 이끌어 가야 할 것이 강조되었다.

사회적 측면에서는 성인으로서 건전한 여가활동을 즐기며, 하나의 인격자로서 배우자와 관계를 발전시키고, 연로한 부모님 돌보기(care)를 발달과업으로 보았다.

3) 융

융(Jung)은 집단무의식을 구성하고 있는 정신적 소인을 페르소나, 아니마와 아니무스, 그림자, 자기로 보았다. 페르소나(persona)는 가면으로 개인이 사회적 요구들에 대한 반응으로 밖으로 내놓은 공적 얼굴이며, 남성이 소지하는 정신적 여성성이 아니마(anima), 여성이 소지하는 정신적 남성성이 아니무스(animus)로 융은 인격의 통합체를 자기로 보고, 모든 의식과 무의식의 실체인 자기(self)가 중년기에 나타난다고 보았다.

융은 중년기를 인생의 시기에서 가장 중요한 시기로 보고 40세 이전의 시기에는 외적인 성향으로 물질적 가치를 추구하지만, 40세 이후는 내적 성향이 강해져 정신적 추구가 강해진다고 보았다. 이것이 균형과 조화를 이루려는 전체의 통일성인데, 융은 이것을 개성화 과정으로 보았다. 중년의 시기에는 발달적 위기를 겪을 수도 있으나, 외부 세계에 쏟았던 에너지가 자기 내면으로 향하게 되며 외적인 것을 내적으로 전환하여 개별화하며 물질보다는 정신적인 것에 가치를 지향하게 된다고 보았다.

4) 레빈슨

임상심리학과 교수였던 레빈슨(Levinson)은 산업체의 일용직 근무자, 기업의 간부, 교수, 소설가 등 40명의 남성을 대상으로 이들의 전기적(傳記的) 면담을 통하여 『남성 인생 4계절』이라는 책을 발간하였다. 연구팀은 1923~1934년에 태어난 35~45세의 남성들로 1차 전기적 면담 후 2년 뒤 추후면담하고 1차례 남성들의 배우자와도 면담을 하여 자료를 수집하였다.

레빈슨은 자신의 부인과는 『여성 인생 4계절』을 15년간 연구하여 발표하기도 하였다. 레빈슨의 『남성 인생 4계절』에서는 인생시기를 아동기와 청년기, 성년기, 중년기, 노년기의 4계절로 구분하였다. 레빈슨은 중년기를 40~65세로 보았고, 대부분의 경우에는 생물학적 능력이 감퇴하지만 사회적 책임은 더 커지는 시기로 보았다. 중년기를 인생에서 가장 중요한 시기로 보고 4단계를 다음과 같이 나누었다.

〈표 3-1〉 레빈슨의 중년기 발달단계

발달단계	연 령	과 업
성인 초기에서 중년기로 전환	40~45세	• 성인 초기와 중년기의 교량 역할을 한다. • 전 단계에 수립했던 인생구조의 목표 달성 여부를 평가하게 된다.
중년기로의 진입	45~50세	새로운 직업을 구상하거나 현재의 일을 심층적으로 구성해 보거나 재혼 등을 생각하고 새로운 인생구조를 수립한다.
50세 전환기	50~55세	• 30세 전환기와 유사한 기능을 한다. • 중년기 인생구조의 위기에 대비한다.
중년기의 안정기	55~65세	• 중년기의 토대를 구축하고 안정을 찾는 시기이다. • 자신의 역할 변화를 성공적으로 수행하게 되면 만족스러운 중년의 시기를 보내게 된다.

출처: Levinson, 1978; 정옥분, 2008 재인용.

3. 노년기의 발달

1) 노년기의 발달과업

(1) 에릭슨

에릭슨(E. Erikson)은 노년기를 50세 이상의 시기로 보았으며 노년기에 성공적인 발달과업을 이루게 되면 자아통합감(ego-integrity)을 달성하게 되지만, 반대의 경우에는 절망감(despair)을 가지게 된다고 보았다. 노년기는 신체적으로 노화가 진전되어 신체는 노쇠해지며 직업에서 은퇴를 하고 친한 친구나 배우자 등의 사망을 경험하면서 무력감에 빠지기 쉽다고 보았다. 따라서 노년기에 노인들이 죽음을 앞에 두고 자신이 살아온 삶을 되돌아보는 성찰적 행위를 통하여 자신의 부족한 부분을 보충하고 관용을 베풀며 성숙한 인격자가 되어야 할 것을 발달과업으로 제시하였다.

노년기에 발달시켜야 하는 미덕은 지혜로 이것은 죽음에 직면했을 때 나타나는 인생 자체에 대한 초연한 관심으로 보았다(정옥분, 2008). 지혜는 노년기에는 지적인 힘이기도 하지만 심리적인 자원이 되기도 한다. 노년기에는 나의 삶이 타인과는 구별되는 고유한 것이었다는 것을 발견할 때, 후회 없는 삶을 수용하게 된다고 보았다.

① 자아통합감

노인들은 삶의 유한성을 깨닫고 시간이 흐를수록 죽음에 가까이 간다는 무력감이나 좌절감에 빠지기보다는 자신의 삶을 되돌아보고 통합성, 일관성, 완성성을 느끼려고 노력한다고 보았다.

따라서 중년기의 발달과업을 달성한 사람은 이 시기에는 성취감과 만족감을 갖고 자신의 삶을 성찰하게 되어 자신의 결손 부분을 보충하여 완성적인 인간이 되려고 노력하는데, 이것을 자아통합감으로 보았다. 즉, 자아통합감이란 인생을 성찰해 보고 자신의 정체감을 새롭게 확립하는 과정이라고 볼 수 있다. 자아통합감을 발달시키게 되면 평온한 노년을 보낼 수 있으며 다가오는 죽음을 의연하게 맞을 수 있다고 보았다. 자아통합감을 발달시킨 노인은 성숙함을 보이고 과거의 생활 유형을 수용하며 평온해하고 자아실현을 계속하며 죽음을 수용한다고 보았다.

② 절망감

노년기에 원망, 상실감 그리고 삶에 대한 불만족감이 쌓이게 되면 자신이 원하였던 삶을 살지 못했다고 느끼거나 실망감에 빠져 다른 사람에 대한 비난이 늘어난다. 자신의 삶이 무의미했다고 느끼는 사람은 절망하게 된다고 보았다.

(2) 헤비거스트

헤비거스트(Havighurst)는 노년기에는 신체적 쇠퇴를 인지하고 건강한 신체를 유지할 것을 중시하였다. 정신적인 측면에서는 은퇴와 수입의 감소, 배우자 사망에 적응해야 할 것을 강조하였다.

사회적 측면에서는 또래와 친밀한 관계를 맺는 일, 사회적으로 시민으로서의 책임을 수행하는 일, 만족할 만한 생활 조건을 갖춰 가야 할 것을 강조하였다.

(3) 베일런트

베일런트(Vaillant)는 2002년에 청소년기부터 80세 노년기까지의 삶을 60년간 추적한 종단연구의 결과로 『성공적인 노화(Aging Well)』를 발간하였다. 성공적 노화의 조건을 찾기 위해 진행된 이 연구는 노인이 된 사람들의 삶을 통해 현재의 삶에 영향을 미치는 요인과 신체적·정신적 건강에 대해 분석하였다.

베일런트는 성공적 노화로 아홉 가지 요인을 제시하였다. 담배 피우지 않기, 술 적게 마시기, 규칙적으로 운동하기와 적절한 체중 유지하기, 행복한 결혼생활, 스트레스에 효과적으로 대처하기, 개인의 교육 수준, 친구관계, 사회참여 그리고 자기통제의 기술 등을 성공적 노화의 핵심 요인으로 보았다.

2) 노인심리학

노인심리학에서는 노인이 환경에 영향과 지배를 받는 수동적 존재가 아니라 스스로 반성하는 힘과 문제해결 능력을 소지한 주체적인 창조자로 인식하고 있다. 필립(Filipp, 1987)은 노인이 창조적 능력을 소지하고 있으므로 창조적인 능력의 소지자로 재인식되어야 할 것을 주장하였다. 노인심리학에서 중재의 방법으로 사용하는 노인지원은 고령노인의 심리적·육체적 안녕감을 지원해 주려는 총체적인 노력이다(Lehr, 1979).

1970년 이전에 학자들은 노인교육 및 심리치료는 거의 실시하지 않았다. 그러나 1970년대부터 노인인구가 급속히 증가하자 지원 방안이 등장하여 교육과 행동치료가 시작되었다. 발테스와 발테스(Baltes & Baltes, 1990)는 노화과정을 성장과 쇠퇴가 끊임없이 진행되는 상호과정으로 설명하면서 장애치료에 감각(sensoric)치료와 동작(motoric)치료를 적용하였다. 또한 노인의 사회적 기능의 회복을 강조하는 생산적 노화(active aging)가 중시되면서 노년기의 '제3의 사회화'(Veelken, 2000)를 위한 교육도 활성화되었다.

젊어지는 노인(young-old)과 건강한 노인이 증가하면서 노년기 삶의 만족도는 크게 높아졌다. 최근에는 노년기를 자기 창조의 시기로 보는 노년심리학(gerontopsychology) 연구도 활발해지고 있으며, 다양성을 소지한 노인의 요구를 충족시키기 위해 노인교육을 통해 스스로의 자아상과 세계관을 발전시키며 자율적인 행위를 실천해 가도록 지원하고 있다.

(1) 정신건강 및 심리적 안녕감

노년기 정신건강은 감정의 균형을 유지할 때 지킬 수 있다. 50대 이후에는 승진에 대한 스트레스, 은퇴에 대한 소외감, 자녀교육, 노부모 간병, 자원봉사와 건강 유지에 관한 압박감이 가중되므로 감정의 균형을 잘 이루어 가는 것이 중요하다. 베를린 노인연구에서는 노인이 겪는 장애는 치매 17%, 우울 9%, 두려움 5% 그리고 수면장애 19%로 나타났다(Mayer et al., 1996).

노인은 질병, 노화, 고독, 죽음에 관한 불안에서 벗어나 흡족한 삶을 만들어 가도록 지원되어야 한다. 사소한 일에 관심을 두지 말고 일상생활에서 나타나는 문제들을 관용적인 태도로 수용하고 정신건강을 위해 현실을 직시하여 문제해결력을 키워야 할 것이다.

과거에는 노인의 부정적 측면만을 강조하여 우울감 같은 병리적 측면의 연구가 진행되었으나 최근에는 노년기의 긍정성이 강조되면서 성공적 노화를 위한 주관적 안녕감(subjective well-being), 심리적 안녕감(psychological well-being) 그리고 긍정적 정서(positive affect)의 중요성이 강조되고 있다.

리프와 키예스(Ryff & Keyes, 1995)은 높은 삶의 질이 반드시 행복한 삶과 일치하지 않는 것에 주목하여 삶의 질은 성인이 자신의 기능(function)을 수행하는 정도에 따라 결정된다고 보았다.

리프(Ryff, 1989)는 1989년에 매슬로우(Maslow)의 자아실현, 로저스(Rogers)의 총체적으로 기능하는 개인, 융(Jung)의 개별화, 알포트(Allport)의 성숙, 에릭슨(Erikson)의 기본적 삶의 경험 그리고 뉴가르텐(Newgarten)의 성격변화에 관한 심리적 이론을 기초로 개인의 삶의 질을 측정하는 여섯 개 차원의 척도를 개발하여 심리적 안녕감에 대한 개념을 발전시켰다.

심리적 안녕감에는 자율성(autonomy), 환경지배력(environmental mastery), 삶의 목적(purpose in life), 자아수용(self-acceptance), 긍정적 대인관계(positive relations with other), 개인적 성장(personal growth)이 포함되어 있다. 심리적 안녕감이 높은 사람은 자기를 있는 그대로 수용하고 긍정적인 대인관계 유지, 자율적인 행동, 자기조절 능력, 주위 환경 통제력을 가지고 있다. 또한 삶의 목적을 가지고 자아를 실현하려는 동기도 매우 강한 것으로 알려져 있다.

일반적으로 연령이 낮을수록, 종교가 있는 경우, 교육 정도가 높을수록, 배우자가 있는 경우, 경제적 형편이 좋을수록, 스스로 지각하는 건강 상태가 좋을수록 우울의 정도가 낮고, 삶의 만족감이 높을수록 심리적 안정감도 높게 나타났다(손덕순 외, 2006).

(2) 신체적 질병과 장애

2008년 보건복지부가 실시한 '전국 노인생활 실태 및 복지요구조사'에서는 60세 이상 노인의 78.8%가 한 가지 이상의 만성질환을 앓는 것으로 나타났다. 만성질환 유병률은 고혈압이 44.4%로 가장 높고, 골관절염이 27.4%, 요통좌골신경통 17.0%, 당뇨병 15.6%, 골다공증이 12.4% 순으로 나타났다(보건복지부 외, 2008).

노인질환 중 뇌졸중과 골절은 신체기능의 상실을 가장 크게 일으킨다. 급성질환이나 사고 또는 만성질환으로 인해 상실된 신체기능을 회복하거나 더 이상의 신체기능 손실을 방지하는 재활치료서비스가 단기병원, 재활병원 등에서 실시되고 있다.

연령이 증가하는 것 자체가 노인건강에 큰 영향을 주지는 않지만 노화를 알려 주는 뚜렷한 현상은 질병이다. 질병은 노인의 학습을 방해하는 가장 큰 요인이다. 병이 들면 시간이 지나감에 따라 신체의 회복이 어려워지며, 노년기에는 젊었을 때와 달리 두려움과 원망이 커진다. 그러나 질병에 걸린 경우에도 놀이와 재미를 즐기고 자주 웃는 사람의 치료효과는 더 높은 것으로 나타나 웃음치료가 질병에도 효과적인 것으로 알려져 있다.

(3) 노인의 인지와 학습능력

노인이 되면 인지력(cognition)의 변화가 시작되지만 연령 증가에 따라 인지 속도와 기억력에 관한 개인차도 심화된다. 일부 노인의 인지변화는 아주 미미하지만, 일부 노인의 경우는 매우 심각하게 진행된다. 인지의 변화는 건강, 교육 수준, 유전적 요인에 따라 달리 나타난다. 건강하지 못할 때 인지적 변화는 가장 크게 일어난다. 교육 수준이 높고 지적 활동을 계속하는 사람은 일반적으로 인지능력의 감소가 매우 미미하며 아주 드물게 지적활동의 양이 증가하기도 한다.

그러나 이와는 반대로 교육 수준이 낮은 경우에는 빠른 쇠퇴가 일어나기도 한다. 쌍둥이 연구에서는 인지력의 감퇴가 유전적인 상관관계와 높게 나타나 인지력이란 매우 다양한 변인들로 구성된 것을 알 수 있다. 그러나 일반적인 노년기 인지력과 중요한 요인들은 다음과 같다.

① 지능

과거에는 70대 이후에는 지능이 급격히 하락된다고 보았으나 최근에는 60세 노인들이 어떤 분야에서는 오히려 젊은이들보다 뛰어나다고 알려졌다. 1980년대에 들어서 지능에 대한 개념이 새롭게 인지되어, 지능이란 새로운 것을 학습하고 합리적으로 사고하고 환경을 효율적으로 다루는 개인의 종합적인 문제해결 능력으로 이해되었다.

인지능력은 예술부분과 운동능력 등을 포함하는 총체적인 능력으로 일상생활 수행능력 및 문제해결 능력으로 정의되었다. 따라서 학습과 관련된 지능은 아동기까지는 급속히 증가하다가 청년기에 최고점에 도달하여 중년기 이후 서서히 감퇴하지만, 경험을 통해 학습되는 지능은 연령의 증가에도 차이가 없는 것으로 알려져 있다(Cattell, 1968).

② 인식력의 하락

인간의 추론력(reasoning)과 문제해결 능력(problem solving)에 영향을 주는 요인은 정보를 처리하는 속도, 지성, 기억력 등과 복합적으로 연결되어 있다. 연령증가에 따라 인지적 노화가 계속되어 개인이 수행할 수 있는 지각정보 또는 지각속도는 하락한다. 또한 동기, 생산성, 조심성 그리고 운동기술의 감소뿐만 아니라 인식력의 하락(cognitive slowing)도 일어난다.

③ 기억력과 집중력

기억은 그 체계에 따라 노화의 양상이 다르게 나타난다. 기억력은 집중력과 긴밀하게 연결되어 있고 집중력과 기억(memory and attention)을 지속시키는 연결고리를 제공해 준다. 기억력을 사용하는 것은 마음에 정보를 일시적으로 담고 있는 것과 작업을 수행하기 위해 그 정보를 사용하는 것이다.

기억력이란 문서화되어 저장된 구성요소들을 꺼내어 쓰는 능력인데, 노인이 되면 일반적으로 지식의 내용이 문서로 저장되기 어려워져 기억력이 상실되는 것으로 알려져 있다. 그러나 노인은 최근에 일어났던 단기기억적 사실보다는 과거에 일어났던 장기기억에 대한 사건을 더 잘 기억하는 것으로 알려져 있다.

노년기에는 미래를 계획하는 기억이 매우 약해져서 미래를 계획하거나 내다보는 일이 점점 어려워진다. 기억력의 감퇴는 자연스런 노화의 결과이기는 하지만 회복이 불가능한 것은 아니다. 인지능력의 퇴화를 방지하려면 정신적·신체적 건강을 유지하고 독서와 같은 지적인 활동을 꾸준히 함으로써 인지능력의 퇴화를 방지하거나, 일부분을 회복시킬 수 있다.

(4) 노인의 정체성

에릭슨은 '성공적인 노년기'를 보내려면 노인이 살아온 일생에 대하여 최선을 다했다고 생각하며, 건전한 노인상을 가져야 한다고 보았다. '행복한 노년기'를 만들려면 노인은 남은 인생을 긍정적으로 평가하고, 성공적으로 만들어가려는 노력이 필요하다. '행복한 은퇴기'를 만들려면 지나온 삶을 되돌아보고 인간적으로 너그럽고 따뜻한 사람이 되려는 자기수양 과정이 요구된다.

에릭슨은 문화변용(acculturation)의 과정을 경험하는 노인 이해를 위해 정체성의 개념을 제시하였다(김항원 외 역, 1991). 정체성은 사회적 · 역사적 · 문화적 맥락을 떠나 심리사회적으로 구성되므로 개인이 경험하는 사회화과정에 기초한다.

정체성이란 사회와 상호관계를 맺고 있는 상호적 자아(mutual self)가 동일한 것에 대하여 구성하는 의식적 감각이며, 개인의 행위와 사회구조를 연결시키는 매개자 역할을 한다. 사회가 노인에 대하여 갖고 있는 부정적인 노인상이 바뀌어 긍정적인 노인상을 갖게 될 때, 노인도 긍정적인 정체성을 구성하며 상호적 과정을 통해 삶의 질 향상을 달성할 수 있다.

정체성 연구는 사회심리적으로 소외된 노인이 사회 구성원으로 참여할 수 있는 권리를 창출하는 데 기여하였다. 사회 양극화로 사회갈등이 심화되고 시민운동 및 반체제 문화운동이 활성화되면서 정체성 연구는 활성화되었으나, 최근에는 개인과 집단의 실존적 의미를 이해하려는 목적으로도 활성화되고 있다. 즉, 사회에서 소외되었던 노인의 권리와 참여를 도출해 낼 수 있는 방법으로 정체성 연구가 활성화되고 있다.

노인의 정체성을 지지해 주는 안정된 사회구조 대신 급변하는 사회구조는 노인의 정체성을 위협하고 있다. 따라서 노인이 사회적 역할을 새롭게 인식하고 정체성을 새롭게 통합하거나 수정해 나가면서 혼란의 위기를 벗어나려는 요구는 증대되고 있다.

노인이 겪는 정체성의 위기는 전통사회가 해체되는 과정 속에서 현대화, 개인화, 탈가치화, 지식사회로의 변화가 가속화되면서 심화되었다. 노인은 1.3세대 구성원들을 관찰하거나 상호작용하면서 이들이 갖고 있는 노인에 대한 부정적인 인식과 낮은 가치를 점진적으로 수용하게 된다. 이러한 과정에서 긍정적인 자신에 대한 평가는 부정적으로 점차 변화하여 청년들과 자신을 성찰에 의하여 구별(distinction)해 나간다. 이러한 구별짓기에 의하여 자발적으로 스스로를 사회에서 유리시켜 나가게 된다. 이러한 차별화(differentiation)의 과정 속에서 노인은 정체성의 위기를 맞게 된다. 이에 인생 100세 시대에 노인이 삶의 주체적 존재로 노년의 생활을 능동적으로 만들어 가려면 자신의 존재 의미와 정체성을 새롭게 구성해 내야 한다. 이것이 노인교육의 내용이 될 수 있다. 노년기의 노인의 과업이란 노인이 인생 100세 시대에 적극적인 사회 참여자가 되도록 새로운 정체성을 확립하도록 노인교육이 활성화되어야 할 것이다. 또한 사회구성원들은 노인에 대한 부정적인 인식을 삶의 경험을 소지한 존중받아야 할 대상으로 전환시켜야 할 것이다.

영화로 이해하는 성인학습 및 상담

1. 영화 제목

행복을 찾아서(2007)

2. 영화의 간략한 내용

미국 샌프란시스코에서 의료기 세일즈맨 가드너는 전 재산을 털어 의료기를 만들어 팔고 다니지만 좀처럼 팔리지 않는다. 아들 크리스토퍼는 엉터리 유치원에서 온종일 엄마를 기다리다 잠들기 일쑤이고, 세금도 못 내는 형편에 자동차까지 압류당하자 참다 지친 아내마저 두 사람을 떠나버린다. 살던 집에서도 쫓겨난 후, 극한 상황에서도 크리스토퍼를 보살피는 아빠 크리스는 빨간색 페라리를 모는 성공한 주식중개인을 만나 '남이 할 수 있다면, 나도 할 수 있다'는 희망을 얻고 주식중개인 인턴에 지원한다. 덜컥 붙긴 했지만 땡전 한 푼 못 받는 무보수에 60 대 1이라는 엄청난 경쟁을 이겨내야 하는 혹독한 과정, 학력도 경력도 내세울 것 없지만 크리스는 아들과 함께 노숙자 시설과 지하철 화장실을 전전하는 어려움 속에서도 행복을 찾기 위한 마지막 기회에 도전하게 되는데…

3. 토론하기

- 아빠 크리스가 아들 크리스토퍼를 위해 부모 역할을 다하는 이유는 무엇인가?
- 크리스가 빈털털이에서 무일푼 노숙자로 전락했다가 주식 중개인 인턴을 거쳐 '가드너 앤 리치 컴퍼니'라는 굴지의 투자사를 세우게 되는 것은 어떠한 점을 시사하는가?

김애순(2004). 여자가 겪는 인생의 사계절. Daniel J. Levinson et al. 지음. 이화여자대학교 출판부.

김항원, 이상철 역(1991). 사회와 아이덴티티. Weigert, A., Teitge, J. S., & Teitge, D. W. 지음. 문우사.

박성희(2004). 노인교육방법으로서 생애사 학습사례연구. 한국노년학회 · 추계학술대회 자료집, 80-92.

박성희(2011). 노인교육론. 양서원.

박성희(2011). 생애사 연구에 기반한 질적 연구방법의 이해. 원미사.

박성희(2014). 노후설계전문가 핸드북. 박영스토리.

보건복지가족부, 계명대 산학협력단(2008). 노인실태조사.

손덕순, 이홍직(2006). 노인의 심리적 안녕감 결정요인에 관한 연구: 생태체계요인을 중심으로. 노인복지연구, 통권 제31호, 181-205.

이경희, 박성희(2008). 의미구성학습과 노인 자서전 쓰기 교육의 의의. 안드라고지 투데이, 11(1), 179-199.

이숙현(1988). 한국 근로자 계층 부부의 결혼 적응에 관한 연구. 한국사회학, 22, 161-181.

이숙현(1990). 부모기로의 전환에 따른 부부관계의 변화. 가족학논집, 2, 1-27.

정옥분(2003). 성인 노인심리학. 학지사.

정옥분(2008). 전 생애 인간발달 이론. 학지사.

조용하(1998). 여가교육(pp.1825-1841), 교육학 대백과사전. 하우동설.

지행중, 한정란, 박성희(2011). 노인자서전 쓰기 교육 프로그램 사례 연구. 한국노년학, 31(2), 223-141.

Baltes, P. B. & Baltes, M. M.(1990). Psychological perspectives on successful aging: The model of selective optimization with compensation. In P. B. Baltes & M. M. Altes(Eds.), *Successful aging: Perspectives from the behavioral sciences*(pp.1-24). New York: Cambridge University Press.

Cattell, R. B.(1968). Fluid and crystallized intelligence. *Psychology Today, 3*, 56-62.

Dumazedier, J.(1974). *Sociology of leisure*. New York: Elsevier.

Dyer, E. D.(1963). Parenthood as crisis: A restudy. *Journal of Marriage and the Family, 25*, 196-201.

Erikson, E. H.(1950). *Identitaet und Lebenszyklus*. Frankfurt: Suhrkamp.

Filipp, W. H.(1987). Intervention in der Gerontopsychologie. In R. Oerter & L. Montada(Eds.), *Entwicklungspsychologie*. Weinheim: Psychologie Verlag Union.

Gilligan, C.(1984). *Die andere stimme*. Muenchen: Piper.

Grazia, S.(1962). *Of time, work and leisure*. New York: Twentieth Century Fund.

Havighurst, R. J.(1972). *Developmental tasks and education*(3rd ed.). New York: McKay.

Jaeckel, U.(1980). *Partnerwahl und Eheerfolg*. Stuttgart: Enke.

Kohn, M. L. & Schooler, C.(1982). Job conditions and personality: A longitudinal assessment of their reciprocal effects. *America Journal for Sociology, 87*, 1257-1286.

Lehr, U.(1979). *Interventionsgerontologie*. Darmstadt: Steinkopff Verlag.

Levinson, D. J.(1978). *The seasons of a man's life*. New York: Knopf.

Lewin, K.(1963). *Feldtheorie in den Sozialwissenschaften*. Stuttgart, Bern: Huber.

Mayer, K. U. et al.(1996). Wissen über das Alter(n): Eine zwischenbilanz der Berliner Altersstudie. In K. U. Mayer & P. B. Baltes(Eds.), *Die Berliner Altersstudie*. Berlin: Akademie Verlag.

Meissner, M.(1971). The long arm or the job: A study of work and leisure. *Industrial Relations, 10*, 239-260.

Miller, B. C. & Sollie, D. L.(1980). Normal stress during the transition to parenthood. *Family Relations, 29*, 459-465.

Mundy, J. & Odum, L.(1979). *Leisure education*. New York: John Wiley & Sons.

Newman, B. M. & Newman, P. R.(1975). *Development through life: A psychological approach*. Homewood, III: Dorsey.

Rossi, A. S.(1968). Transition to parenthood. *Journal of Marriage and the Family, 30*, 26-39.

Russell, C. S.(1974). Transition to parenthood: Problems and gratification. *Journal of Marriage and the Family, 36*, 294-301.

Ryff, C. D.(1984). Personality development from the inside: The subjective experience of change in adulthood and aging. In P. B. Baltes & O. G. Brim, Jr.(Eds.), *Life-span development and behavior, Vol. 6*(pp.243-279). Orlando, FL: Academic Press.

Ryff, C. D.(1989). Happiness is everything or is it? Explorations on the meaning of psychological well-being. *Journal of Personality and Social Psychology, 57*,

1069-1081.

Ryff, C. D. & Keyes, C. L. M.(1995). The structure of psychological well-being revisited. *Journal of Personality and Social Psychology, 69*, 719-727.

Vaillant, G.(2002). *Aging well*. Boston: Little, Brown and Co.

Veelken, L.(2000). Geragogik: Das Sozialgerontologische Konzept. ln S. Becker, L. Veelken, & K. P. Wallraven(Eds.), *Handbuch Altenbildung*(pp.87-93). Opladen: Leske & Budrich.

Warren, B. L.(1966). A multiple variable approach to the assortive mating phenomenon. *Eugenics Quarterly, 13*, 285-290.

CHAPTER 04

성인학습이론

- 자기주도적 학습이론
- 전환학습이론
- 경험학습이론
- 생애사 학습이론

학습목표

1. 성인들 스스로 학습할 수 있는 능력을 소지하고 있다는 안드라고지적 시각을 이해한다.

2. 성인학습의 특징인 자기주도적 학습이론, 전환학습이론, 경험학습이론을 익힌다.

3. 성인학습이론에 기반한 학습사례를 익히고 평생학습 현장에 적용하는 능력을 기른다.

4. 급변하는 사회 속에서 개인이 어떠한 학습과 도야의 과정으로 발달하는지 학습하고, 이러한 과정을 성인학습에 적용하는 능력을 기른다.

CHAPTER

04

성인학습이론

1. 자기주도적 학습이론

성인은 일상생활을 살아가면서 다양한 것을 학습해 나간다. 성인은 자신이 생활하는 직장, 가정, 동호회 그리고 지역사회 등에서 생활하면서 많은 문제들에 당면하기도 하지만 스스로 문제를 해결해 가는 자기주도성을 가지고 있는데, 이것이 어린이와 구별되는 특징이다. 성인학습이 미성숙자를 가르치는 학교교육과 구분되는 가장 큰 특징은 성인은 자신의 요구에 기반하여 성인의 학습을 한 가지 교육이론만으로 설명하기는 매우 어려우며 이것은 다양한 측면에서 성인의 행동과 시각의 변화가 진행되기 때문이다.

성인학습은 성인들의 요구에 기반하여 진행되므로 실제적으로 삶의 질 향상을 위한 학습의 원칙이 강조된다. 성인은 자율적 존재라는 특징에서 자기주도적 학습의 특징을 참여(participation), 자기주도성(self-directedness), 자기관리(self-control)로 볼 수 있다.

1) 호울

자기주도적 학습에 대하여 연구한 1세대 학자는 호울(Houle, 1961)이다. 그는 성인교육에 관심을 갖고 학습을 계속하는 사람들이 다른 사람들과 구별되는 특성, 평생학습자로 성장하는 과정 및 요소, 학습하는 내용 등에 관심을 갖고 성인학습자를 연구하였다.

성인의 계속학습을 밝히기 위하여 22명의 성인학습자를 면담하였는데, 호울(Houle)은 다수의 설문 응답자를 대상으로 하고 통계방법을 사용하는 관행에서 벗어나 학습자 중심의 질문 19개를 구성하고 추가적인 질문을 사용하는 질적 연구의 방법을 사용하였다. 성인들이 학습하는 유형은 세 가지로 구분되었다.

- 목표지향적인 학습자는 명확하게 설정된 목표를 달성하기 위하여 교육을 이용한다. 이들은 20대 중반에 이르러 계속교육을 시작하는데, 과정을 이수하거나 단체활동에 참여하고, 책 읽기와 여행을 즐기는 것으로 나타났다. 이들은 목표를 달성하기 위하여 학습활동에 적극적으로 참여를 한다.
- 활동지향적 학습자는 명확한 학습목적과 연관성은 없지만 학습하는 분위기 자체에서 의미를 발견하는 유형이다. 이들은 지식의 습득을 추구하기보다는 본질적으로 여러 학습자들과 인간관계를 맺는 것을 더 중시하는 것으로 나타났다.
- 교육의 내재적 가치를 추구하기 위해 지식 습득을 지향하는 학습자이다. 이들은 유년기 시절부터 책 읽기를 좋아하며 TV 등의 대중매체에서 진지한 프로그램을 선택하여 학습하고, 여행을 하면서도 기록이나 관찰 등을 통하여 생산물을 만들어 내는 학습자로 자기성장 자체에 많은 관심을 갖는다.

호울의 연구결과가 성인학습에 기여한 점은 성인학습의 특징으로 참여와 자기주도성을 밝혀낸 것이며, 성인들이 일상생활에서 수행해 나가는 학습을 성인학습의 개념에 포함시켰다는 점에서도 그 의의는 매우 크다.

2) 토우

토우(Tough, 1971)는 성인의 자기주도적 학습을 이론적으로 연구하기 시작하였다. 토우는 성인들이 어떻게 학습하며 학습을 통하여 어떠한 도움을 얻으려 하는가를 밝히려 하였다. 66명을 대상으로 한 1차 연구에서는 성인의 자기주도적 학습성을 가장 큰 특징으로 도출해냈다. 1979년 200명을 대상으로 한 2차 조사에서는 이들의 주당 학습시간을 도출하고 성인들은 학습을 위하여 평균 1년에 700~800시간을 사용하는 것을 밝혀냈다. 또한 적극적인 학습자는 자신의 문제해결, 개발과 성장을 위하여 1년에 5개의 학습과제를 설정하고 실천해 나가는 것으로 나타났다.

성인은 자신의 문제해결 및 개발을 위하여 습득해야 할 구체적인 지식의 내용을 설정하고, 문제해결을 위한 학습활동, 방법 등을 결정하고, 학습할 장소와 학습 대상, 학습 시기, 학습 진행 속도를 정하고, 스스로 자신이 소지하고 있는 능력과 지식 정도를 점검한다.

문제해결을 위한 장애요인을 파악하고 문제해결 방안을 재검토하며, 바람직한 자원이나 지원을 획득하거나, 인적·물적 자원 및 다양한 자원을 활용하고자 필요한 자원을 동원하며, 학습동기를 높이기 위하여 동기유발의 단계를 결정해 나간다고 보았다.

토우의 연구결과가 성인의 자기주도적 학습성을 밝히는 데 기여한 내용은 다음과 같다.

- 성인 스스로 자신의 학습을 계획할 때 학습성과가 매우 높다.
- 성인들은 자신이 스스로 선택한 학습을 위해 많은 시간과 에너지를 쏟는다.
- 성인들은 혼자서 학습하는 것보다는 다른 사람들과 함께 공동으로 학습하는 과정에서 기쁨을 얻는다.
- 성인들이 자신의 학습목표를 달성하기 위하여 다양한 자원을 이용한다.

- 성인들은 자신이 해결해야 할 문제를 극복하기 위하여 목표를 설정하고 이것을 실천에 옮기며 이러한 문제를 극복해 가는 전 과정에서 자기 기준에 따라 평가하고 목표를 수정해 나간다.

3) 노울스

자기주도적 학습(self-directed learning)은 노울스(Knowles, 1973)가 성인에게 가장 효과적인 학습방법임을 강조하고 성인학습자를 위한 안내서를 발간하면서 여러 학자들에 의하여 발달되었다. 성인이 자기주도성을 실천하는 전략으로 등장한 것이 자기주도적 학습이론이다. 자기주도적 학습에서는 성인이 스스로 자신의 학습을 기획하고 실행하며 평가해 나가는 계속적인 과정을 중시한다. 즉, 학습자들이 자신이 배워야 할 지식의 내용을 선택하고, 학습하는 과정을 스스로 설계해 나가며, 자기평가에 의하여 학습을 수정해 나감을 강조하였다.

노울스가 주장한 5단계의 교수 모형은 다음과 같다.

- 학습요구 진단
- 학습목표 설정
- 학습을 위한 인적 · 물적 자원 파악
- 학습전략의 선택과 실천
- 학습결과 평가

성인의 학습을 지원하는 5단계 교수 모형은 전통적인 행동주의 측면에서 학습목표를 설정 · 실행하고 평가한다는 것으로 제안되었다. 따라서 노울스는 인본주의적 관점에서 성인을 학습의 주체로 설정하는 자기주도성보다는 전통적인 학습이론에 기반하여 행동주의적 측면에서 교육목표를 설정하여 자기주도적 학습의 영역을 축소시킨 측면도 있다.

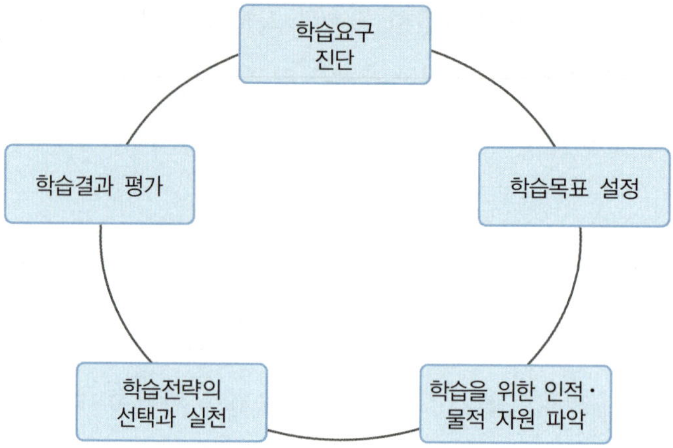

[그림 4-1] 노울스의 5단계 교수 모형

2. 전환학습이론

전환학습이론은 독일의 사회학자인 하버마스(Habermas, 1968)의 '지식과 관심'(knowledge and human interest)에 이론적 토대를 두고 있다. 하버마스가 강조하는 의사소통적 지식은 자기 자신이나 다른 사람들 그리고 사람들이 살고 있는 공동체나 사회의 규범들을 이해하는 것이며 이것은 언어를 통해 유추되고 사람들 간의 논의를 통하여 공감이 일어나게 되면 소통적 지식으로 고정된다고 보았다. 의사소통적 지식은 정치적 체계, 사회적 체계 그리고 교육 부분에서 일어나는 인간관계를 연구하는 데 목적이 있으며, 사회 구성원들 간의 논의를 통한 이해 추구를 가장 중시한다. 해방적인 지식이란 어떤 제한으로부터 자신을 해방시키는 자기인식이며 비판적 자아성찰을 통하여 얻어지는 산물이다.

비판적 성찰은 하나의 수단으로서 사람들이 자신의 믿음과 가정들을 점검하고 새로운 경험이나 지식 안에서 기존에 자신이 소지하고 있었던 지식을 자아성찰하는 것이다. 비판적 성찰은 사람들이 타인과 대화를 통하여 그들의 의견과 생각을 교환하고 지원과 격려를 받게 하며 새로운 대안을 만들어 가는 것을 지지해 준다.

전환학습은 학습자가 해방적 지식, 즉 자율적인 인간이 되려는 지식을 스스로 만들어 가야 할 것을 강조한다. 따라서 전환학습이론은 성인이 노년기에 자율적으로 살아가는 데 필요한 지식을 생성시키도록 지원하는 학습방법으로 적용할 수 있다. 예를 들면 자신의 삶을 불행하다고 생각하는 성인 여성에게 해방적 지식이 만들어지도록 지원할 수 있다. 즉, 자율적인 삶을 위하여 자신의 삶을 성찰해 보고 새로운 지식을 만들어 내는 전환점(turning point)을 통하여 자신의 삶에서 강점(strength)을 찾고 시각을 바꾸도록 지원하면 행복한 노년기를 맞이할 수 있는데, 이것을 전환학습의 과정으로 볼 수 있다.

1) 메지로

메지로(Mezirow, 1978)는 성인들이 자신의 삶의 경험을 어떻게 이해하는가에 관심을 갖고 전환학습이론(transformational learning, transformative learning)을 발전시켰다. 메지로는 학습은 '미래의 행동 방향을 결정하기 위하여 과거의 해석을 사용하여 자신의 경험의 의미를 새롭게 혹은 수정해서 구성하는 프로세스'로 보았다. 메지로는 성인이 경험의 의미를 중시하는 것에 주목하여 성인학습을 설명하는 광범위한 이론을 만들려고 하였다. 모든 성인은 매우 복잡하며 역동적인 신념의 구조를 가지고 있으며 문화심리적으로 자신만의 체계를 갖고 있다고 보았다.

메지로는 성인기는 왜곡된 인식 및 자신의 가정들을 재수정해 나가는 시기로 보았다. 성인은 사회구조적인 배경에 의하여 왜곡된 관점을 갖고 있으므로 잘못된 인식을 형성하는 경우가 많으며 지속적인 반성과정을 통해 자신의 관점을 수정해야 할 것을 강조하였다.

메지로는 인식의 전환을 의미체계와 의미관점의 개념을 통하여 설명하였다.

의미체계(meaning of scheme)는 개인이 경험을 형성하고 유지하는 느낌, 신념, 태도 등 무의식적인 습관으로 나타나는 것으로 삶 속에서 이루어지는 여러 가지 일에 대한 해석의 규칙을 의미한다.

의미관점(meaning perspective)은 의미체계보다 높은 단계에서 구성되며 삶이나 자신 그리고 관계에 대한 일종의 전제구조이다. 개인이 어떠한 사건에 대하여 습관적으로 적용하는 기대에 따라 은유적으로 표출하는 것들, 개인적으로 굳어진 편견 등이 이에 속한다. 전환학습에서 중시하는 것은 의미관점으로 전환(transformation)이란 개인의 의미체계와 의미관점의 변화를 통해 사회구조의 근본적인 변화를 이끌어 낼 것을 강조하며 이때 인식이나 행동의 전환이 동시에 이루어지는 것을 전제로 한다. 전환학습의 효과는 개인의 인식 변화뿐만 아니라 사회를 변화시키고자 하는 인식 및 행동의 변화가 함께 이루어질 때이다. 즉, 학습자는 그동안 관습 등에 의하여 비판 없이 받아들였던 인식에 대해 근본적인 인식구조의 전환을 통하여 스스로의 변화와 자신이 속한 조직의 구조적 변화를 이끌어 내야 할 것이 강조되었다.

메지로의 전환학습이론은 10단계로 구성되었다. 그러나 가장 중요한 요소는 경험, 비판적 성찰, 성찰적 담화 그리고 행동이다.

학습은 성인이 일상생활 속에서 문제를 경험하고 해결하는 과정에서 시작된다. 학습자는 이 문제를 해결하기 위하여 경험을 자신에게 의미가 있는 유의미한 경험으로 구조화하고 자신의 신념과 가치관을 비판적으로 성찰해 나가야 한다. 관점의 전환에 의하여 새롭게 구성된 의미는 학습자의 주관에 의한 결정이므로 새로운 의미가 진실한 것인지 검증하고 최선의 판단을 위해서 현재의 상태를 개선시킬 수 있는 다양한 의견을 구하기 위한 목적으로 담론의 과정을 중시하였다. 이러한 담론과정을 거쳐 새로운 신념을 찾았다면 행동이 요구된다. 행동이란 미시적 측면으로는 자신의 삶에 대한 시각의 변화에서부터 거시적인 측면에서 시민의 공공성 향상 또는 앙가지망까지 매우 다양하게 이해될 수 있다.

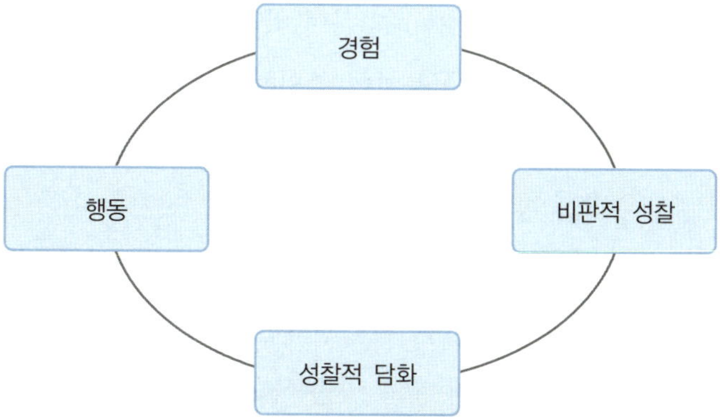

[그림 4-2] 메지로의 전환학습

2) 프레리

브라질의 교육자인 프레리(Freire, 2000)는 전환학습에 대한 철학적 관점으로 의식화와 임파워먼트(empowerment)를 제시하였다. 프레리는 가난한 브라질 시골의 농민들이 가난, 문맹, 억압으로부터 벗어나도록 문해교육(literacy work)을 제공하면서 급진적인 사회개혁의 방법으로 교육을 제시하였다. 중산층 백인 여성이 개인적으로 전환하는 학습과정을 연구한 메지로와는 달리 소외계층인 농민들이 자신의 삶을 억압하는 권력을 인식하게 되는 과정을 사회개혁의 일부로 인식하였다.

프레리는 교육을 은행식 교육과 문제해결식 교육, 두 가지로 구분하였다. 은행식 교육(banking-concept)은 학교에서 이루어지는 교육으로 교사가 중심이 되어 지식을 학생에게 주입하는 교육이다. 교사는 수업의 내용을 결정하고 교실에서 권위를 갖고 학생들은 억압을 받지만 침묵하게 된다고 보았다. 그러나 문제해결식 교육(problem based learning)의 목표는 해방(emancipation)으로 보았다. 농민들이 의식화하는 방법으로 대화할 것을 강조하였고, 토의와 논의를 통하여 자신들이 당면하고 있는 공통된 현실과 이들이 살고 있는 사회문화적 상황을 인지하도록 하였다. 자율적인 힘을 길러 해방된 삶을 살아가도록 성인을 지도해야 하는 교수자와 문제를 해결하여 억압에서 벗어나야 하는 성인학습자는 해결해야 할 문제를 대화를 통하여 합의하고 현재 살고 있는 사회문화적 상황을 함께 연구할 것을 강조하였다. 또한 대화는 현재의 억압된 문제를 인식할 수 있는 필수적인 방법으로 보았다.

프레리는 교육의 목적을 해방 또는 프락시스(praxis)로 보았는데, 프락시스란 자신이 살고 있는 사회를 혁신하는 데 필요한 실천과 성찰이다. 즉, 현재의 억압을 벗어나기 위하여 자신이 살고 있는 사회문화적 맥락을 비판적으로 성찰할 것을 강조하였으며, 비판적 성찰은 대화를 통하여 진행된다고 보았다. 프레리는 정치적 행동으로서 의식화를 강조하였지만, 성인이 현재 자신이 소지하고 있는 신념이나 가치관을 새로운 관점 또는 의식 수준으로 전환시키는 것을 과정으로 보았기 때문에 프레리의 의식화를 전환학습으로 이해할 수도 있다.

3. 경험학습이론

성인이 미성숙자와 구별되는 가장 큰 특징은 경험을 소지하고 있다는 것이다. 성인은 학습의 내용을 습득할 때 자신이 일상생활에서 경험한 사실에 기반하여 지식을 이해하는 속성이 있다.

성인학습이 기본적으로 경험학습임을 강조하는 학자들은 매우 많은데 프레리(Freire, 1970), 잭슨과 카파렐라(Jackson & Caffarella, 1994), 노울스(Knowles, 1980), 메지로(Mezirow, 1981), 어셔와 브라이언트, 존스턴(Usher, Bryant, & Johnston, 1997) 등이 이에 속한다. 듀이는 학습이란 경험을 통하여 구성해 나가는 과정으로, 콜브는 성인이 경험으로부터 학습을 시작한다는 점과 삶을 유의미한 경험으로 만들어 가야 할 것을 강조하였다.

1) 듀이

듀이(Dewey, 1938)는 『경험과 교육(Experience and Education)』에서 '진정한 교육은 경험을 통해서 이루어진다'고 하였다. 듀이는 경험을 통한 학습이 일어나려면 경험이 계속성과 상호작용이라는 두 가지 주요 원칙과 일치해야 한다고 보았다. 즉, 과거의 경험이 현재의 경험과 연결되어야 하고, 상호작용의 원칙에 의하여 성인이 생활하고 있는 환경 안에서 상호작용적으로 경험이 발생하게 될 때 계속적인 학습이 지속된다고 보았다.

듀이는 학습이란 학습의 결과로 정지되어 있는 상태가 아니라 학습이라는 과정 속에서 파악되어야 할 것을 중시하였다. 학습은 경험을 재구성해 나가는 것이며 지식이란 학습자들의 논의와 정교화의 과정 속에서 변증법적으로 발전되어 나가는 것이고 한 부분이 아닌 총체적인 것으로 학습자가 환경과의 상호작용 속에서 끊임없이 만들어 나가는 것임을 강조하였다.

2) 콜브

콜브(Kolb, 1984)는 학습을 경험에 기초한 연속적인 프로세스로 보았다. 지식은 성인들이 주관적 경험 혹은 객관적인 경험을 학습상황에 반영해 나가면서 경험을 수정해 가는 것으로 보았다. 콜브의 경험학습(experiential learning)에서 이론적 기초를 구성하는 것은 구성주의적 패러다임이다.

콜브는 듀이, 피아제 그리고 레빈의 연구에 기초하여 경험을 학습으로 만들어 가는 성인의 네 가지 능력을 다음과 같이 강조하였다.

- 성인은 새로운 경험을 하기 위해서 개방성과 의욕을 갖고 있다.
- 새로운 경험을 다양한 관점에서 볼 수 있는 관찰력과 성찰능력이 있다.
- 관찰한 것에서 통합적인 아이디어와 개념을 만들어 가는 분석능력이 있다.
- 새로운 아이디어와 개념을 실제 현장에서 적용할 수 있는 의사결정능력과 문제해결능력을 소지하고 있다.

(1) 성인의 네 가지 능력

성인의 네 가지 능력은 구체적인 경험에서 시작하는데 성찰적인 관찰에서 개념을 추출하여 적극적인 실천으로 나타나므로 이러한 학습과정을 계속적인 나선형의 과정으로 보았다. 이것을 그림으로 나타내면 다음과 같다.

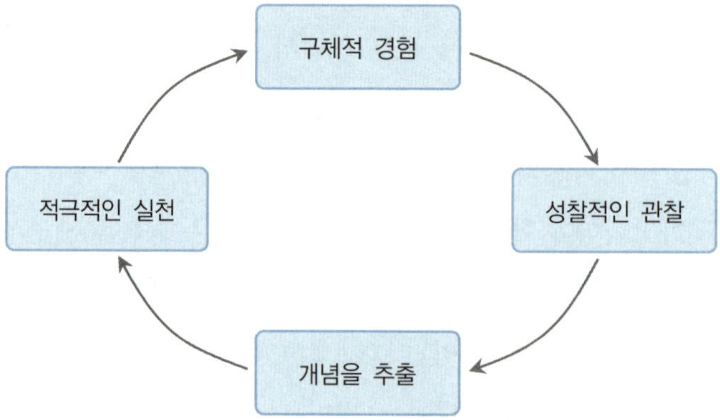

[그림 4-3] 콜브의 경험학습의 4단계

① 구체적 경험이란 구체적인 사건을 접하고 판단에 의존하는 감각적이고 경험에 기반한 학습 접근의 방식이다. 성인들은 이 사건을 해결해 가기 위해서 효율적으로 학습하게 되는데, 이때 이론을 학습하기보다는 피드백과 토의를 통하여 해결하고자 한다.

② 성찰적인 관찰이란 성인이 사건을 해결해 나가기 위해서 잠정적으로 그동안의 과정을 성찰해 가는 과정이다. 다양한 관점에서 개념과 상황을 이해하고 성찰적 관찰을 통하여 판단한다.

③ 개념을 추출한다는 것은 논리적으로 사고하고 합리적으로 평가하고, 사건을 해결하기 위해서 개념을 활용하는 것이다.

④ 적극적 실천은 사건을 해결하기 위하여 성인이 문제를 적극적으로 해결해 나가는 과정이다. 상황을 변화시키기 위하여 문제해결에 적극 개입하는 것인데, 이때는 일을 끝까지 완성시키려고 노력한다.

(2) 성인학습자의 유형

콜브는 자신의 문제를 능동적으로 해결하려는 성인학습자의 유형을 네 가지로 구분하였다.

① 수렴자(실용주의형)

추상적인 개념을 선호하고 새로운 상황에서 능동적으로 문제를 해결해 나가려는 성인을 수렴자(converger)라고 하였다. 실용주의적인 수렴자들의 장점은 아이디어를 적용하여 문제를 해결해 나가는 것이며 기술자들이 이에 속한다. 이들은 감성적이지 않으며 인간관계를 중시하기보다는 문제해결을 중시한다.

② 분산자(성찰가형)

분산자(diverger)들의 장점은 상상력이 풍부하며 문제해결을 위하여 다양한 측면에서 구체적인 상황을 예견한다. 이들은 인간관계를 중시하고 상상력이 풍부하며 감정적인 경향이 많다. 예술, 인문학, 문학을 전공한 사람들이 많고 감정에 매우 민감하며 개방적으로 문제를 해결해 나간다.

③ 융합자(이론가형)

문제해결을 반성적인 관찰을 통하여 수행하며 추상적인 개념의 성향이 매우 강하다. 융합자(assimilator)들의 장점은 이론적 모형을 만들어 내는 능력이 뛰어나며 과학을 전공한 사람들이 많다. 정보를 묶어 개념적 모델을 만들며 이론과 아이디어를 시험하고 자료 분석력이 뛰어나다.

④ 적응자(활동가형)

적응자(accomodator)들은 구체적으로 경험하는 것을 좋아하며 새로운 상황에서 문제해결을 위하여 능동적으로 실험하는 것을 선호한다. 이들의 가장 큰 장점은 계획과 실험을 수행하고 새로운 경험에 집중하는 경향이다. 긴급한 상황에 대처하는 능력이 뛰어나지만 성격이 급한 경우가 많다.

(3) 경험학습과 액션러닝

경험학습과 액션러닝은 성인들의 개별학습 또는 집단학습을 잘 설명해 준다. 경험학습은 개인이 자신의 고유한 경험에 의해서 학습하는 것을 강조하여 개인의 개별적인 학습상황을 중시하지만, 액션러닝은 집단학습이 실천을 통해서 일어나는 것을 강조한다.

경험학습은 직업 현장에서 개인의 학습을 적절하게 설명해 준다. 직장에서의 경험은 직접 근로를 수행하는 과정에서 일어난다. 집중적으로 경험을 할 때, 근로와 관련된 문제를 해결할 수 있으며, 새로운 일에 도전해 보거나 일과 연관된 문제를 잘 해결해 나갈 수 있다. 경험학습은 내적인 비형식적 학습과 연결되어 있어 성찰적 학습으로 불리며 경험을 가공하고 의식적인 성찰을 통하여 일어나는 학습을 강조한다. 문제를 해결하고 경험하며 성찰하는 것이 경험적 지식이며, 새로운 지식의 습득은 형식적인 학습과 연결된다고 보았다.

3) 어셔, 브라이언트, 존스턴

어셔, 브라이언트, 존스턴(Usher, Bryant, & Johnston, 1997)은 경험이 일어나는 상황적 또는 맥락적 상황에 의하여 경험이 학습의 기반이 된다고 보았다. 세 학자는 경험의 의미가 늘 고정되어 있는 것이 아니라, 경험은 늘 재해석된다고 보았다. 학습은 단순히 경험에서부터 나오는 것이 아니라 경험과 학습은 상호작용하는 동력(dynamic)으로 보았다. 성인이 학습과정에서 경험을 사용하는 것은 그 자체로는 해방적이거나 억압적인 것이 아니며 변환이 가능한 것이 아니라고 보았다. 어셔, 브라이언트 그리고 존스턴의 모델에서는 두 개의 교차하는 연속선은 네 개의 상한(quadrants)을 구성하므로 네 가지의 유형으로 구분되었다.

자율-적응의 상한에 있는 사람들은 독립적인 맥락에 따라서 자신의 행동을 조절해 나간다고 보았다. 표현-적용의 상한에 있는 사람들은 자신이 알고 있는 것을 현실적 맥락에서 적용할 수 있다고 보았다. 네 개의 상한에 속한 학습자들은 이에 따라 각각 라이프스타일형, 직업형, 고백형, 비판형의 학습 유형자로 나뉜다고 보았다.

(1) 라이프스타일형

라이프스타일형은 자신이 소지하고 있는 기호와 언어 방식, 개성, 자기표현 등을 자율적·능동적으로 추구해 나가는 유형이다.

(2) 직업형

직업형 학습자들은 시장에 잘 적응하는 데 필요한 기술을 잘 습득하여 변화하는 직업환경에 잘 대응하는 힘을 갖고 있다.

(3) 고백형

고백형 학습자는 늘 자기향상, 자기개발에 대한 책임을 수용하는 것이 내면의 진실로 가는 통로임을 알고 스스로를 통제해 나가며 다른 사람도 생산적이고 열성적인 사람이 되도록 이끌어 간다.

(4) 비판형

경험이 그냥 주어지는 것이 아니므로, 비판형 학습자는 특정한 맥락에서의 적응이 아니라 맥락을 변화시키는 데 목적을 둔다. 비판형 학습자는 자신과 사회의 역량 강화를 위하여 전환을 지원하며, 자신과 사회의 역량 강화를 위해 자신의 의견을 강력하게 주장한다.

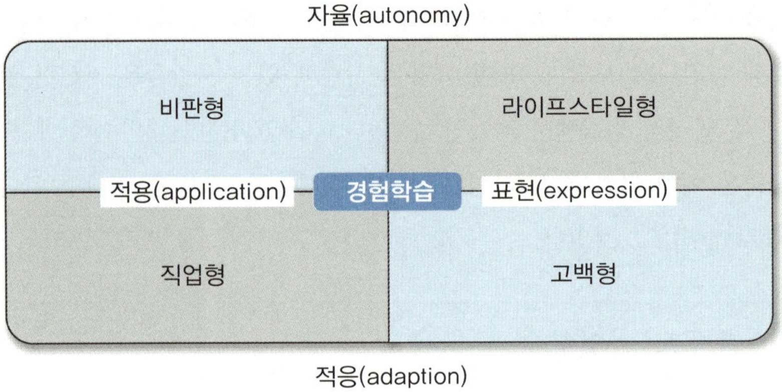

출처: Usher, Bryant, & Johnston, 1997.

[그림 4-4] 어셔, 브라이언트, 존스턴의 학습 유형자

4. 생애사 학습이론

평생학습을 도멘(Dohmen, 1996)은 '삶과 함께 동반되는 학습'으로 정의하였다. 생애사 연구(biographical method)는 개인이 중심이 되는 평생학습의 한 가지 방법으로 학습에 참여하는 학습자의 행동과 학습경험을 체득하는 과정이 연구의 중점이 된다. 생애사 학습이론은 급속히 변화하는 사회 속에서 개인이 사회와 상호작용하는 관계 속에서 어떠한 학습과 도야의 과정을 거쳐 변화하는가를 연구하는 것이다.

성인의 도야와 자기결정적이고 자기조직적인 학습의 과정을 중시하여 생애사 학습을 발전시킨 학자로 알하이트와 카데가 알려져 있다(Alheit 1995; Kade, 1997). 생애사 연구는 현대사회에서의 개인이 평생 배워야 하는 학습의 주체(Alheit & Dausien, 1990)가 되는 과정을 밝혀내고 있다.

생애사에서 나타나는 다양하고 복잡한 생애사적인 학습과정과 혁신적인 학습의 필요성은 다음과 같이 네 가지 측면에서 살펴볼 수 있다.

1) 위기극복의 필연성

고령화사회에서 성인이 자신의 삶의 위기를 극복해야 하는 필연성이 점점 증가하고 있다. 심각한 위기상황을 해결해 나가야 하는 개인은 자신의 문제를 생애사적으로 구성되는 방법을 통하여 해결하게 된다. 이 같은 극복방법 때문에 개인이 일상의 위기를 극복하는 과정은 자신만의 고유한 삶의 의미를 재구성해 나갈 때 가능하다. 개인이 자신의 삶에 고유한 의미를 부여하여 극복해 가는 학습의 과정이라는 것이다. 이러한 성인교육적인 중재적 효과는 상담과 유사한 효과를 가져오기도 한다(Breloer, 1984).

생애사적인 방법(Alheit, 1995; 박성희, 2004b, 2011)은 성인이 생애사를 통해서 개인이 고유한 자아정체성을 완성시키도록 지지해 준다. 성인의 교육 가능성(Bildsamkeit)과 평생 진행되는 자신의 삶에 대한 학습이라는 새로운 발견은 생애사의 발달을 이끌어 내었다.

2) 생애사적인 학습과정

니텔과 훨쯔케(Nittel & Völzke, 1993) 그리고 베렌스-코벳과 라이흘링(Behrens-Cobet & Reichling, 1997)은 삶에서 일어나는 무형식적인 학습을 '생애사적인 의사소통'으로 개념화하였다. 따라서 개인들이 자신의 문제를 극복해 나가는 삶의 이야기는 노동자교육(Alheit & Wollenberg, 1982; Buschmeyer & Behrens-Cobet, 1990), 여성교육, 성인교육 등에서 활발히 이루어지고 있다. 1970년 이미 바케와 슐츠가 주장한 '이야기 속에서의 배움'은 개인의 미시적 영역인 일상생활 속에서의 이야기를 통하여 행위와 결과를 명확하게 나타내 주므로 실제적인 교육학적 과정 안에서 학습이 일어나는 명백한 개인의 계속성과 행위성을 잘 알 수 있다.

생애사적 학습은 개인의 '생애사에 대한 매우 큰 발견'이라고 할 수 있지만 그동안의 자아정체성 연구에서 주목되지 못했고, '지금-여기'라는 순간적으로 일어나는 자아정체성 문제로밖에 인식되지 않았다. 그러나 이야기 속에서 드러나는 다양한 삶의 경험의 층, 삶의 환경 속에서 만들어지는 고유성, 단절, 통관의례, 상황이나 정서는 개인의 발전이나 미래의 계획을 만들어 주므로, 과거를 극복하고 개인이 살아가는 삶의 길을 잘 나타낸다(Schulze, 1985).

학습 생애사의 목적은 한 개인이 구성해 나가는 생애사적 의미에 있는 것이 아니라 실제로 개인이 문제를 해결하고 새로운 시각을 구성해 나가는 재구성에 있다. 개인의 정체성 발달은 일생에서 개인이 겪게 되는 사건의 중요성에 있는 것이 아니라 생애사적인 체험을 통해, 연속적으로 내러티브를 통해서 구성되는 재생산(recapitulation)을 통하여 스스로 구성되기 때문이다. 즉, 생애사적인 학습과정에서 구술자의 서술 자체가 중요한 것이 아니고 생애사적인 행위를 통하여, 구술자가 내러티브를 통하여 자신의 삶의 구조적인 의미를 해석해 나가는 데 있다(Nittel & Völzke, 1993; Alheit, 1993, 1995; Dausien, 1996; 박성희, 2004a).

3) 생애사에서의 자기발견

학습생애사를 통한 자기발견의 과정은 생애사 방법에 대한 관심을 불러일으켰으며 다양한 이론적 이해를 통하여 생애사적인 학습이 매우 유용함을 알려주는 계기가 되었다. 자기제조적인 자기발견은 개인의 학습과정에 대한 구조적인 분석을 가능하도록 해주었다. 새로운 인식에 관한 연구가 생물학에서 발달하면서 신경생물학에서의 발견(Maturana & Varela, 1988)은 구성주의적으로 실제를 해석해 나가는 것을 가능하게 해주었을 뿐만 아니라 성인교육에서 새로운 교수법적인 원칙에 대한 급진적인 반성(Siebert, 1999; Schaeffter, 1995)을 가져오도록 하여, 교육학적 생애사 연구가 발달하는 데 기여하였다(Alheit, 1997; 박성희, 2003, 2004b). 생애사적인 시각에서 학습의 과정은 투입으로 이해되는 것이 아니라 학습하는 주체가 생산해 내는 것으로 이해된다. 이러한 성인교육학적인 생애사지향은 교육의 원래 의미인 '밖으로 끌어내는 교육'(educare)을 가능하게 해주며, 세프터(Schaeffter, 1995)가 제안한 자신의 삶에서 강점을 끄집어내어 발전시키는 자기주도적 흡입(intake)이 되므로 학습자 스스로가 자신의 체험에 근거하여 자신의 삶을 창조하도록 지지해 준다.

4) 자기제조

자기제조란 특별한 의미를 가지고 있다. 우리가 생애사 속에서 만나게 되는 타인들은 처음에는 낯설은 관계이지만 삶의 경험과 축적 속에서 의미 있는 중요한 타자로 나타나며 영향을 주고받는 상호작용의 대상이 된다. 개인은 역사적 경험을 내면화하면서 고유한 삶의 경험을 결과물로서 쌓게 된다. 삶의 주체인 개인이 소지하고 있는 고유성은 자신을 둘러싸고 있는 사회환경 속에서 만들어지는 것이기 때문에 개인은 사회환경과 상호작용하면서 고유한 생성물을 만들어 간다. 생애사적인 학습과정에서는 개인이 외부의 환경에 적응하려는 개방적인 자기제조성(selbst-referentialitaet)(Alheit, 1997)을 갖고 있으므로 학습자는 사회환경에 좌우되는 생애사적 구성물이 된다고 보았다.

성인교육은 지식을 전달하는 교육이 아니라, 인지적·감정적·창조적인 지식을 종합적으로 지원하여 성인이 자신의 삶을 완성시켜 나가는 시기로 만들도록 안내하는 것이다(박성희, 2011b). 성인이 자기제조를 통하여 자율성을 촉진하려면 자기성찰적인(self reflexive) 학습방법을 사용해야 한다. 성인은 체험적 지식을 사용하여 자신의 적극성을 촉진하고 자아존중감 같은 정체성을 확립하도록 지지되어야 한다. 따라서 평생교육 현장에서는 생애사 활동을 통하여 학습자가 역량을 개발하고 정체성을 만들어 가도록 안내되어야 할 것이다.

영화로 이해하는 성인학습 및 상담

1. 영화 제목

철의 여인(2012)

2. 영화의 간략한 내용

스물여섯의 야심만만한 옥스퍼드 졸업생 '마가렛'은 세상을 바꿔 보겠다는 부푼 꿈을 안고 지방의회 의원 선거에 나가지만 낙선한다. 실망한 그녀를 눈여겨본 사업가 '데니스'는 특유의 유머와 따뜻함으로 그녀를 사로잡고 둘은 행복한 결혼생활을 시작한다.

남편의 전폭적 지지 속에 '마가렛'은 꿈에 그리던 의회 입성에 성공하고, 곧이어 모두가 불가능하다고 여겼던 영국 최초의 여성 총리로 선출된다. 3선에 성공, '철의 여인'이라 불리며 막대한 권력과 세계적 정치 지도자로서의 위상을 떨치던 그녀는 자신의 신념과 정책을 당당히 추진하지만 이에 반대하는 이들과 격렬하게 대치하면서 각료들은 11년간 지켜온 총리직에서 물러나라고 종용하기에 이르는데···

3. 토론하기

- 마가렛이 여성 총리로 발전할 때까지 그녀의 신념과 정책에 가장 많은 영향을 주었던 것은 무엇인가?
- 마가렛의 삶 속에서 전환학습이 일어난 때, 경험학습이 일어난 때 그리고 은퇴 후 학습하게 되는 지식은 무엇인가?

박성희(2003). 평생교육으로서의 연구방법론: 생애사 분석법. 안드라고지 투데이, 6(1), 29-58.

박성희(2004a). 노인교육방법으로서 생애사 학습사례연구. 한국노년학회 · 추계학술대회 자료집, 80-92.

박성희(2004b). 질적 연구방법의 이해(생애사 연구를 중심으로). 원미사.

박성희(2008). 생애사 연구와 노인교육의 의의. 한국교육인류학회 · 노년교육연구회 추계 학술대회 자료집, 59-80.

박성희(2010). 노년기의 자기정체성 만들기와 비판적 제라고지의 의의. 평생교육학연구, 16(4), 55-79.

박성희(2011a). 노인교육론. 양서원.

박성희(2011b). 생애사 연구와 노인교육. 한국평생교육학회 춘계학술대회 자료집, 19-40.

박성희(2011c). 생애사에 기초한 질적 연구방법. 원미사.

박성희(2016). 노인자서전쓰기에 나타난 생애사 학습의 의의. 질적 탐구, 2(1), 181-204.

배석영, 박성희, 박경호, 황치석(2007). 평생교육개론. 양서원.

이경희, 박성희(2006). 평생학습의 새로운 패러다임으로서의 생애사 연구. 평생교육학연구, 12(3), 73-95.

이경희, 박성희(2008). 의미구성학습과 노인자서전 쓰기 교육의 의의. 안드라고지 투데이, 11(1), 179-199.

이경희, 박성희(2009). 노인의 학습경험에서 도출한 노인완성학습으로서의 노인학습 개념에 대한 질적 연구. 평생교육학연구, 15(1), 1-29.

정민승(2010). 성인학습의 이해. 에피스테메.

평택시립도서관(2007). 삶의 노래, 노인자서전 모음집. 2007년 어르신 프로그램 아름다운 은빛 세상 자서전쓰기 강좌. 2007. 10. 10 ~ 12. 12.

Alheit, P. & Dausien, B.(1990). *Arbeiterbiographien. Zur thematischen Relevanz der Arbeit in proletarischen Lebensgeschichte*. Bremen: Universitaet Bremen.

Alheit, P. & Wollenberg, J.(1982). Der ‘Erfahrungsansatz’ in der Arbeiterbildung. In E. Nuissl(Ed.), *Taschenbuch der Erwachsenenbildung*(pp.245-291). Baltmannsweiler: Schneider.

Alheit, P.(1993). Transitorische Bildungsprozesse. In W. Mader(Ed.), *Weiterbildung und Gesellschaft*(pp.343-417). Bremen: Universitaet Bremen.

Alheit, P.(1995). "Biographizitaet" als Lernpotential: Konzeptionelle Ueberlegungen zum biographischen Ansatz in der Erwachsenenbildung. In H. Krueger & W. Marotzki(Eds.), *Erziehungswisseuschaftliche Biographieforschung*(pp.276-307). Opladen: Leske & Budrich.

Alheit, P.(1997). Patchworking in modernen biographische Konstruktionsleistung. Bemerkungen zur theoretishcen Bedeutung einer Biographiesierung in der Erwachsenenbiludng. In K. Derichs-Kunstmann, P. Faulstich, & R. Tippelt(Eds.), *Enttraditionalisierung der Erwachsenenbildung*(pp.88-96). Frankfurt a. M.: Deutscher Volkshochschul Verband.

Alheit, P.(2002). Biographieforschung und Erwachsenenbiludng. In M. Kraul & M. Winfried(Eds.), *Biographische Arbeit*. Opladen: Leske & Budrich.

Barnett, B. G.(1989). Reflection: The cornerstone of learning from experience. University Council for Educational Administrator Annual Convention, Scottsdale, Ariz.

Behrens-Cobet, H. & Reichling, N.(1997). *Biographische Kommunikation*. Neuwied: Luchterhand.

Breloer, G.(1984). Kritische Lebensereignisse. In Schlutz, E. & Siebert, H.(Eds.), *Zur Identitaet der Erwachsenenbildung*(pp.85-91). Bremen: Universitaet Bremen.

Buschmeyer, H. & Behrens-Cobet, H.(Eds.)(1990). *Biographisches Lernen*. Soest: Soest Verlag.

Dausien, B.(1996). *Biographie und Geschlecht*. Bremen: Donat Verlag.

Dewey, J.(1938). *Experience and education*. New York: Collier Books.

Dohmen, G.(1996). *Das lebenslange Lernen. Leitlinien einer modernen Bildungspolitik*. Bonn: BMWFT.

Freire, P.(1970). *Pedagogy of the oppressed*. New York: Seabury Press.

Habermas, J.(1968). *Erkenntnis und Interesse*. Frankfurt a. M.: Suhrkamp.

Houle, C. O.(1961). *The inquiring mind*. Madison: University of Wisconsin Press.

Jackson, L. & Caffarella, R. S.(Eds.)(1994). *Experiential learning: A new approach. New directions for adult and continuing education, 62*. San Francisco: Jossey-Bass.

Kade, S.(1997). Lebenszeit und Zeitgeschichte, Genealogisches Lernen im intergenerationellen

Austausch. In Deutsches Institut fuer Erwachsenenbildung(Ed.), *Generationen im Dioalog*(pp.40-49). Frankfurt a. M.: DIE.

Knowles, M. S.(1973). *The adult learner: A neglected species*. Houston: Gulf Publishing Company. Revised Edition 1990.

Knowles, M. S.(1980). *The modern practice of adult education: From pedagogy to andragogy*. New York: Cambridge Books.

Kolb, D. A.(1984). *Experiential learning: Experience as the source of learning and development*. Englewood Cliffs, N.J.: Printice-Hall.

Maturana, H. & Varela, F.(1988). *The tree of knowledge*. Boston, London: New Science Library.

Merriam, S. B.(2001b). Andragogy and self-directed learning: Pillars of adult learning theory. *New Directions for Adult and Continuing Education, 89*, 3-13.

Mezirow, J.(1978). Perspective transformation. *Adult Education, 28*, 100-110.

Mezirow, J.(1981). A critical theory of adult learning and education. *Adult Education, 32*(1), 3-27.

Nittel, D. & Völzke, R.(1993). *Jongleure der Wissensgesellschaft. Das Berufsfeld der Erwachsenenbildung*. Neuwied, Kriftel, Berlin: Luchterhand.

Schaeffter, O.(1995). Bildung als kognitiv strukturierende Umweltaneignung. Überlegungen zu einer konstruktivistischen Lerntheorie. In K. Derichs-Kunstmann, P. Faulstich, & R. Tippelt(Eds.), *Theorien und forschungsleitende Konzepte der Erwachsenenbildung*(pp.55-62). Beiheft zum Report. Frankfurt a. M.

Schiersmann, Ch.(1993). Beratung in der Weiterbildung. In E. Nuissl, Ch. Schiersmann, & H. Siebert(Eds.), *Literatur und Forschungsreport Weiterbildung*(pp.18-32), 46, Volkshochschule Verbandes. Bielefeld: Bertelsmann Verlag.

Schulze, T.(1985). Lebenslauf und Lebensgeschichte. In D. Baacke & T. Schulze(Eds.), *Pädagogische Biographieforschung: Orientierungen, Probleme, Beispiele*. Weinheim, Basel: Beltz Verlag.

Siebert, H.(1999). *Paedagogischer Konstruktivismus*. Neuwied: Luchtehand.

Tough, A.(1971). *The adult's learning projects: A fresh approach to theory and practice in adult learning*. Toronto: Ontario Institute for Studies in Education.

Usher, R., Bryant, I., & Johnston, R.(1997). *Adult education and the postmodern challenge: Learning beyond the limits*. New York: Routledge.

CHAPTER 05

성인학습 제도와 기관

국가평생교육진흥원과 평생학습제도
자격제도
성인학습기관

학습목표

1. 국가의 학습을 장려·지원하는 제도와 유상·무상의 다양한 학습기관 등을 알 수 있다.

2. 국가평생교육진흥원에서는 학위·학점 취득, 한국직업능력개발원에서는 자격취득과 관련된 정보를 알 수 있다.

3. 학습에 관한 다양한 형태의 제도와 기관을 활용해서 학위 및 자격취득, 직무능력 및 소양을 증진할 수 있다.

CHAPTER 05

성인학습 제도와 기관

1. 국가평생교육진흥원과 평생학습제도

성인학습자들은 평생교육원이 주관하는 평생학습제도의 평생학습계좌제, 학점은행제, 학습휴가제 등을 잘 활용하여 효율적인 평생학습을 실행할 수 있다. 학위취득제도를 활용하여 평균 학령기에 못 이룬 학사·전문학사 등의 학위취득뿐만 아니라 다양한 학문을 융합할 수 있는 복수학위의 취득도 용이하게 할 수 있다.

1) 국가평생교육진흥원

국가는 「평생교육법」 제19조에 따라 평생교육진흥 관련 업무를 지원하기 위하여 2008년에 평생교육진흥원을 설립하였고, 2012년 5월 국가평생교육진흥원으로 명칭을 변경하여 오늘에 이르고 있다. 평생교육의 총괄적인 집행기구로서 한국교육개발원의 평생교육센터와 학점은행센터, 한국방송통신대학교의 독학학위검정원 등 세 개의 평생교육기관을 평생교육진흥원으로 통합하여 설립하였다. 이 기관은 「교육기본법」 제3조의 '모든 국민은 평생에 걸쳐 학습하고, 능력과 적성에 따라 교육받을 권리를 가진다'라는 규정과 '국가는 평생교육을 진흥하여야 한다'라는 「헌법」 제31조와 연관이 있다.

평생교육진흥원은 국가 평생교육진흥의 의무를 수행하고자 설립되어 평생교육정책의 조사, 평생교육 프로그램 개발지원, 평생교육 종사자 양성·연수, 평생교육기관들과의 연계체제 구축, 평생교육 종합정보시스템 구축·운영 등 다양한 사업을 추진하고 있다.

(1) 평생교육정책사업 및 연수사업

평생교육 현안에 대한 조사와 연구를 통해 국가의 정책 수립을 지원하며, 주요 평생교육정책의 현황과 성과를 평가·정리한 백서를 발행한다. 또한 평생교육사를 비롯한 평생교육 실무자를 대상으로 전문역량 강화를 위한 연수 프로그램을 제공한다.

(2) 평생학습 문화진흥 및 평생학습도시 지원사업

국가와 지역의 평생학습문화 활성화에 기여하고자 전국 평생학습축제를 개최하고 평생학습대상을 시상한다.

또한 「평생교육법」 제15조(평생학습도시)에 근거한 주민의 학습권을 보장하고, 지역의 사회통합과 경제발전 기반을 마련하는 평생학습도시 조성사업을 수행하며, 평생학습도시 선정, 각종 활성화 지원사업, 모니터링 등을 추진한다.

(3) 대학평생교육 지원사업

대학이 지역 평생교육기관으로서 지역 주민의 평생학습 기회를 확대하고자 전문인력과 교육시설을 활용할 수 있도록 지원한다. 또한 주말을 활용하여 자기 능력을 개발하는 주말과정 프로그램과 소외계층의 자활능력을 향상시키기 위한 소외계층 프로그램을 지원한다.

(4) 성인 문해교육 및 평생교육 프로그램 지원사업

비문해 저학력 성인대상 문해교육과 프로그램 운영비용을 지원하고, 성인 문해교육과정 개발 관련 연구를 수행하며, 평생교육 프로그램 지원사업을 한다.

(5) 학점은행제, 독학학위제 및 평생학습계좌제 사업

「학점인정 등에 관한 법률」 및 동법 시행령에 의거 학점은행제 운영을 교육과학기술부 장관으로부터 위탁받아 운영하고 있다. 또한 독학자가 학사학위를 취득할 수 있는 독학학위제를 운영한다. 개인의 형식・비형식 학습이력과 결과를 누적 관리하고 학습비를 지원하는 평생학습계좌제를 운영한다.

(6) 한국형 온라인 공개강좌(K-MOOC 사업)

MOOC(Massive Open Online Course)란 온라인을 통해서 누구나, 어디서나, 원하는 강의를 수강인원의 제한 없이 누구나 무료로 들을 수 있는 대규모 온라인 공개강좌 서비스를 일컫는다.

무크(MOOC)는 기존에 학습자가 수동적으로 듣기만 하던 온라인 학습동영상과 달리 교수자와 학습자, 학습자와 학습자간 질의응답, 토론, 퀴즈, 과제 제출 등 양방향 학습이 가능한 새로운 교육 환경을 제공하고, 온라인과 오프라인을 결합한 블렌디드 러닝(Blended Learning), '거꾸로 학습법'으로 알려진 플립 러닝(Flipped Learning) 등 최신 교수학습방법을 도입해 서비스한다.

K-MOOC는 대학간 우수강좌의 공유와 개방을 통해, 배경지식이 다른 학습자간 지식 공유의 장을 제공함으로써 학습자는 대학의 울타리를 넘어 새로운 학습경험을 하도록 구성하여, 개인은 물론 국가 차원의 과다한 교육비 부담을 완화하는 등 교육비 절감의 효과를 기대하는 사업이다.

2) 평생학습계좌제

평생학습계좌제는 「평생교육법」 제23조 및 「평생교육법 시행령」 제14조에 의거하여 국민 개개인의 평생학습 결과를 국가가 체계적으로 관리하고 이에 대한 인센티브를 제공함으로써 평생학습을 활성화하기 위해 도입된 제도이다. 즉, 평생학습계좌제는 국민의 평생교육을 촉진하고 인적 자원 및 관리를 하여 계속 학습을 하는 국민이 우대받는 학습풍토를 조성하는 데 있으며, 정보시스템상에 개인별 학습계좌를 개설해 정규학교 교육 외 개인적 학습결과를 누적 관리하여, 학력이나 자격인정과 연계하거나 고용정보로 활용할 수 있는 제도이다.

평생학습계좌제는 인적 자원관리의 효율적 관리 및 활용, 평생학습 활성화 촉진, 사회 양극화 해소, 개인별 학습결과 인정, 전 계층의 참여 유도 및 확대 등으로 특징지을 수 있다.

이 제도는 학습이력 관리를 희망하는 개인이 계좌제시스템에 접속하여 계좌 개설을 신청할 경우 온라인상에 자신만의 학습계좌가 개설된다. 이후 자신이 취득한 학점 및 대학 부설 평생교육원, 시·군·구 평생학습관 등 다양한 교육기관에서 이수한 학습결과를 누적하여 등록하면, 이를 영역별·수준별로 일목요연하게 정리한 학습이력증명서가 발급되고, 그 결과가 일정 수준에 해당하는 것으로 인정되면 학력 인정·자격취득과 연계하고 고용정보자료로 활용된다. 즉, 성인학습자가 다양한 교육기관에서 일정 교육과정을 이수하면 교육마일리지를 적립하게 하여 취업이나 진학에 인센티브를 줄 수 있다. 또한 지역에 있는 특정 분야의 인적 자원을 개발할 수 있다는 점에서 '생산성 있는 평생학습'의 기반이 될 수 있다.

갈수록 교육의 양극화가 소득의 양극화를 불러일으킨다는 점에서 교육 기회의 균등은 매우 중요한데, 일반 시민은 물론 사회 소외계층에게 학습 프로그램 참여를 지원하는 등 자기주도적 능력개발 기회를 확대해 전 국민의 평생학습이 활성화될 수 있다.

3) 학습휴가제

학습휴가제는 평생교육의 본질인 계속학습의 기회를 넓히기 위하여 마련된 제도로서, 학습을 위하여 유급휴가를 제도화하였다. 시간이 지날수록 지속성 있는 계속학습이 개인의 경쟁력이며 국가 발전의 원동력이 된다. 직장인과 공무원 등이 근무시간의 틈새를 활용하거나 별도의 학습을 위한 휴가를 통해 학원 등 평생교육기관에서 학습해도 인사나 급여상의 불이익을 받지 않도록 하는 제도이다.

이 제도는 우리나라에서 2008년 3월부터 시작되었으나, 외국의 경우 이미 오래전에 정착되어 있는 제도이다. 미국의 커뮤니티 칼리지나 북유럽의 시민대학들은 성인이 원하는 시기에 직장에서 학교로 돌아가 자기계발을 할 수 있는 '워크-투-스쿨'(work to school) 시스템이 구축되어 있다.

국제노동기구(ILO)는 1974년 6월 제네바에서 열린 제59차 총회에서 '유급 학습휴가에 관한 조약과 권고'(ILO 협약 제140호)를 정식으로 채택했다. 이 조약 제1조는 유급 학습휴가에 대해 '근로시간 중 일정한 기간 동안 교육목적을 위해 노동자에게 부여되는 휴가로 충분한 금전적 급여가 수반되는 것이다'라고 명시하고 있다. 이에 따라 OECD 가입국들은 유급 학습휴가제도에 관한 조약을 비준하였고 영국, 프랑스, 스웨덴, 이탈리아, 스페인, 벨기에 등 많은 나라들이 유급 학습휴가를 제도화했다.

국가는 모든 국민이 평생학습에 참여할 수 있도록 제도적 기반을 조성하고 학습 소외계층을 위한 다양한 지원대책을 수립하여야 한다. 우리나라 「평생교육법」 제8조(학습휴가 및 학습비 지원)에서 '국가 · 지방자치단체와 공공기관의 장 또는 각종 사업의 경영자는 소속 직원의 평생학습 기회를 확대하기 위하여 유급 또는 무급의 학습휴가를 실시하거나, 도서비 · 교육비 · 연구비 등 학습비를 지원할 수 있다'라고 명시하고 있다. 그러나 학습휴가비 지원이나 유급 학습휴가는 특별한 강제 규정이 없어, 법률에서는 학습휴가가 명시되어 있으나 실제는 운영이 원활하지 않은 상태이다.

이제 학습휴가제를 생활화하는 차원에서 본 제도를 잘 활용하여, 국민의 학습욕구를 증진하고 근로자와 소외계층의 학습권을 사회적으로 활성화하여 학습을 통한 복지국가를 만들어 가야 할 것이다.

4) 학점은행제

(1) 학점은행제의 개요

「학점인정 등에 관한 법률」(제5275조)에 의거 학교 내외에서 이루어지는 다양한 형태의 학습 및 자격을 학점으로 인정받을 수 있도록 하여, 누적된 학점이 일정 기준을 충족하면 학위취득을 가능하게 한 제도로서 본질적으로 열린 교육사회 및 평생학습사회를 구현하기 위한 제도이다. 개인학습의 결과인 학점을 평생교육진흥원에 등록하고 이러한 학점들이 누적되면 「학점인정 등에 관한 법률」에 근거하여 대학 또는 전문대학의 학력을 인정받아 학사학위 또는 전문학사학위를 취득할 수 있다.

본 제도에 의한 대상은 고등학교 졸업 또는 이에 상응하는 학력을 갖춘 자로서 다음 조건에 해당하는 학습자는 학점은행제의 규정에 따라 학위를 취득할 수 있다.

① 교육과학기술부 장관의 평가인정을 받은 학습과목 이수자
② 시간제 등록수업 이수자
③ 대학 또는 전문대학을 포함한 학점인정 대상학교 졸업자 및 중퇴자
④ 「자격기본법」에 의한 국가기술자격 취득자
⑤ 독학학위제에 의한 학위과정 단계별 시험 합격자 또는 시험면제 교육과정 이수자
⑥ 중요 무형문화재 보유자 혹은 보유단체에서 전수교육을 받은 자
⑦ 직장인, 대학 중퇴 또는 포기한 뒤 다시 교육을 받고자 하는 사람, 자격

취득을 통해 전문실력을 갖추고 있는 사람, 새로운 분야를 공부하고 싶은 사람 등

위의 조건과 같이 학업욕구가 있고 고등학교 졸업 이상의 학력을 가진 사람은 누구나 학습이 가능하다.

(2) 학점은행제 내용

평가인정 학습과목은 교육과학기술부 장관으로부터 평가인정 받은 과목을 이수하는 것으로, 대학(교)부설평생(사회)교육원, 직업훈련기관, 전문대학 전공심화과정 및 특별과정, 학원, 평생교육시설, 무형문화재 전수시설, 원격시설 등에서 교육을 받을 수 있다. 무형문화재 전수시설에서 「문화재보호법」에 의거한 중요 무형문화재 보유자와 그 전수자의 전수교육 경험을 학점으로 인정받는 것도 특기할 만하다.

평생교육진흥원의 장이 학점인정이 가능하다고 고시한 국가자격증을 취득하였을 경우 해당하는 학점을 인정받는다. 자격취득은 국가자격과 국가공인 민간자격에 한정하고 있다. 자격증은 최대 3개까지 인정되며 전공에 연계된 자격증은 2개, 전공과 연계되지 않은 자격증은 1개만 인정된다. 학점은행제를 통해 인정되는 자격증은 평생교육진흥원 학점은행 홈페이지(www.cb.or.kr, 자격증 학점인정)에서 확인할 수 있다.

학점을 인정받아 학위를 수여하기 위해서는 학점은행제 학습자로 등록하여야 한다. 학습자 등록은 학위수여를 위해서 한 번만 등록하게 되며, 학점인정 신청과 동시에 할 수도 있다.

학점인정 신청은 다양한 학습과정을 통하여 취득한 학점을 학점은행제를 통해 인정받고자 하는 제도이다. 즉, 학점인정 신청을 해야만 학점으로 등록된다. 학점인정 신청은 학점인정 대상학교의 학점 등이 심의를 거쳐 학습 구분이 결정되므로 되도록 빠른 시기에 신청하는 것이 학습계획 수립에 도움이 된다.

5) 독학학위제

독학학위제는 스스로 학습하는 독학자에게 학사학위 취득의 기회를 부여함으로써 평생교육의 이념을 구현하고 개인의 자아실현과 국가사회의 발전에 기여함을 목적으로 하는 제도이다. 국가가 학위취득 시험을 실시하고, 이에 합격한 사람에게 학위를 수여해 대학에서 취득한 학위와 동등한 대우를 받도록 하는 제도이다.

신청자의 최초 한 과목 이상 합격한 사람에게 전공별로 학점이 부여되며, 이는 영구 관리된다. 시험은 1단계 교양과정 인정시험, 2단계 전공기초과정 인정시험, 3단계 전공심화과정 인정시험으로 구분되어 실시되며, 응시자가 일정한 국가기술자격취득이나 일반자격면허 등을 취득하였을 때에는 해당 과정이나 해당 과목을 면제받는다.

1990년 4월에 「독학에 의한 학위취득에 관한 법률」이 공포되어 국어국문학 등 11개 전공이 개설되었고, 본 제도에 의하여 1993년에 147명의 학사가 학위를 취득한 이래로 2014년 2월 현재 총 15,345명의 학사가 배출되었다.

2. 자격제도

성인학습자는 직무능력을 증명하고 전문성을 증대시켜 주는 자격제도에 대한 이해를 통해 실질적인 학습 성과를 얻을 수 있다. 우리나라에서 시행되는 자격제도는 크게 국가자격제도와 민간자격제도로 대별된다. 자격제도의 연구는 국무총리 산하의 한국직업능력개발원(KRIVET, www.krivet.re.kr)에서 실시되는데, 이 기관은 직업교육훈련정책 및 자격제도에 관한 연구와 직업교육훈련 프로그램의 개발·보급 등 평생직업능력개발에 관한 업무를 수행하는 연구기관으로 1997년에 설립되어 활동하고 있다.

1) 국가자격제도

국가자격은 크게 국가전문자격제도와 국가기술자격제도로 대별된다.

국가전문자격제도는 주로 의료, 법률과 같은 전문서비스 분야의 면허와 같은 자격으로, 해당 부처의 필요에 의해 신설 또는 운영되며, 2011년 현재 14개 부처 128개의 종목을 운영하고 있다.

국가기술자격제도는 산업과 관련이 있는 기술, 기능 및 서비스 분야의 자격으로, 고용노동부가 국가기술자격 법령 및 제도를 총괄 운영하고, 자격 관련 종목에 대한 주무부처가 관련 사업 법령에 의거 취득자 관리·활용 및 사후관리를 한다. 관련 종목별로 한국산업인력공단, 대한상공회의소, 한국원자력안전기술원 및 영화진흥위원회 등에서 국가기술자격검정의 집행, 시험문제 출제 및 관리, 취득자 자격증 발급 및 사후관리를 한다.

자격증이나 자격취득제도와 관련된 내용은 한국산업인력공단에서 운영하는 자격제도정보센터(www.q-net.or.kr)를 참고하면 더 많은 정보를 활용할 수 있다. 한국산업인력공단(www.hrdkorea.or.kr)은 평생능력개발, 자격시험, 국제교류협력 및 해외취업지원, 외국인고용지원, 숙련기술지원과 기술경기 등의 업무를 주관하며, 각종 자격증과 관련하여 자격시험 계획 수립 및 제도 개선, 자격시험의 출제 및 관리, 자격취득자 관리를 한다.

또한 평생능력개발을 위하여 기업의 학습조직화 촉진 및 근로자 직업능력개발지원, 직업능력개발 훈련기준·매체·과정의 개발, 훈련시설 장비를 위한 자금대출 등 직업능력개발 훈련을 지원하고 있으며 이러닝(e-learning) 등 원격훈련 지원, 직업능력개발 교재 및 시청각 매체 편찬·보급, 직업훈련 모니터링, 성장 동력 산업분야 중간기술, 인력양성을 위한 지원 등을 하고 있다.

2) 민간자격제도

민간자격제도는 국민의 평생직업능력개발을 촉진하여 능력중심사회구현에 이바지하려는데 그 도입취지를 두고 있다. 자격기본법에 의거한 민간자격제도의 관리·운영을 위한 민간자격관리운영센터는 한국능력직업개발원에 설치되었다.

민간자격제도는 등록민간자격과 공인민간자격으로 구분된다.

등록민간자격제도는 국가 외 민간자격관리자인 개인·법인·단체가 자격을 신설한 후, 관리·운영방침을 민간자격등록기관에 등록하는 제도로서, 1997년에 제정·공포된 「자격기본법」 제17조인 국민의 생명·건강·안전에 위배되거나 고도의 윤리를 요구하는 분야의 신설·운영을 금지하는 영역을 제외하고는 누구라도 자율적으로 민간자격을 신설하여 관리·운영할 수 있다. 보다 자세한 정보는 민간자격정보서비스(www.pqi.or.kr)를 활용하면 된다.

공인민간자격제도는 정부가 민간자격에 대한 신뢰를 확보하고 사회적 융통성을 높이기 위하여 1년 이상의 기간 동안 최소 3회 이상 검정하여 자격증을 발급한 실적이 있고, 법인이 관리·운영하며, 민간자격등록 관리기관에 등록한 자격 중 우수한 자격을 자격정책심의회의 심의를 거쳐 공인하는 제도이다. 바로 공인민간자격은 민간자격에 대한 사회적 신뢰와 활용성을 높이기 위하여 국가가 공인해 주는 제도로서, 2016년 6월 현재 100개 종목 60개 기관이 등록되어 있다.

3. 성인학습기관

성인학습기관은 형태별, 종류별, 주체별로 다양하게 분류할 수 있으며, 다양한 형태 안에서 기관들은 때로는 복합적으로 교수-학습행위를 한다. 이 절에서는 성인학습기관을 학습내용의 접근방식에 따라 교수자와 학습자가 직접 만나는 대면학습기관, 온라인상에서 이루어지는 원격학습기관, 전시와 관람을 위주로 하는 전람학습기관, 체험을 중심으로 하는 체험학습기관으로 분류하였다.

1) 대면학습기관

성인학습자들이 학습 장소에 참여하여 교수자와 직접 대면학습을 하는 기관은 「평생교육법」에 의하여 세분화되고 체계화되었다. 아울러 「학원의 설립・운영 및 과외 교습에 관한 법률」에 의한 다양한 성인학습기관이 있다.

(1) 「평생교육법」에 의한 평생학습기관

「평생교육법」에 규정된 평생교육기관은 기관 주체에 따라 9개의 시설로 분류하고 있으며, 이 중 원격학습기관에서 다루는 원격학습시설을 제외한 8개의 평생학습시설을 6개로 재분류하여 설명하였다.

① 「초・중등교육법」 및 「고등교육법」에 따른 각급 학교의 장

평생교육의 이념에 따라 교육과정과 방법을 수요자 관점으로 개발・시행하도록 하며, 학교를 중심으로 공동체 및 지역문화 개발에 노력하여야 한다. 학생・학부모와 지역 주민의 요구에 부합하는 평생교육을 직접 실시하거나 지방자치단체 또는 민간에 위탁하여 실시할 수 있다. 또한 각급 학교의 장은 학생・학부모와 지역 주민을 대상으로 교양의 증진 또는 직업교육을 위한 평생교육시설을 설치・운영하여, 대학생 또는 대학생 외의 자를 대상으로 자격 취득을 위한 직업교육과정 등 다양한 평생교육과정을 운영할 수 있다.

② 학교 형태의 학력인정시설의 일정 기준 이상에 해당하는 평생교육시설

고등학교 졸업 이하의 학력이 인정되는 시설로 지정할 수 있으며, 「초・중등교육법」(제54조)에 따라 전공과를 설치・운영하는 고등기술학교는 교육과학

기술부 장관의 인가를 받아 전문대학 졸업자와 동등한 학력·학위가 인정되는 평생교육시설로 전환·운영할 수 있으며, 이 경우 전공대학의 명칭을 사용할 수 있다.

③ 사내대학 형태의 평생학습시설

'대통령령으로 정하는 규모 이상의 사업장'인 종업원 100명 이상인 사업장의 경영자는 교육과학기술부 장관의 인가를 받아 전문대학 또는 대학 졸업자와 동등한 학력·학위가 인정되는 평생교육시설을 설치·운영할 수 있다. 이 교육에 필요한 비용은 해당 종업원을 고용한 고용주가 부담함을 원칙으로 한다. 우리나라 대표적인 사내대학은 삼성그룹에서 설립한 삼성전자공과대학교로, 지난 2002년 17명의 석사 졸업생을 첫 배출한 이후 2010년 현재 박사 13명, 석사 195명, 학사 95명, 전문학사 130명 등 총 433명의 반도체 및 LCD 전문인력을 배출했다.

④ 시민사회단체 부설 평생학습시설

법인인 시민사회단체, 법령에 따라 주무관청에 등록된 시민사회단체 또는 회원이 300명 이상인 시민사회단체가 설립한 시설이다. 시민사회단체는 상호 유기적인 협조체제를 구축하고 공공시설 및 민간시설 등 유휴시설을 활용하여 해당 시민사회단체의 목적에 부합하는 평생교육과정을 운영할 수 있다. 성숙한 시민사회의 발전은 시민의식의 향상과 참여가 요구되며, 시민사회단체의 시민교육을 통해 기대될 수 있다.

⑤ 신문·방송 등 언론기관

해당 언론매체를 통하여 다양한 평생교육 프로그램을 운영함으로써 국민의 평생교육 진흥에 기여하여야 하며, 일반 국민을 대상으로 교양의 증진과 능력 향상을 위한 평생교육시설을 설치·운영할 수 있다.

⑥ 지식 · 인력개발사업 관련 평생학습시설

지식정보의 제공사업, 교육훈련 및 연구용역사업, 교육위탁사업, 교육훈련 기관의 경영진단 및 평가사업, 교육자문 및 상담사업, 교수-학습 프로그램의 개발 및 공급사업 등을 1년 이상 경영한 실적이 있는 자로서 자본금 또는 자산이 3억 원 이상, 전문인력을 5명 이상 확보하고 있는 법인에서 설립한 시설이다.

(2) 학원의 설립 · 운영 및 과외 교습

「학원의 설립 · 운영 및 과외 교습에 관한 법률」에 의한 다양한 학습기관이 있다. 평생학습과 유사하게 직무능력 향상, 자격증 취득 및 소양 증진 등을 위해 영어 · 중국어 등의 어학으로부터 건강한 생활을 위한 식품과 영양, 의상, 운동과 레저 · 스포츠, 인문교양, 기술 습득에 이르기까지 다양한 규모와 학습내용을 제공하는 학원 및 교습소가 있다. 학원과 교습소는 관련 법에 의한 시설의 크기에 의하여 구분된다.

(3) 직업능력 향상을 위한 학습시설

직업능력 향상을 위한 학습시설로는 중소기업인을 위한 중소기업연수원(sbti.sbc.or.kr)이 있고 삼성, 현대, GS, 대림 등의 대기업에서는 자체 연수원을 활용하여 대상 구성원을 위한 학습을 제공하고 있다. 또한 지역별로 기존 협회 · 조합 중심의 업종별 인적자원협의체(SC)는 지역과 기업의 교육수요를 확장하는 데 기여하고 있다.

2) 원격학습기관

언제 어디서나 편리하게 사용할 수 있다는 의미를 지닌 유비쿼터스(ubiquitous) 시대의 도래는 인터넷을 활성화시키면서 원격학습의 속도를 가속화시키고 있다. 원격학습은 교수자와 학습자가 컴퓨터, 인터넷, 방송, 통신이라는 정보·통신매체를 매개로 하여 교류와 소통을 하는 학습이다. 원격학습기관에서 학습자가 효과적인 학습을 하기 위해서는 학습자의 컴퓨터, 인터넷 등의 정보통신매체의 활용 정도가 매우 중요한 요인이 된다. 원격학습의 효율을 위해서는 학습목표와 자기주도성 및 컴퓨터를 활용하여 자신의 능력을 지각하는 컴퓨터 자기효능감이 강조된다(이영, 2011).

원격학습에서는 학습자가 교수자를 접촉할 수 있는 환경이 대면학습에 비하여 상대적으로 부족하다. 이에 따른 학습상의 문제점이 발생하였을 때 보다 쉽게 해결해 줄 수 있는 중간 학습관리자를 배치하여 학습의 효율을 기하는 기관들이 증가하고 있다.

원격학습의 대표적인 기관이 원격대학인데 1999년 8월에 제정된 「평생교육법」에 의거 2000년 3월에 9개 원격대학의 설립을 인가하여, 2001년 3월 최초의 원격대학이 개교하였다. 이에 따라 자유로운 시간과 상대적으로 저렴한 비용으로 학습할 수 있는 학습방법으로 학습자의 전문성과 소양을 높이고 있다.

「평생교육법」에 따른 '원격평생교육시설'의 경영자는 정보통신매체를 이용하여 학습비를 받고 10명 이상의 불특정 학습자에게 30시간 이상의 교습과정에 따라 화상강의 또는 인터넷강의 등을 통하여 지식·기술·기능 및 예능에 관한 교육 및 다양한 정보를 제공하는 등의 평생교육을 실시할 수 있다.

그러나 「학원의 설립·운영 및 과외교습에 관한 법률」에 의한 학교교과 교습학원에 해당하는 경우는 제외된다. 전문대학 또는 대학 졸업자와 동등한 학력·학위가 인정되는 원격대학 형태의 평생교육시설을 설치하고자 하는 경우에는 대통령령으로 정하는 바에 따라 교육과학기술부 장관의 인가를 받아야 한다.

2009년 3월에 평생교육진흥원의 장이 고시한 '원격교육에 대한 학점인정 기준'에 따라 2010년 3월부터는 사이버대학이나 평생교육진흥원의 평가인정을 받은 원격평생교육시설이 아닌 교육훈련기관에서 수업을 이수할 경우, 반드시

40% 이상의 오프라인 출석 수업을 하여야 학점은행제의 학점으로 인정받을 수 있다. 대학의 시간등록제 학점도 이 기준의 적용을 받는다.

3) 전람학습기관

국립 또는 각 지역에 있는 박물관, 도서관, 미술관, 문화회관 등은 성인은 물론 온 국민이 참여할 수 있는 훌륭한 학습시설이다.

(1) 국립중앙박물관

서울특별시 용산구에 세워진 국립중앙박물관(www.museum.go.kr)은 1997년에 기공하여 2005년에 개관했다. 우리의 전통적인 건축정신을 현대적으로 재해석하여 고유 공간인 마루를 상징한 열린 마당, 중심부에 연못, 옥외에 전시공간 · 휴게시설 등을 조화롭게 배치하였고, 폭포 · 계류 · 녹지공간 등을 조성하여 문화공간으로서 이용성을 높였다.

이 박물관은 역사관 · 고고관 · 미술관 · 기증관 · 동양관 · 기획전시실 · 어린이관 · 역사의 길 · 으뜸홀 등의 전시 영역, 수장고 · 소독실 · 정리실 등의 수장 영역, 극장 · 강당 · 교육시설 · 도서실 · 자료실 등의 교육 영역 및 연구관리 공간 등으로 구성되어 있다. 박물관의 전시실은 고고 · 역사 · 미술 · 기증 · 동양 관련 문화재를 전시하는 상설전시실, 각종 기획전과 특별전을 수행하는 기획전시실, 전시를 통한 체험학습공간인 어린이박물관, 석조물 등을 전시해 놓은 야외 전시장 등으로 구성되어 있다. 특히 문화재 보존과 쾌적한 환경조성을 위하여 시설관리 시스템, 자연채광 시스템, 조기화재 감지 시스템, 대기오염 감지 시스템, 계측관리 시스템, 누수 감지 시스템 등 특수설비가 갖춰져 있다.

(2) 국립현대미술관

국립현대미술관(www.moca.go.kr)은 1969년 경복궁 소전시관에서 개관하여

1973년 덕수궁 석조전으로 이관하였다가 1986년 국제적 규모의 시설과 야외 조각장을 겸비한 과천으로 신축·이전하여, 미술작품 및 자료의 수집·보존, 전시 및 조사·연구와 이에 관한 국제교류 및 미술활동의 보급과 교육을 통한 미술문화의식 향상 등 국립미술기관으로서의 역할을 수행하고 있다. 1998년에 분관으로 덕수궁미술관을 설립하여 도심 외곽에 위치한 과천국립현대미술관의 관람 불편 요소를 해소하며 강북권에 새로운 문화공간을 활성화하는 데 주력하고 있다.

과천 청사 개관 20주년인 2006년에 '행정형 책임운영기관'의 경영 혁신을 통하여 국민에게 열린 미술관으로서 고객 서비스의 질적 향상을 통한 고객만족 및 '미술문화의 가치 창출을 선도하는 세계 일류의 명품 미술관'이 되고자 노력하고 있다.

(3) 국립중앙도서관

국내외 도서와 시청각 자료 및 기타 문헌을 총망라하여 수집·정리하고, 우리나라의 귀중 문화재를 수집·보존하여 전 국민에게 열람·참고하게 하는 봉사의 역할과 도서학에 관한 연구를 행하는 문화체육관광부 소속의 도서관이다.

국립중앙도서관(www.nl.go.kr)의 기능은 국가문헌의 납본(納本)·관리, 국내외 자료의 모집·정리·분석·보존·축적 및 열람, 다른 도서관과의 정보자료 유통, 각종 서지의 작성 및 표준화와 국제표준자료 번호제도의 운영, 전산화를 통한 국가문헌정보 체제 및 도서관정보 협력망의 통할, 외국 도서관과의 협력 및 자료의 국제 교류, 다른 도서관에 대한 업무 및 사회교육 활동의 지도·지원, 도서관 운영에 관한 조사·연구, 사서직원의 연수 등이다. 2011년 6월 현재 약 833만 권의 국내외 신간 및 비도서 자료와 국보급의 고전적(古典籍)이 소장되어 있다. 자료열람실은 한국학문헌실·연구문헌실·계보학자료실·참고도서실·정기간행물실 등이 있으며, 여러 개의 개인 문고실이 있다.

디지털도서관은 이용자 서비스공간, 정보광장과 디지털 가상공간, 디브러리 포털(www.dibrary.net)을 통합적으로 운영함으로써, 디지털과 아날로그를 융합하는 서비스를 제공한다. 정보광장은 첨단정보시설을 통해 모든 이용자가 평등하게 디지털 자료를 열람하고 교육, 창작, 교류, 휴식, 체험을 할 수 있는 물리적 공간이며, 디브러리 포털은 전 세계 고품질 디지털 정보와 소통하는 가상공간이다.

(4) 세종문화회관

세종문화회관(www.sejongpac.or.kr)은 1961년 우남회관으로 출발해 1972년 화재로 소실된 시민회관의 뒤를 이어 1978년 4월 14일 개관하였다. 한국 공연예술계의 살아 있는 역사이자 예술을 사랑하는 사람들의 추억의 공간이며 한국을 대표하는 문화예술기관으로 40여 년간 자리매김을 하였다. 대극장 리모델링에 이어 세종 체임버홀, 세종 M씨어터 등 하드웨어의 개편과 함께 함께해요 나눔예술, 사랑의 객석나눔, 세종예술아카데미 운영 등으로 시민과 함께하는 문화예술의 보급을 사명으로 삼고 있으며, 문화예술인들에게는 창작과 발표의 공간으로, 문화를 사랑하는 대중들에게는 아름다움과 자긍심을 심어 주는 복합문화예술 공간이다.

4) 체험학습기관

최근에 현장체험 학습활동이 초·중·고등학교의 교육과정에 의해 실시되고 있으며, 서울시 교육청 등 일선 교육청에서는 교육적합성, 안정성, 접근성 등의 기준을 설정하고 프로그램 및 현장 실사를 통해 현장체험학습기관 인정제도를 시행하고 있다.

이는 학생과 부모가 함께 체험하는 교육장이며, 성인들도 당연히 체험을 통해 학습효과를 높일 수 있다. 학습에서 체험의 의미는 학습자들이 특정한 장소에서의 학습활동을 통해 삶의 개별적인 체험들을 서로 연계시켜 자신들의 삶과 연관관계로 엮어내는 해석적 실천을 통해 의미를 찾아가는 행위이다(서정훈, 2011).

이러한 체험학습은 단순한 경험과는 차별화되며, 경험보다 더 체계화된 교수자의 역할이 요구된다. 환경교육에서의 체험학습은 획일화된 주입식의 인지적 교육이 아니라 학습자들의 자발적인 참여와 능동적인 방식으로 환경문제에 접근할 수 있다는 점에서 중요한 대안이 되어 왔다(임상희 외, 2004).

전국의 여러 지역에서 다양한 주제로 축제가 열리고 있다. 이러한 테마 축제들은 유아, 청소년 및 성인에게 지역사회의 풍습, 역사, 인물, 생태와 친환경뿐만 아니라 더 나아가 인생관과 세계관을 함양할 수 있는 좋은 학습환경을 제공해 주고 있다. 건강하고 즐거운 생활을 위한 삶의 터전에서 실시되는 체험학습은 건강과 환경, 관계와 소통, 탐구와 표현 등을 함양할 수 있는 효율적인 체험활동으로 그 효과를 배가할 수 있다.

영화로 이해하는 성인학습 및 상담

1. 영화 제목

박물관이 살아있다 2(2009)

2. 영화의 간략한 내용

야간 경비원의 경험을 살려 발명가인 동시에 사장님이 된 주인공인 래리! 그는 한 달에 한 번, 옛 일터인 자연사 박물관을 찾아 밤마다 살아나는 전시물들을 만난다. 전시물 친구들(루스벨트 전 대통령, 로마 황제, 이스터섬 조각상, 링컨 대통령, 알카포네, 나폴레옹 등)이 박물관의 홀로그램 프로젝터에 밀려 워싱턴 D.C.의 스미스소니언 박물관 지하로 쫓겨나게 된 어느 날…

전시물들에게 밤마다 생명력을 불어넣는 '아크멘라의 명판'도 스미스소니언 박물관으로 옮겨지고, 친구들을 찾아 스미스소니언 박물관으로 떠난 주인공과 명판의 마법 덕분에 살아난 뉴욕 친구들은 세계를 정복하려는 파라오와 그 일당을 상대로 싸움을 하는데…

3. 토론하기

- 박물관을 방문해서 경험하고 싶은 것은 무엇인가?
- 박물관이 갖는 사회적 또는 교육적 의미는 무엇인가?
- 방문하고 싶은 국내외의 박물관은?

05 REFERENCE

나항진, 김경수, 김형수, 구본영, 박성희, 박영미, 신정혜(2011). **평생교육론**. 양서원.

서정훈(2011). 평생학습사회의 지역학습 프로그램에 관한 연구: 구리시 지리 학습동아리를 중심으로. 한국교원대학교 대학원 박사학위논문.

이영(2011). 원격대학 이러닝에서 학습자 특성, 학습전략, 교수 실재감, 학습효과의 관계 규명. 고려대학교 대학원 박사학위논문.

임상희, 남상준(2004). 환경교육 프로그램의 평가: 체험과 환경적 감수성을 중심으로. **한국지리환경 교육학회지**, 12(3).

조성연, 박미진, 문미란(2010). **성인학습 및 상담**. 학지사.

국립중앙도서관(www.nl.go.kr)

국립중앙박물관(www.museum.go.kr)

국립현대미술관(www.moca.go.kr)

디브러리포털(www.dibrary.net)

민간자격정보서비스(www.pqi.or.kr)

법제처 국가법령센터(www.law.go.kr)

세종문화회관(www.sejongpac.or.kr)

중소기업연수원(sbti.sbc.or.kr)

평생교육정보망(www.lll.or.kr)

평생교육진흥원 학점은행(www.cb.or.kr, 자격증 학점인정)

한국산업인력공단 자격정보센터(www.q-net.or.kr)

한국산업인력공단(www.hrdkorea.or.kr)

한국직업능력개발원(KRIVET, www.krivet.re.kr)

CHAPTER 06

성인학습의 실제

학습동기
학습전략
멘토링
융합학습
학습동아리

학습목표

1. 성인학습은 성인으로 간주되는 학습자들이 경험·훈련·연습을 통해 지속적으로 변화하는 지식, 감성, 태도 및 행동의 바람직한 변화를 이루는 학습활동임을 알 수 있다.

2. 대면학습을 중심으로 학습활동의 주체자인 학습자들의 학습동기를 알 수 있다.

3. 학습목표, 학습과정 및 학습정리 단계별 학습전략을 알 수 있다.

4. 교수자와 학습자가 상호 소통하고 교류하는 멘토링을 알 수 있다.

5. 학습자의 다양성과 창의성을 증대시켜 주는 융합학습을 알 수 있다.

CHAPTER 06

성인학습의 실제

1. 학습동기

학습동기(learning motive)는 학습자에게 학습행위를 하게 하는 학습행동의 출발이며, 교수자는 학습자의 학습동기를 활용하여 학습과정에 몰입하게 하는 촉진방법으로 활용할 수 있다.

1) 학습동기의 의의

심리학자들은 사람들의 행동은 어떤 동기(motive)가 있어야 발생한다고 본다. 동기는 어떤 개체의 행동이 활성화되고 목표를 향해 나아가도록 밀어주는 가설적 상태이므로, 동기가 부여되어 있으면 개체는 활동하게 되고, 목표를 향해 어떤 강도(强度)를 가지고 나아가게 된다(김현택 외, 2003). 즉, 동기는 행동을 일으키는 인간 내부의 심리적 요인의 총칭이며, 학습동기는 학습을 할 수 있게 하는 심리적 요인의 총칭이다. 이러한 학습동기는 행동을 일으킨 행위가 그 목적이 되는 학습성취와 같은 내적 동기와 행동을 일으킨 행위가 다른 외적 결과물을 얻기 위한 수단이 되는 취업과 같은 외적 동기가 있다.

성인학습자의 학습동기는 학습자의 욕구(needs)나 요구(wants)와 밀접하게 관련이 있다. 미국의 사회학자 매슬로우(Maslow)의 욕구단계이론(needs hierarchy theory)을 살펴보게 되면, 이 이론이 다소 논쟁의 여지가 있다 할지라도 학습동기를 이해하는 데 도움이 된다. 즉, 인간 욕구는 낮은 차원으로부터 생리적 욕구(physiological needs), 안전욕구(safety needs), 사회적 욕구(social needs), 존경욕구(esteem needs) 및 자아실현 욕구(self-actualization needs) 등의 높은 단계로 계층을 형성하며, 낮은 단계의 욕구가 충족되면 높은 단계의 욕구 충족을 위한 동기부여 요인으로 작용한다는 것이다.

사람은 먹고 살기 위해 일을 해야 하는, 그래서 직업을 가져야 하는 당면문제도 있지만 자기실현, 지식 및 소양 증대 등의 욕구로도 일을 하거나 직업을 가지고 있다. 이러한 욕구는 학습동기로 작용한다. 성인학습자는 일상생활 또는 직무 속에서 보다 효율적인 것과 전문적인 것 또는 소양적인 것의 심화나 확대를 기대하면서 학습활동을 하게 된다. 결국 의도된 성인학습자는 생활과 직무의 질을 향상시키는 학습동기를 지니고 이는 학습활동을 발생시킨다.

2) 학습동기 유발과 학습촉진

동기유발(motivation, 동기부여, 동기화)은 행동을 유발하고, 행동의 방향을 설정하며, 그 행동을 유지하도록 하는 심리적인 힘이다(추헌, 1994). 이는 여러 욕구(needs)에 의하여 촉진되고 욕구를 만족시킬 수 있는 목표지향적 행동을 일으킨다. 학습행동은 동기유발에서 시작되며 학습을 촉진하는 동기는 성취동기(成就動機)의 일종이다. 학습자의 내·외적 학습동기를 유발하며 유지하는 일은 교수자의 매우 중요한 전문적인 기술에 속한다. 학습자의 자발성과 자기주도성을 강조하거나, 학습목표를 개인의 목표와 결부시켜 분명한 목표의식을 가지게 하고, 적성이나 흥미에 근거한 학습 교재 및 과제의 제시와 보상, 경쟁심의 적용, 피드백(feedback) 등을 활용하는 것은 의미 있는 촉진학습 동기유발 행위이다.

동기유발된 학습은 바람직한 목적과 분명한 목표가 있으며 열정적인 학습을 수행하게 한다. 일반적으로 학습동기가 유발되어 있고 보상이 있을 경우에 주도적 학습이 좋은 결과를 보여 주는 것은 사실이다. 그러나 때로는 학습이 동기 여부와 무관하게 일어나기도 하며, 주의를 집중하지 않고도 의도하지 않은 것을 배울 수 있는 부수적 학습(incidental learning)도 가능하다. 그러나 동기유발을 통해 교수자는 학습자의 학습과정을 촉진하여 학습효과를 드높일 수 있다.

3) ARCS 동기유발 설계

미국의 교육학자인 켈러(Keller, 1983)는 학습자들의 동기를 유발시키고 유지시키기 위한 전략으로 학습동기유발이론인 ARCS 모형을 발전시켰다. ARCS는 관심(Attention), 관련성(Relevance), 자신감(Confidence), 그리고 만족감(Satisfaction)을 나타내는 약어이다.

ARCS 이론은 다양한 교수행위의 동기적 측면을 제고하기 위하여 체계적으로 제시된 것이다. 이러한 ARCS 모형이 주목되는 이유는 이 모형이 나오기 전에는 효과성, 효율성이 강조되면서 상대적으로 동기 측면이 무시되었기 때문이다. 켈러는 학습결과가 좋다는 것이 교수의 질이 높았고 학습동기도 높았다는 것을 간접적으로 시사할 수 있지만, 학습자가 학습과정에서 주어진 과제에 어느 정도 몰입하였느냐는 알 수 없다고 주장했다. 즉, 높은 학습동기의 결과는 학습과정의 몰입과 학습결과에 영향을 미친다는 것이다. 이 이론은 교수-학습 상황에서 동기를 유발시키고 유지시키기 위한 구체적인 네 개의 방법적 요소와 체계 있는 동기설계의 과정을 제시하고 있다.

동기유발 교수설계의 제1요소는 '관심'인데, 이것은 학습자의 동기를 지적인 호기심과 같은 학습자극에 집중시키는 것이다. '관심'을 촉진시키기 위하여 지각적 주의 환기, 탐구적 주의 환기 등의 다양한 방법을 적용한다. 제2요소는 '관련성'으로서 이것은 공부를 해야 하는 이유나 개인적 필요와 연관시키는 것을 말한다. '관련성'과 관련된 처방으로는 친밀감, 목적지향, 그리고 필요나 동기와의 부합성 등 세 가지를 적용한다. 제3요소는 성공의 기회가 있다는 것을 인식시키는 '자신감'이다. '자신감'과 관련하여 학습의 필요조건 제시, 성공의 기회 제시 및 개인 통제력 증대 등이 적용된다. 동기유발 교수설계의 마지막 요소는 '만족감'으로 학습자의 노력결과와 성취기대가 일치하게 되면 학습동기가 유지되는 것을 의미한다. 이와 관련된 방안으로는 자연적 결과 강조, 긍정적 결과 강조 및 공정성 강조의 방안 등을 적용한다.

동기유발 교수설계의 체계적 과정은 정의, 개발, 평가의 세 단계로 구분된다. 정의단계에서는 교수자는 문제분석, 학습자분석, 목표설정을 실시하고, 개발단계에서는 동기유발을 위한 구체적 자료를 개발하고, 평가단계에서는 교수자료의 효과성을 검토 및 보완하게 된다.

2. 학습전략

학습전략(learning strategy)은 학습자가 학습목표를 달성하기 위해 수립하는 계획 및 실천방안이라 할 수 있다. 전략(strategy)은 본래 군사 분야에서 쓰이는 말로 그리스어 strategia에 그 어원이 있고, 전쟁에서의 승리를 위해 여러 전투를 계획·조직·수행하기 위한 행동계획을 말하며 교전의 수행에 관련한 전술(military tactics)과는 구별한다. 이제 전략은 경영, 경제, 게임 이론 및 학습 등의 분야까지 확장되고 있다. 전략은 본래 적이나 경쟁자 등과 대립하여 이를 이기기 위한 인원, 시간, 물자 등 자원의 효율적 배분에 대한 개념을 담고 있으나, 근래에는 목표를 달성하기 위한 자원의 활용계획과 실천방법을 계획·실행·통제하는 일련의 활동이라는 의미로 사용된다.

그러므로 학습자는 실제에서 효율적으로 수행할 수 있는 학습전략을 세울 수 있어야 하며, 학습자가 학습전략을 효율적으로 잘 세울 수 있도록 교수자는 지도하고 지원해 주어야 한다. 학습전략을 수립할 때 고려할 사항으로 학습환경을 분석하고, 자신의 강·약점을 분석해야 한다. 학습목표를 명확히 하고, 이를 효율적으로 실천할 수 있는 시간과 비용 등 가용자원의 배분과 활용에 관한 전략을 세워야 한다. 이후 전략을 수행할 수 있는 절차와 방법에 관한 계획을 세워 실행하는 것이며, 최종적으로 이러한 전략과 실행이 목표수행에 얼마나 도달했는지, 진행과정에서의 문제점과 보완점은 무엇인지를 검토하고 조정하는 평가와 통제의 과정을 거치게 된다.

1) 학습환경 분석

성인학습자가 직면하는 학습환경은 법적·정치적 환경, 경제적 환경 및 사회문화적 환경 등이 있다. 법적·제도적 환경 분석은 「평생교육법」, 평생교육진흥원 등이 학습자들의 학습활동을 촉진하기 위해서 어떻게 구성되고 적용되는지에 대한 분석을 하는 것이다. 국민의 학습권은 국가의 책임이며 의무라는 인식이 점차 확대되어 가고 있다. 경제적 학습환경 분석은 성인학습자의 소득과 학습비용의 증감 정도에 초점을 맞춘다. 국가나 지방자치제의 학습비용 지원을 활용할 수 있는 각종 제도들을 살펴볼 필요가 있다. 사회문화적 환경 분석은 현재 성인학습자들이 학습활동에 활용할 수 있는 가용시간 여부와 직무능력 향상, 여가 활용, 소양 증진 등의 학습 목표 및 내용에 대한 관심도를 분석한다. 이 밖에도 학습기관에 접근할 수 있는 거리 및 교통편 등도 또한 고려대상이 된다.

이러한 환경 분석을 통해 학습을 진행하는 동안에 학습자에게 닥칠 수 있는 기회와 위협 요인을 찾아내는 것이다. 현재 상황의 대체적인 방안으로 새로운 기회가 될 수 있는 환경적 요인을 찾는 것도 환경 분석이 가져다주는 선물이다. 위기 안에 담겨 있는 기회 요인을 잘 살펴보는 일은 또 다른 차원에서 학습능력을 심화시켜 준다.

2) 학습자의 강 · 약점 분석

학습자의 강·약점 분석에서 중요한 요인은 학습자의 의지와 가용자원 등이다. 의지는 성격과 가치관 및 태도, 자신의 학습 스타일, 건강 정도 및 두뇌활성화에 따라 차이를 보일 것이며, 자원은 가용시간과 학습비용 및 생활비용의 부담능력으로 분석할 수 있다. 학습자 자신에 해당하는 각종 지원제도에 대한 정보 획득과 활용능력도 자신의 강점으로 분석될 수 있다.

학습자 자신이 효율적이라고 생각하는 강점과 약점을 다른 학습자와 견주어 분석한다.

(1) 성격과 가치관

심리학자들은 성격을 '개인의 환경에 대한 적응을 결정짓는 특징적인 행동패턴과 사고양식'으로 정의하고 있다(양윤, 2008). 성격은 학습자에 따라 다양하다. 대략적으로 학습과 관련하여 성격의 특징은 순간적으로 몰입할 수 있는 집중형인가, 아니면 오랜 시간 꾸준히 노력하는 지구형인가로 구분해 볼 수 있으며, 또한 새롭거나 자신과 다른 견해를 쉽게 받아들이는 성격인가 아니면 폐쇄적인 성격인가에 따라 학습태도와 방법 및 학습과정은 달라진다. 아울러 삶에 대한 관점과 인식을 긍정적 가치에 두는가 또는 부정적 가치에 두는가에 따라서도 학습성과는 달라진다.

(2) 학습태도

태도란 어떤 주어진 대상에 관해 일관적으로 호의적이거나 비호의적인 방식으로 행동하게 하는 학습된 성향이다(양윤, 2008). 학습태도는 학습대상에 대한 인지, 감정, 행동의 세 요소로 구성되어 학습행동에 직접적으로 영향을 미치므로, 학습자의 학습태도에 대하여 분석을 하는 것은 매우 필요하다. 우호적인 감정, 긍정적인 인지 및 적극적인 행동의 태도는 학습효과를 배가시킨다.

(3) 학습 스타일

학습 스타일은 학습태도가 표현되는 활동으로, 주로 학습자가 어떠한 방식으로 학습활동을 하고 있는가에 따라 분류된다. 다양한 학습 스타일 중에서 어느 것이 좋거나 훌륭하다고 말하기 어렵다. 학습자들이 서로 다른 특성을 지니고 있기 때문에 자신에게 맞는 학습 스타일을 찾아내어 잘 활용하는 것이 중요하다. 학습 스타일은 분류기준에 따라 다양하게 분류할 수 있다.

① 교수자와 함께하는 교류 학습 유형, 교수자에게 의존하는 의존 학습 유형, 학습자가 스스로 하는 자기주도 학습 유형

② 혼자 학습하고 기억하는 것을 즐기는지, 다른 학습자와 함께 학습하고 표현하는 것을 즐기는지의 학습 유형

③ 생각하고 판단하는 것을 좋아하는지, 감각으로 느끼는 것을 좋아하는지, 체험으로 행동하는 것을 선호하는지의 학습 유형

④ 감각 선호 여부로 주로 선호하는 감각이 시각인지, 청각인지, 손으로 써 가면서 학습하는 근육지각을 선호하는지의 학습 유형

⑤ 축약형 선호와 서술형 선호의 학습 유형

(4) 건강 관리

즐거운 학습활동은 건강생활(health living)과 밀접한 관련이 있다. 건강생활은 건강을 유지하고 향상시키는 데에 필요한 생활환경, 생활양식의 총칭으로, 건강에 적합한 의식주의 방법을 의미한다. 즉, 영양과 보건에 필요한 음식 섭취 방법, 햇빛·공기·물 등 위생적인 주거환경의 정비, 신체의 청결이나 활동에 적합한 의복, 그리고 전염병이나 질병 예방, 일상생활에서의 과로 방지, 적절한 수면·휴양, 레크리에이션·스포츠 등을 배려한 생활이다(이태신, 2011). 한편 우리 고유의 전통적인 건강생활 방법으로는 한의학적 건강증진 방법인 양생법을 들 수 있는데, 이는 건강 유지 및 질병 예방을 강조하고 정신과 신체의 조화, 자아의 실현을 포함하여 한 개인의 삶을 건강하게 하는 포괄적 과정이다.

윤미경(2010)은 환경양생, 사시(四時)양생, 정신양생, 수면양생, 휴일(休逸)양생, 음식양생, 운동양생 및 방사(房事)양생 등이 행복하고 성공적인 삶의 질 향상에 밀접한 관계가 있음을 밝히며, 생활에서의 조화롭고 규칙적인 실천을 강조하였다.

성인학습자는 환경 변화와 신체기능 약화 및 노화 정도에 따라 학습의 장애가 증대될 수 있다. 건강관리 방법을 분류하면 ① 정신적 건강법, ② 식이요법적 건강법, ③ 호흡운동적 건강법, ④ 좌선적(坐禪的) 건강법, ⑤ 체조적 건강법, ⑥ 스포츠적 건강법, ⑦ 의료적 건강법 등이 있다(이태신, 2011). 특히 호흡이 잘 되도록 폐의 작용량이 커지는 깊이 있는 복식호흡이 필요하다. 호흡을 통한 에너지는 체온을 유지하며 조절하는데 주로 쓰이고, 나머지는 생장하거나 운동하는 등의 에너지로 이용된다. 복식호흡을 통해 필요한 공기의 용량을 확대하여 신체의 원활한 작동과 심신의 안정을 도모할 수 있다. 이러한 건강증진법을 통해 신체건강을 증진시켜 스트레스를 해소하고 두뇌활동을 촉진하여 즐거운 학습을 할 수 있다.

성인학습자들은 일상생활과 직무활동뿐만 아니라 학습활동 중 시험이나 과제수행으로 스트레스를 받을 수 있다. 스트레스는 환경의 요구가 지나쳐서 개인의 능력의 한계를 벗어날 때 발생하는 개인과 환경의 불균형·부적합 상태를 말한다(McGrath, 1978). 즉, 스트레스는 환경의 변화에 대한 반작용으로 발생하는 신진대사의 증대, 혈압·심박동수·호흡횟수·근육에 공급되는 혈액량 등의 증대를 가져오는 생리적 변화와 긴장, 걱정 및 주의력 증대를 가져오는 심리적 변화이다(Cannon, 1929).

이러한 스트레스는 환경의 요구에 부응하지 못하면 개인에게 부정적인 영향을 미치는 유해 스트레스(distress)로 작용하지만, 적당한 스트레스는 긍정적 결과를 미치는 유익 스트레스(eustress)로 작용한다. 모든 심리적 성장, 창의적 활동, 새로운 기술의 습득에는 적당한 스트레스가 필요하므로, 스트레스 관리는 스트레스를 완전히 없애는 것이 아니라 그것이 지나쳐 부작용이 생기지 않도록 통제 가능한 일정 범위 내로 유지하는 것을 의미한다(추헌, 1994). 스트레스는 당사자가 스트레스라고 인식할 때 스트레스로 간주되므로, 스트레스를 조절하는 능력을 함양함으로써 적절한 스트레스로부터 좋은 결실을 기대할 수 있다.

성인학습자들이 학습활동으로부터 받는 스트레스도 심장혈관계, 소화계, 면역계, 뇌 등에 영향을 미치며 불안, 긴장, 갈등 및 좌절 등의 심리적 불균형을 가져올 수 있다. 지나친 스트레스를 해소하기 위해서는 심호흡, 목욕, 체조·스트레칭 및 햇빛산책을 통한 신체의 이완이나 명상, 음악 및 예술, 휴식 및 수면, 웃음 등을 통한 정신적 이완 등의 활동적 해소 방식과 학습에 대한 가치나 인식의 재조명, 학습방법 개선과 문제해결 등의 긍정적 행위를 통해 해소하는 방식이 있다.

사례

건축일을 하던 K씨는 오랫동안 주로 공사 현장에서 직무활동을 하였다. 직무에 관련된 자격증 취득을 위한 학습을 하기 위해 온종일 좁은 책상에 앉게 되었는데, 그 자체가 그에겐 너무 큰 스트레스가 되었다. 첫날에 그는 책상에서 들락날락, 이틀째도…. 과연 이러한 K씨가 일정 시간 지속적인 노력을 필요로 하는 자격취득시험에 합격할 수 있을까? 이런 경우 즐거운 학습습관을 들이기 위해 우선 재미있는 취미 수준의 시리즈로 구성된 여러 권의 책을 읽음으로써 책상에 앉아 있는 학습습관을 길들인 후에 학업에 입문하여야 스트레스를 해소시킬 수 있다고 전문가는 조언한다.

(5) 두뇌 활성화

성인학습자들은 긍정적이고 우호적인 태도와 적극적인 행동을 할 수 있도록 두뇌를 더 활성화시킬 수 있다. 스트레스가 기억력을 약화시키기도 하나, 반면에 기억력의 감퇴로 인해 스트레스를 받는 경우도 많다. 기억은 지각으로부터 시작되는데, 생리적으로 정보의 저장과 인출은 신경전달물질이 뇌의 해마(hippocampus)에 작동되는 것으로, 신경전달물질의 분비와 작용은 긍정적 태도에 영향을 받으며 반복학습, 연상학습, 공감각활동을 통해 더욱 활성화된다.

기억은 정보 입력의 저장과 인출에 관한 뇌의 활동인데, 인출이 잘 안 되는 경우는 어떤 경우일까? 심리적 측면의 4개의 이론을 살펴본다.

첫째, '간섭이론'으로 어떤 선입 정보가 방해하여 후입 정보를 잊어버리는 선입정보방해(proactive interference)와 후입 정보가 선입 정보를 잊어버리게 하는 후입정보방해(retroactive interference)가 있다. 홈쇼핑에서 충동구매를 하지 말자고 다짐했음에도 '마감 임박'이라는 후입 정보가 들어오면 자신도 모르게 전화를 들고 구매신청을 하는 것이다.

둘째, '쇠퇴이론'으로 기억은 시간이 지날수록 희미해진다는 것이다. 자주 접촉하지 않으면 잊혀지기 쉽다.

셋째, '인출실패이론'으로 머릿속에 저장은 되어 있지만, 정리가 잘 안 되어 끄집어내는 인출이 안 된다는 것이다.

넷째, '동기적 망각이론'으로 기억하기 싫은 것들을 의도적으로 잊어버린다는 것으로 정신분석학자 프로이드가 처음 주장했다. 무엇인가 하기로 결심하고서 생각이 나지 않다가 시간이 지나서 생각난 경우는 그 결심을 잊지는 않았으나 그 결심을 이행하기 싫은 다른 동기가 있기 때문에 생각이 나지 않는다는 것이다.

생리학적으로 뇌의 활성은 뉴런이라는 세포 수와 이에 연관된 시냅스 수와 관련이 있다는 것이 학계의 정설이다. 뇌세포 수는 태어날 때부터 정해져 있을까? 그 수가 살아가는 동안 점차적으로 퇴화하거나 사멸하는 과정을 거친다는 것이 오랜 시간 동안 학계의 통념이었는데, 다 자란 성체 뇌라 할지라도 신경발생(neurogenesis)이라는 뇌세포의 재생 또는 신생의 과정이 일부 영역에서는 일어나고 있다는 사실이 학자들에 의해 확인되고 있다. 또한 뉴런과 뉴런의 연결장치인 시냅스는 신호전달과 기억정보저장의 두 가지 기능을 수행한다. 정보를 저장할 때와 마찬가지로, 저장된 정보를 인출하려면 또다시 시냅스가 작동한다(박시룡 역, 2004). 그러므로 단백질로 구성된 신경전달물질을 가진 시냅스의 원활한 작용이 학습과 기억에 큰 관련성이 있음을 알 수 있다.

이러한 신경 발생과 작용은 정신적인 자극이나 육체적 활동에 의해 더 활발히 진행하는 경향을 보이는데, 기억과 관련된 대표적인 뇌 영역이 바로 해마이다. 그러므로 단기기억에서 장기기억으로 저장되는 시간 동안의 집중과 반복학습, 눈으로 보고, 입으로 말하고, 손으로 쓰는 등의 공감각 행동을 통해 해마와 시냅스를 활성화시켜 기억력을 증진할 수 있다.

(6) 시간 관리와 지원제도 활용

성인학습자들에게 시간 관리는 매우 중요하다. 일반적으로 성인학습자들은 직업과 가사 또는 사회활동을 겸하고 있어서 학습만을 위한 별도의 시간을 내는 것이 쉽지 않다. 따라서 시간 사용계획을 잘 세워 효율적으로 시간을 활용하는 것이 필요하다. 하루 중 학습을 위한 전용시간을 가질 수 있는 성인학습자가 아니라면, 자투리 시간을 이용하여 의도한 학습에 빠르게 집중하고 몰입하는 습관을 지니도록 연습하고 체득하는 것이 중요하다. 연기를 할 때 전문배우는 일반 배우에 비하여 빠르고 쉽게 감정몰입에 빠져드는 것과 같이 학습자는 빠르고 쉽게 학습활동에 집중하는 연습을 통해서 효율적인 학습습관과 시간 관리능력을 향상시킬 수 있다. 앞 장에서 설명한 학습휴가제(學習休暇制)를 계속교육 및 재교육을 위해 잘 활용하는 지혜도 필요하다.

(7) 학습비용과 지원제도 활용

학습비용의 부담은 학습자의 학습 기회를 억제하거나 지연시킨다. 일반 성인들은 국가 및 지방자치단체의 평생학습 촉진 프로그램을 활용하여 필요한 과정이나 자격증 등에 관련된 학습을 실비 또는 무료로 받을 수 있다. 직장인들이나 신규 취업 예정자들은 고용노동부의 직업능력 또는 고용보험제도를 활용하여 직업능력 향상이나 취업 및 재취업 등을 위한 학습비의 직·간접 지원을 활용하여 학습할 수 있다. 장애인은 장애인고용촉진 지원제도를 활용하여 취업에 필요한 학습을 지원받을 수 있다.

'내일배움카드제'는 실업자나 취업 예정자가 필요한 훈련과정과 훈련기관을 스스로 선택하고 정부의 재정적 지원을 받으며 수강할 수 있도록 한 제도로 노동부고용센터(www.work.go.kr/jobcenter)의 상담을 통하여 내일배움카드를 발급받아 직업능력개발훈련을 수강하는 경우에 수강비용을 지원받는 제도이다. 고용보험 가입 이력이 없는 미취업자 및 고용보험 가입 이력이 있는 실직자를 대상으로 하며, 이에 적합한 훈련과정은 고용노동부 홈페이지를 참고하면 된다. 1인당 1년간 200만 원 한도 내에서 훈련비의 60~80%를 국가에서 지원하며 나머지 20~40%는 훈련생이 부담한다. 이 제도는 2008년 7월 '직업능력개발계좌제'로 시범 운영했다가 2010년 10월 '내일배움카드제'로 이름을 변경하여 실시해 오고 있다.

3) 학습목표의 설정

환경 분석과 학습자의 강·약점 분석을 토대로 하여 학습목표를 설정할 수 있다.

(1) 학습목표의 의의

학습목표는 학습자가 단위 과목 또는 단위 시간 동안에 도달해야 하는 방향과 도착지점으로, 학습자의 행동 변화가 일어날 수 있도록 구체적이고 명확하게 진술되고 측정이 가능해야 한다. 이에 따라 학습목표 달성을 위한 최적의 전략으로 학습방법, 학습자료 및 학습매체 등을 구성하여 학습성과의 평가를 위한 기준을 세울 수 있다.

(2) 학습목표의 구성요소

메이저(Mager, 1962)는 학습목표의 구성에 있어서 학습자들이 학습 후에 나타나는 학습결과가 객관적으로 관찰하고 측정할 수 있는 행동용어(behavioral term)

의 기술, 학습자가 그 성취행동의 실행에 관한 어떤 상황 또는 조건(conditions) 및 학습이 목표를 달성했는지의 여부를 판정하기 위한 기준(criterion) 등 세 가지 요건을 주장하였다. 이는 학습자가 학습목표를 달성했는지의 성과 여부를 판단할 수 있는 근저가 된다.

(3) 학습목표의 기술

학습목표의 기술은 학습자의 학습단원이나 학습시간이 끝났을 때 나타나는 학습자의 변화된 행동과 관련지어 서술하는 것이 바람직하다. 즉, 학습 뒤의 변화된 행위를 나타내는 구체적이고 명확한 동사의 형태로 기술한다. 예를 들어, '~을 안다', '~을 이해한다', '~을 체험한다' 등의 암시적 동사의 사용보다는 '~을 설명한다', '~을 해결한다', '~을 표현한다' 등의 명시적 동사를 사용하여 서술한다. 예를 들면, '학습자는 의사소통의 개념을 설명할 수 있다' 등이다. 교수자는 물론 학습자도 학습 전 학습목표에 대한 인지 정도를 확인하고, 학습 과정 중에 그것에 대한 상기를 통해 학습효율을 높일 수 있다.

4) 학습전략 수립

학습목표를 수립한 후에 이를 효율적으로 달성할 수 있는 구체적인 학습전략을 수립한다. 일반적으로 강의는 도입, 전개, 정리의 형태로 진행된다. 이에 맞추어 각 단계별로 효율적 학습을 위한 학습자의 행동에 대하여 기술한다.

(1) 학습 도입단계에서의 학습활동

학습이 시작되는 도입 부분에서 교수자는 학습자와 눈높이를 맞추는 등의 라포르(rapport) 형성을 위한 아이스 브레이킹(ice breaking), 학습자들의 건강 상태를 포함한 학습 준비 상태 점검 및 학습내용의 개요 설명 등을 위한 시간을 설계한다. 학습자는 교재, 노트, 필기도구를 갖춘 학습 준비를 한 후, 교수자와의 소통을 위하여 교수자의 일상적인 질문에도 반응이나 응대를 함으로써 학습 준비가 되어 있음을 표현하는 것이 필요하다. 학습이 시작되기 전에 가벼운 운동을 통해 신체적 조건(condition)을 최적화하는 것도 필요하다.

학습 전개과정에서 교재나 교수자의 설명에 이해되지 않는 부분이 있을 때는 질문이 필요해진다. 교수자의 강의 중 학습자의 질문이 강의의 흐름을 억제 또는 방해할 수도 있기 때문에 '질문을 언제 해야 하는가'하는 것은 때로는 혼란스럽다. 도입단계에서 '필요한 질문을 언제 하면 좋은지'에 대한 의견을 나누는 것도 의미 있다.

(2) 학습 전개단계에서의 학습활동

전개단계에서 교수자는 학습자들에게 진정으로 학습이 이루어지고 있는지를 수시로 확인할 것이며, 학습자들의 학습 스타일을 수시로 파악하려고 할 것이다. 그러므로 항상 교수자와 교류하는 것은 교수자의 학습자 파악을 위한 노력을 감소시켜 줌으로써 강의에 좀 더 만전을 기하게 하여 학습효과를 증진시킨다. 모르거나 이해가 안 되는 것을 질문하는 것과 교수자의 농담에 반응하는 것이 다소 다를 수 있으나, 상호 교류하는 강의와 학습은 그 효과가 배가될 것이다. 또한 학습 중에 집중력을 증대시키고 학습효율을 높이는 방법 중 하나가 메모하는 것이다. 메모나 필기의 중요성은 아무리 강조해도 지나침이 없다.

(3) 학습 정리단계에서의 학습활동

학습한 내용을 간단한 문장으로 요약해 본다. 정리시간에 요약하면서 바로 복습한 내용은 장기기억 속으로 비교적 쉽게 저장 및 인출되므로, 학습의 만족도를 높이는 원천이 된다.

3. 멘토링

1) 멘토링의 의의

멘토링(mentoring)이란 도움을 주는 멘토(mentor)와 도움을 받는 멘티(mentee)가 협의한 목표를 이루기 위하여 일정 기간 상호 교류하는 체계적인 활동이다. 보편적으로 멘토는 직무나 활동에서 경험이나 지식이 많아 이를 바탕으로 멘티를 육성한다. 멘토와 멘티의 상호 교류는 상호 인격존중을 바탕으로 하며, 체계적인 활동은 멘티의 현재 능력 파악과 핵심인재로 육성하기 위한 과정을 책임 있게 구성하고 실행하는 의미를 담고 있다. 그러므로 멘토링은 멘티의 직무수행능력 향상은 물론 생활의 질 향상을 위한 경험과 지식을 전수한다. 멘토와 멘티는 상호 교류하며 공유하는 가장 활성화된 상담형태를 취할 수 있다.

멘토링의 유래는 고대 그리스의 신화에서 출발한다. 호메로스의 서사시 〈오디세이〉에 등장하는 '멘토(Mentor)'는 이타카의 왕인 오디세우스가 트로이 전쟁에 참전할 때 그의 아들 텔레마코스를 맡아서 보호하고 가르쳤던 인물로서, 오디세우스가 돌아올 때까지 그의 아들에게 사부, 조언자, 보호자의 역할을 하였다.

그 후로 멘토는 지혜와 신뢰로 인생을 이끌어 주는 선생 및 후견자의 의미를 지니게 되었다. 오늘날 멘토링은 '후견인제', '브라더제', '지도사원제' 같은 명칭으로 사용되며, 단순히 신입 직원들의 적용 차원을 넘어 기업의 지식경영과 학습조직의 구축을 위한 방안으로 활용되고 있다(강대석, 2007).

청소년 학습자는 물론 성인학습자들에게도 멘토링은 매우 중요하다. 멘토의 역할은 촉진자의 역할과 중복되는 면이 없지 않지만, 촉진자의 역할과 비교할 때 보다 자기주도적인 학습과 쌍방적인 학습을 주도한다(기영화, 2008). 멘토링은 멘티를 중심으로 기술하고 정리하는 것이 바람직하다.

평생교육은 교수자 중심에서 점점 학습자 중심으로 변화되고 있으므로, 학습자가 학습목표를 효율적으로 이루는 데 필요한 멘티중심의 학습에 대하여

보다 논의를 증대할 시점이다. 멘티가 가져야 하는 자기주도적 학습정신인 멘티십(menteeship)은 학습자 스스로가 주도적 학습을 하는 성인학습에서 매우 의미 있다.

2) 멘토링의 진행과정

멘토는 우선 멘티와 효과적으로 커뮤니케이션을 할 수 있어야 하며, 멘티가 자신의 직무와 커리어에 관련하여 수립한 계획 및 목표 등에 대해서도 전문적인 피드백(feedback)과 질문에 대한 해답 및 전문가로 키우기 위한 효과적인 교육방법도 모색해야 한다(강대석, 2007).

SNS, 전자메일 또는 화상시스템 등 정보시스템을 활용하는 멘토링인 e-멘토링(e-mentoring)은 원격학습의 방법처럼 자유로운 시간과 공간에서 멘토와 비교적 편안하게 접촉할 수 있는 장점이 있는 반면 지속적이고 신뢰성 있는 멘토링을 유지하는 것은 쉽지 않다. 이에 대한 보완점으로 멘토와 멘티 사이에 학습관리자인 튜터(tutor)를 활용하여 학습효과를 높이기도 한다.

4. 융합학습

1) 융합학습의 의의

융합학습의 시대가 도래했다. 현대사회는 정보와 지식을 중심으로 발전하고 있으며, 다양한 욕구와 요구로 인한 사회문제는 그 해결과정이 더욱 복잡하고 어렵게 되었다. 융합학습은 학습목표를 융합의 관점으로 접근하여 다양성이 주는 지혜와 창의성을 높이는 학습활동이다. 생활이나 학문에서 융합학습이 필요한 것은 기존의 다양한 학문들을 활용하여 복잡한 문제를 잘 해결하고 필요한 새로운 것을 창출하기 위함이다. 융합(syncretism, convergence, fusion)의 사전적 의미는 다른 종류의 것이 녹아 서로 구별이 없게 하나로 합해져서 새로운 것이 창출되는 창의가 강조된 의미로, 문제와 해결방법을 개별 학문의 관점에서 확대하여 복합적 관점으로 접근하고 해결한다는 의미를 지니고 있다.

이와 유사한 의미를 지닌 통합(integration)은 동일 목표를 향하여 협동적으로 작용하는 복합체의 전체성과 통일성을 의미하는데, 이보다 융합은 더 발전된 단일성이 강조된다. 즉, 국사와 지리 등의 과목이 '사회'라는 과목으로 통합된다면, 국사와 음악은 문화라는 과목으로 융합될 수 있다. 한편 최재천・장대익(2006)은 미국의 사회생물학자인 윌슨(Wilson)의 저서인 『통섭(統攝) : 지식의 대통합(Consilience : The unity of knowledge)』을 번역하면서 통섭이라는 말을 사용하였고, 융합이 여러 재료가 합쳐진 '비빔밥'이라면, 통섭은 더 숙성된 된장, 간장 등의 '발효식품'과 같다고 설명하였다. 그래서 필자는 학습에서 이런 의미를 강조하고자 융합을 사용하였다.

2) 융합학습의 활용

융합학습을 통해 이루어내는 융합학문은 학문과 학문의 연계 및 통합뿐만 아니라, 문제해결에 학문 간의 경계를 뛰어넘는 관점과 접근으로 시너지를 내기 위해 연구하는 학문이다. 지적재산권의 제정 및 해석, 새로운 신물질의 개발, 경영과 예술, 의학과 공학, 의학과 경영, 의료와 관광 등 바이오와 IT 및 생활과 학문 전반에 걸쳐 융합학문의 필요성과 중요성이 대두되고 있다. 서울대 안철수 교수는 의사이며 컴퓨터 분야의 바이러스 백신 개발자로, 의학을 컴퓨터에 접목시킨 융합학문의 선봉자이다. 국가적 차원에서도 의료와 IT를 접맥한 유비쿼터스 진료시스템에 대한 연구가 진행되고 있고, 의료에 관광을 접목시킨 의료관광 영역은 국책사업이기도 하다.

근래 미국 등을 중심으로 수학, 과학, 기술의 STEM교육에 예술(arts)적 기법을 적용하는 융합학습으로서 STEAM(Science, Technology, Engineering, Arts, & Mathematics)학습이 시행되고 있다. 이는 학생들의 과학기술에 대한 이해·흥미·잠재력을 개발하여 창의성을 증대시키는 학습으로 과학, 기술, 공학, 예술, 수학 등 교과 간의 융합적 접근을 시도하고 있다. 미국 애플(Apple)사의 CEO인 스티브 잡스(Steve Jobs)는 2010년 1월 아이패드폰 발표회에서 한 사진을 보여 주며, '인문학과 기술의 교차로입니다. 애플은 언제나 이 둘이 만나는 지점에 있습니다'라면서 기술과 인문학의 중요성을 강조하였다.

교수자들은 다소 어렵고 지루할 수 있는 기술과 기능 학습 등에 융합학습을 적용하여 유익하고 재미있는 학습을 진행할 수 있다. 최근 학교, 학원 등에서는 요리강습으로 수학을 학습하고, 영어 등의 외국어를 태권도, 골프 등과 융합하여 영어로 골프를 학습하기도 한다.

학습의 본질로서 컴퓨터, 인터넷 등의 정보기술에 대한 이해와 학습이 점점 더 필요하다. 정보기술의 발달은 인간과 기계의 구별을 모호하게 하고, 유기체와 기계의 합종인 사이보그를 만들어 유기체적인 것과 기술적인 것의 실재적 분별을 없앰으로써, 인간과 기술의 관계를 근본적으로 변화시킨다(Haraway, 2000). 그리고 SNS, 트위터, 스마트폰과 같은 정보기술의 발달은 인간과 인간 사이의 관계를 보다 수평적으로 사회구조를 변화시키고 있다. 이러한 정보기술의 습득은 융합학습의 한 축이거나 바탕이 될 것이다. 통계학은 이미 컴퓨터의 발전과 더불어 어렵고 복잡한 문제해결에 기여하고 있다.

성인학습자들은 융합학습을 통해 다른 영역의 학문에 대한 열린 태도로 학문의 다양성을 이해하고 다양한 방법으로 학습하여, 학습의 만족도를 높이며 보다 넓고 깊은 교류를 통하여 문제를 보다 쉽고 빠르게 이해하고 해결할 수 있다.

5. 학습동아리

1) 학습동아리의 의의

동아리는 '같은 뜻을 가지고 모여서 한패를 이룬 무리'라는 뜻을 지니고 있으며 1980년대 말에 이르러 대학생들은 '서클'이라는 말 대신에 '동아리'라는 말을 쓰기 시작했다. 공통의 관심사나 목표를 가진 사람들의 모임인 동호회(同好會)와 의미는 같다. 학습, 취미, 특기, 직업 등 목적과 관심사에 따라 다양한 동아리가 있으며, 학교, 지역사회, 기업, 인터넷 커뮤니티 등을 단위로 구성된다.

학습동아리의 핵심은 구성원인 학습자들의 자발적인 소통과 교류를 통한 지속적인 성장과 발전이다. 이에 국가 및 지자체 평생교육 관련기관에서는 각급 학습동아리의 조성과 구현에 지원을 하고 있다.

2) 학습동아리의 특성

학습동아리의 구성원들은 동아리활동에 자발적으로 참여하여 함께 팀을 이룸으로써, 혼자 학습하는 과정에서 올 수 있는 불안감 내지 고독감을 떨쳐버릴 수 있고 더 나아가 개인의 문제를 비교적 어렵지 않게 해결할 수 있다.

독서동아리를 통해 함께하는 독서는 혼자 하는 독서와는 다르게 지속성을 갖게 한다. 과연 "내가 읽는 것이 맞는 건가?"라는 의문을 떨쳐 버리고, 혼자 읽는 고독감을 넘어 함께 읽고 나누다 보면 다른 사람의 생각을 객관적으로 볼 수 있고, 또 세상을 바라보는 관점과 인식의 지평도 이전보다 더욱 넓어질 것이다(조현행, 2015). 귀농·귀촌인들은 학습동아리활동에서 사람들과의 만남을 통한 정서적 안정을 추구하고 새로운 문화적 경험과 개인적 문제를 해결하였고, 학습동아리는 지역에서 학습을 통한 공동체를 구현하는 것이며, 마을은 학습의 장이 되고, 귀농·귀촌인들은 학습의 자원이며, 동아리 활동은 학습과정으로 구현된다(송복선, 2016).

성인학습은 모르거나 부족한 정보를 얻거나 지식을 함양하는데 그 본질이 있고, 학습자들은 내용이 복잡하거나 깊어서 자신이 모르거나 부족한 것에 대한 두려움이나 부끄러움이 있을 수 있다. 평생학습동아리 유형 중 심화학습형 구성원의 모르는 것에 대한 두려움과 부끄러움이 감소될 때 오는 행복감이 큰 의미를 갖는다(박웅진, 2015).

3) 학습동아리의 활동 계획서

학습동아리 활동 계획서를 작성하는 과정에 학습동아리 활동의 시작이다. 계획서의 수정과 보완은 수시로 할 수 있으므로 부담이 아닌 즐김의 태도를 향상하는 그 자체가 동아리학습의 성과이다. 동아리 활동 목적에서 자기 자신이 해결해야 하는 부분과 기여해야 하는 부분에 대한 생각과 태도를 정리함으로써 학습 및 문제해결 능력 증진과 대인관계 교류를 촉진할 수 있다.

활동 계획서에는 동아리 명, 활동목적(방향), 활동 목표 및 내용, 활동 일시, 월별 계획, 행사 일정 및 활동 과정 등을 비교적 구체적으로 기록하도록 노력하는 것이 필요하다. 기록을 통해 때로는 조그만 차이나 가치의 발견 또는 재발견이 학습을 지속하게 하는 즐거움이기 때문이다.

TV 프로그램으로 이해하는 멘토링

1. TV 프로그램 제목

SBS-TV의 일요일이 좋다-서바이벌 오디션 K팝 스타(2012년 2월~2016년 4월)

2. TV 프로그램의 간략한 내용

지상파 가요 오디션 프로그램으로 유일하게 다섯 번째 시즌까지 마친 프로그램으로 줄여서 'K팝스타'로 불리며 SBS-TV 예능의 중심이 됐다. 시즌 1부터 5까지 배출된 다수의 'K팝스타'들은 수천 명의 응모자 중에서 경합을 벌여 top 10에 오르고, 또 그 중에서 최고에 이르는 과정에 시청자의 실시간 문자투표로 재미를 높였다. 이들을 지도하는 심사위원 겸 멘토인 양현석(YG 엔터테인먼트 대표, 프로듀서, 전 가수), 박진영(JYP 엔터테인먼트 대표, 프로듀서, 가수, 작곡가) 등이 장르와 성별 등을 가리지 않는 평가와 지도로 시청자들의 음악적 소양 증진에도 도움을 주었다. 매회 새로운 도전자들과 '전 시즌'에 색다르게 변화를 추구하는 제작진의 노력이 더해져 인기 있는 프로그램으로 자리 잡았다.

3. 토론하기

- 3명의 멘토는 각각 특색 있는 서로 다른 방식으로 멘티를 지도한다. 3명 멘토의 지도 스타일의 특징은 무엇인가?
- 어느 멘토의 지도 방식이 멘티로서 학습자 자신이 바라는 지도방식인가?
- 멘티가 성공적인 결과를 얻기 위해 필요한 태도는 무엇인가?

강대석(2007). 인적자원개발. 한경사.

기영화(2008). 평생교육방법론. 학지사.

김현택, 박동건, 성한기, 유대용, 이순목, 이영호, 진영선, 한광희, 황상민(2003). 심리학. 학지사.

나항진, 김경수, 김형수, 구본영, 박성희, 박영미, 신정혜(2011). 평생교육론. 학지사.

박시룡 역(2004). 기억혁명 학습혁명. Frederic Vester 지음. 해나무.

박웅진(2015). 평생학습동아리 유형에 따른 참여동기와 행복감의 관계. 아주대학교 대학원 석사학위논문.

송복선(2016). 귀농·귀촌인 중심 지역공동체 평생학습동아리 사례연구. 한국교통대학교 대학원 석사학위논문.

안진환 역(2011). 스티브 잡스(*Steve Jobs*). Walter Isaacson 지음. 민음사.

양윤(2008). 소비자 심리학. 학지사.

윤미경(2010). 삶의 질 향상을 위한 한방건강증진행위의 영향요인 분석. 원광대학교 대학원 박사학위논문.

이태신(2011). 체육학대사전. 민중서관.

조성연, 박미진, 문미란(2010). 성인학습 및 상담. 학지사.

조현행(2015). 독서동아리. 이비락.

최재천, 장대익 역(2006). 통섭(統攝): 지식의 대통합(*Consilience: The unity of knowledge*). Wilson, E. O. 지음. 사이언스북스.

추헌(1994). 조직행동론. 형설출판사.

Cannon, W. B.(1929). Organization for physiological homeostasis. *Psychological Review, 9*, 339-430.

Haraway, D. J.(2000). A cyborg manifesto: Science, technology, and socialist feminism in the late twentieth century. In N. Badmington(Ed.), *Posthumanism.* Houndmills: Palgrave.

Keller, J. M.(1983). Motivational design of instruction. In C. M. Reigeluth(Ed.), *Instructional-design theories and models: An overview of their current status.* Hillsdale, N.J.: Lawrence Erlbaum Associates.

Mager, R. F.(1962). *Preparing instructional objectives.* Palo Alto, CA: Fearon.

McGrath, J. E.(1978). Stress and behavior in organizations. In M. D. Dunnette(Ed.), *Handbook of industrial and organizational psychology.* Chicago: Rand McNally.

노동부고용센터(www.work.go.kr/jobcenter)

CHAPTER 07

상담의 기초

- 상담의 정의
- 상담, 심리치료, 생활지도
- 상담형태
- 상담목표
- 상담원리
- 상담과정

학습목표

1. 상담의 개념을 알 수 있다.

2. 상담, 심리치료, 생활지도의 개념을 알 수 있다.

3. 상담의 다양한 형태를 알 수 있다.

4. 상담목표를 알 수 있다.

5. 상담원리를 알 수 있다.

6. 상담과정에 대해 알 수 있다.

CHAPTER 07

상담의 기초

1. 상담의 정의

상담(counseling)은 라틴어 'counsulere'에서 유래되었으며 고려하다, 반성하다, 숙고하다, 조언하다 등의 의미를 갖고 있다. 상담이 우리가 사용하고 있는 의미로 사용되기 시작한 것은 윌리엄슨(Williamson, 1939)이 그의 저서 『학생 상담의 방법』에서 사용한 이후부터이며, 그 이전에는 처치(treatment) 혹은 치료라는 용어가 사용되었다(정인석, 2006). 현대로 들어와서 상담은 그 영역이 확대되고 전문화되어 조언 이외에 심리치료, 태도변화, 의사결정, 문제해결, 정보제공 등의 영역을 포함하여 사용되고 있다(김계현, 2000).

'상담이란 무엇인가?' 라는 질문은 단순해 보이지만 간결하게 한마디로 정의하기는 쉽지 않다. 상담은 인간을 대상으로 하고 있기 때문에 인간과 인간의 삶에 대한 견해가 다르면 정의도 달라진다. 여러 이론들은 인간에 대한 기본적인 관점, 문제의 발생과정, 문제의 해결방법, 상담자와 내담자의 역할 등에 대해 각기 다른 입장을 취하며 다양한 방식으로 상담을 정의하고 있다.

초기의 직업지도를 위한 상담이 주류를 이루었던 1930년대에는 상담의 과정을 그렇게 중요하게 생각하지 않았으므로 상담을 '목적을 가진 대화'(Bingham & Moore, 1941)나 '전문적인 대화'(Garrette, 1942)와 같이 간결한 개념으로 규정할 수 있었다. 그러나 1940년대에 로저스(Rogers)가 조작적 정의로 상담을 규정하면서 상담의 이론과 실천방법은 급속도로 다양하게 발달하였으며, 이론가들은 다양한 관점에서 상담을 정의하기 시작했다(정인석, 2006).

브래머 등(Brammer et al., 1998)은 상담을 '일상생활에서 위기 사태 또는 문제 사태에 임하였을 때 현명한 선택 · 적응 · 해결을 하도록 조력하는 과정'이라고 하였다. 이장호(1999)는 상담은 '도움을 필요로 하는 사람(내담자)과 전문적 훈련을 받은 사람(상담사) 사이의 면대면의 관계에서 생활과제의 해결과 사고, 행동 및 감정 측면의 인간적 성장을 위해 노력하는 학습과정'으로 정의하였다. 박성수(2000)는 상담이란 '내담자와 상담자 간에 수용적이고 구조화된 관계를 형성하고 이 관계 속에서 내담자가 자기 자신과 환경에 대하여 의미 있는 이해를 증진하도록 함으로써, 내담자 스스로가 효율적으로 의사결정을 하고 여러 가지 심리적 특성을 긍정적 방향으로 변화시키도록 원조하여 결과적으로 내담자의 성장과 발전을 촉진하는 심리적 조력과정'이라고 하였다.

상담에 대한 학자들의 정의를 종합하면 상담이란 '전문적 훈련을 받은 상담자와 도움을 필요로 하는 내담자와의 관계에서 상담자가 내담자를 도와 내담자 스스로 문제를 해결하여 성장할 수 있도록 지원하는 조력과정'으로 정의할 수 있으며, 그 의미를 다음과 같이 요약할 수 있다(강갑원, 2004; 김계현, 2000; 노안영, 2005).

첫째, 상담은 도움을 주는 사람과 도움을 받는 사람의 관계로 상담의 주체는 상담자와 내담자이다. 패터슨(Patterson, 1985)은 상담의 중심은 관계, 그 자체라고 하며 관계를 강조하였다.

둘째, 상담자는 상담에 관해 전문적 훈련을 받은 사람으로 인간의 변화에 대한 믿음을 갖고 내담자를 조력하는 실천가이다. 상담자는 인간행동을 이해하기 위해 끊임없이 연구하는 과학자이며 동시에 인간의 변화를 위해 노력하는 실천가이다.

셋째, 내담자는 자신의 문제를 스스로 해결하기 위해 조력을 필요로 하는 사람이다. 과거에는 상담이 당면한 문제가 있는 사람들을 대상으로 이루어진다고 여겨졌으나 근래에는 자신의 잠재력과 가능성을 발견하고 성장하도록 돕는 것도 상담의 중요한 측면으로 인식되고 있다.

넷째, 상담자와 내담자와의 관계는 역동적인 상호작용의 관계이다. 즉, 상담과정은 상담자의 일방적인 지시나 충고로 이루어지는 것이 아니라 상담자와 내담자가 서로 대등한 위치에서 존중하는 상호 협력체계의 관계 속에서 이루어진다.

다섯째, 상담의 관계는 일상적인 대인관계에 비하여 사적이고 비밀이 보장되는 관계이다. 상담자는 내담자의 사적인 정보에 대해 철저히 비밀을 보장하는 직업적 윤리의식을 가져야 한다.

여섯째, 상담은 내담자가 문제해결을 할 수 있도록 내담자의 선택과 결정을 돕는 조력과정이다. 즉, 상담은 상담자가 내담자의 문제를 해결해 주는 과정이 아니라 내담자 스스로 자신의 문제를 해결하고 잠재력을 실현하도록 도와 그의 삶의 질을 향상시키기 위해 노력하는 과정이다.

일곱째, 상담의 궁극적인 목적은 내담자의 문제예방, 발달과 성장, 문제해결을 달성하는 것이다. 상담은 내담자가 현재보다 더 나은 삶을 영위할 수 있도록 내담자의 행복과 복지만을 위해서 이루어져야 한다(Hill, 1993).

최근 들어서는 정신건강 운동이 활발히 진행되면서 상담활동의 기능이 문제해결과 치료의 차원에서 예방적 차원으로 그 영역이 확장되고 있다. 예를 들어, 이형득(1994)은 상담이 치료나 문제해결 중심으로 이루어질 것이 아니라 예방과 정신건강의 증진 및 개인 발달에 관심을 두어야 하며, 더 나아가 개인의 생활환경의 변화까지도 관심을 기울여야 한다고 주장했다. 또한 개인의 문제를 해결하고 보완하는 소극적 접근에서 벗어나 개인이 갖고 있는 장점이나 자원을 활용하여 스스로 성장할 수 있는 능력을 키워 주며 지역사회에도 공헌할 수 있는 적극적인 상담이 되어야 한다고 제안하였다.

2. 상담, 심리치료, 생활지도

상담, 심리치료, 생활지도는 어떤 차이가 있으며 어떤 관계가 있는가? 이 세 용어는 주변에서 흔히 혼동되거나 중복되어 사용되는 일이 많다. 이 세 용어를 간단하게 구분하여 설명하면, 생활지도는 주로 학교에서 학생들을 돕기 위한 활동으로 학생의 성장 발달에 관심을 가지며 사회적 요구와 밀접하게 관련을 맺고 있다. 상담은 모든 사람이 생활을 하면서 경험하게 되는 적응문제에 효율적으로 대처할 수 있도록 돕는 활동이다. 심리치료는 주로 병원에서 신경증 또는 정신병과 같은 정신장애를 다루는 활동이라고 할 수 있다. 정신건강의 입장에서 보면, 심리치료는 정신질환을 치료하여 정신적으로 건강한 상태로 변화시키는 것이 주된 관심사이다(김헌수 외, 2005). 상담, 심리치료와 생활지도는 모두 조력관계에 기초하여 개인의 문제를 해결하도록 도움을 준다는 공통점이 있지만 여러 가지 차이점이 있다. 이현림과 김지혜(2006)는 〈표 7−1〉과 같이 상담, 심리치료, 생활지도의 차이점을 대상, 목표, 다루는 문제, 접근방법, 전문가, 장소, 기간, 상담료의 차원에서 비교하였다.

〈표 7−1〉 생활지도, 상담, 심리치료의 비교

구 분	생활지도	상 담	심리치료
대상	학생 전체	정상적인 학생, 내담자	개인 환자
목표	바람직한 생활과정과 성장발달의 지도	구체적 생활과제의 해결 (감정, 사고, 행동양식의 변화)	정서적 문제의 해소 (성격구조의 심층적 변화)
다루는 문제	현실적 능력의 평가 및 장래계획	긴장, 불안, 당면 문제의 선택 · 해결, 적응문제	신경증, 성격장애, 우울증, 정신병

〈표 계속〉

구 분	생활지도	상 담	심리치료
접근 방법	정보, 자료 제공 (교양강좌, 토의집단 등)	면접 중의 조언, 일시적인 욕구불만이나 갈등해결, 교육, 훈련, 분석	분석적 면접, 약물요법, 문제환경에서 격리 · 수용, 성격장애 치료와 교정
전문가	일반교사, 교도교사, 연수 담당자	상담교사, 상담심리 전문가	정신과 의사, 임상심리 전문가
장소	교육 장면 전체	상담실, 출장 장소	진료실, 환자 가정
기간	단시간, 1~6회 정도	단시간, 1~20회 정도	장시간, 20~200회 정도
상담료	무료	무료 혹은 유료	유료

출처: 이현림 외, 2006.

그러나 한편으로 생활지도, 상담, 심리치료의 영역 구분에 대해서 이론가들의 의견이 합의된 것은 아니다. 이 영역에 대해 구별하는 것이 필요하다는 주장도 있고 그럴 필요가 없다는 주장도 있다. 물론 이들 영역이 구분되기 어렵고, 상담자가 상담이라고 여기는 것을 심리치료에서 하고 있고 또한 심리치료자가 심리치료라고 여기는 것을 상담자가 하고 있기도 하다. 근래에는 명백한 차이점을 찾기 힘들기 때문에 이들 사이에 큰 차이를 두지 않으려는 경향이 있다(이현림 외, 2006).

그렇지만 이 셋은 물론 동일한 개념은 아니며 이 관계는 [그림 7-1]과 같이 비교될 수 있다. [그림 7-1]과 같이 생활지도, 상담, 심리치료의 영역은 중복적일 수 있으나 주요 업무는 분명히 구분된다. 정보 제공이나 의사결정은 주로 생활지도의 영역에서, 사고 · 행동 등의 심리적 적응문제는 상담의 영역에서, 정신장애는 심리치료의 영역에서 주요 업무로 다루고 있다고 볼 수 있다.

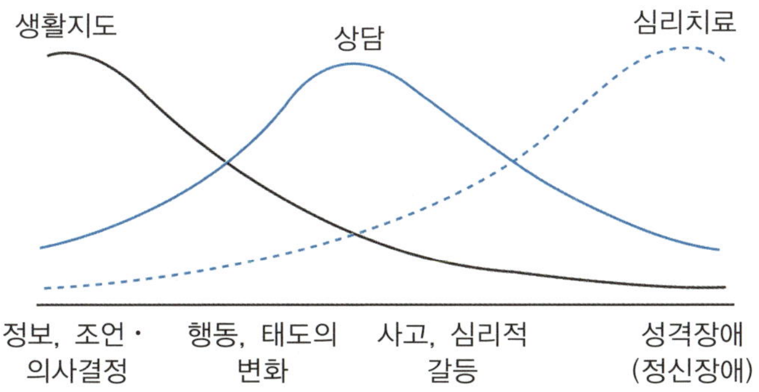

[그림 7-1] 생활지도, 상담, 심리치료의 영역 비교

다음에는 성인학습자와 좀 더 관련된 상담과 심리치료를 구체적으로 구분하여 비교하였다. 상담은 목표가 주로 교육적·예방적·발달적인 반면, 심리치료는 적응적·교정적·치료적 목표를 두고 있다. 브래머 등(Brammer et al., 1993)은 두 영역이 중복되는 점에 동의하면서도 상담은 '교육적, 직업적, 지지적, 상황적, 문제해결, 의식의 인식, 정상적, 현재, 그리고 단기간'이라는 특징이 있는 반면, 심리치료는 '지지적(위기상황에서), 재구성적, 심층 강조, 분석적, 과거 강조, 신경증 또는 심한 정서적 문제, 장기간'이라는 특징이 있다고 비교하였다. 다시 말해, 상담과 심리치료의 차이는 '누가, 주로 어떤 내담자를 대상으로, 어떤 방법으로, 어느 정도까지 접근하느냐'의 차이로 볼 수 있다(이현림 외, 2006).

상담과 심리치료의 차이를 주장하는 학자들의 의견을 종합하면 다음과 같이 정리될 수 있다(강갑원, 2004).

첫째, 상담과 심리치료의 목표는 강조하는 점이 다르다. 상담은 개인이 발달상의 문제를 해결하는 것을 도와주는 목표를 강조하나, 심리치료는 성격의 기본구조의 변화에 초점을 둔다. 상담은 주로 청소년의 정체감 확립에 관련된 문제, 진로 결정 및 준비과정의 문제 등 연령에 따라 경험하게 되는 발달상의 전형적 문제를 강조한다.

둘째, 상담과 심리치료는 활동의 대상이 다르다. 전통적으로 상담은 정상인을 대상으로 이루어지며 심리치료는 신경증 또는 정신병에 걸린 사람을 대상으로 한다.

셋째, 상담과 심리치료는 활동이 이루어지는 장소가 다르다. 심리치료는 주로 병원에서 이루어지며, 상담은 주로 병원이 아닌 학교나 전문상담기관에서 이루어진다. 물론 상담가가 병원에 고용되어 활동하기도 하고 심리치료자가 병원이 아닌 학교에서 활동하기도 하기 때문에 장소를 기준으로 엄격하게 구분하기는 힘들며, 분명하게 결정할 수 있는 것은 아닐 수도 있다(George & Christiani, 1995).

3. 상담형태

상담형태를 분류하는 방식은 활동 사태, 상담 방식, 내담자의 연령, 상담의 문제 등에 따라 다양하다. 여기서는 내담자의 문제, 심리 영역, 특성, 성격, 상담 방법 등을 포괄적으로 고려하여 위기상담, 촉진상담, 예방상담, 발달상담으로 구분하여 살펴보고자 한다(가영희 외, 2008; Pietrofesa et al., 1978).

1) 위기상담

위기상담은 매우 위험한 상태에 있거나 심각한 문제로 거의 파멸 상태에 있는 내담자를 도와주는 상담이다. 내담자는 절박한 상황에 있어 파괴적 감정에 빠지기 쉬우므로 자신을 해치는 행동을 할 수도 있다. 따라서 이러한 사람은 즉각적으로 도움을 받지 않으면 더욱 심각한 상태로 빠지게 될 위험이 있다. 가족이나 배우자의 사망, 실직, 질병, 이혼, 혼외 임신, 배신, 약물남용 등이 위기를 불러일으킨다.

위기상담의 주요 목표는 내담자의 다양한 심리적 증상 및 고통을 해소하여, 자기패배적인 행동이나 부적응적 사고와 감정을 적절한 반응으로 대치시켜 주는 것이다. 또한 내담자가 더 이상 혼란을 겪지 않고 과거의 정상적인 상태를 회복할 수 있는 적응력과 행동을 회복하도록 돕는 것이며, 내담자에게 위기를 가져온 외부의 환경적 요인을 이해할 수 있도록 도움을 주는 것이다(이장호, 1999).

2) 촉진상담

촉진상담은 미래에 다가올 수 있는 문제에 대해 대처해 나갈 수 있도록 내담자를 도와주는 상담이다. 비교적 명백한 활동을 도와주는 것으로 학업문제, 진학문제, 이성문제, 결혼 등에 대해 내담자가 스스로 선택하여 대응해 나갈 수 있는 능력을 촉진시켜 주는 상담이다.

3) 예방상담

예방상담은 미래에 일어날 것으로 예상되는 문제에 대해 사전에 필요한 조치를 취하여 곤란을 겪지 않도록 방지하는 상담이다. 예를 들어, 성교육을 통해 성에 대한 올바른 가치관을 갖도록 하거나 약물 인식을 통해 약물을 남용하지 않게 하기 위한 상담이다.

4) 발달상담

발달상담은 각 발달연령에 속하는 내담자의 개인적 성장이 이루어질 수 있도록 개인의 전 생애를 통해 이루어지는 상담이다. 초등학교 시절에는 긍정적인 자아개념의 발달에 초점이 맞추어지고, 중·고등학교 시절에는 정체감 확립과 직업 선택에 대한 적응문제가 다루어진다. 또한 성인의 경우에는 직업문제, 가족문제, 진로 변경 등이 다루어진다.

4. 상담목표

상담목표는 상담자가 받은 훈련방법, 가치체계, 내담자의 욕구, 역할에 대한 지각 등에 따라 다르게 설정된다. 로저스(Rogers, 1981)는 상담목표를 내담자의 행동 변화 촉진, 새로운 환경에 적응할 수 있는 기술 습득, 의사결정 능력 증진, 사회적 상호관계 속에서 심리적 조력관계 개선, 내담자의 잠재력 개발로 제시하였다. 조지 등(George & Christiani, 1995)은 상담목표를 행동 변화의 촉진, 관계 수립과 능력 개선, 내담자의 효율성 제고와 능력 향상, 의사결정 과정 증진, 내담자의 잠재력 개발 촉진 등으로 제안하였다.

궁극적으로 상담의 기본적인 목표는 내담자의 행동을 변화시킴으로써 내담자가 좀 더 생산적이고 만족스러운 삶을 살아갈 수 있도록 도움을 주는 것이다(Shetzer & Stone, 1981). 즉, 상담을 통해 내담자는 적절한 지식이나 판단력을 얻어 자신과 주변 환경을 올바르게 자각할 수 있고 성장과 발전을 이루게 된다. 그러나 흔히 내담자는 자신이 상담을 받으려고 하는 목표를 정확하게 인식하지 못하는 경우가 많다. 목표에서 중요한 문제는 '상담목표를 결정하는 주체가 누군가'이다. 대부분의 상담이론은 내담자가 상담목표를 결정해야 한다는 데 동의한다(이현림 외, 2006). 상담자는 내담자가 갖고 있는 문제를 명확히 파악하고 내담자가 자신의 문제를 정확하게 자각하게 하여 내담자가 설정한 상담목표를 보완해 나가야 한다.

상담의 목표에 대해 학자들 간에는 의견의 차이가 있지만 일반적인 목표에 대해서는 어느 정도 동의하는 측면이 있다. 대체적으로 학자들은 행동 변화의 촉진, 대처기술의 향상, 의사결정력 증진, 대인관계 능력 신장, 잠재능력의 개발, 자유롭고 책임 있는 능력의 증진, 부정적 감정의 이해와 관리를 상담의 일반적 목표로 삼고 있다(George & Christiani, 1995; Patterson & Welfel, 2000).

1) 행동 변화의 촉진

대부분의 상담이론들은 내담자가 좀 더 긍정적인 방향으로 행동을 변화할 수 있도록 목표를 설정하고 있다. 상담을 통해 내담자가 보다 생산적이고 만족스러운 삶을 살 수 있도록 행동 변화를 촉진한다. 인간관계, 학업성취, 직업생활 등 개인의 다양한 활동 영역에서 신념이나 가치관의 수정, 의사결정 능력과 대처기술의 개선, 정서적 스트레스 수준의 감소, 외현적 행동 변화 등이 포함된다.

2) 대처기술의 향상

빠르게 변화하는 사회에서 인간은 수많은 새로운 문제를 경험하게 된다. 문제가 해결되지 않을 경우 스트레스가 쌓이고, 좌절감을 느끼게 되며, 결과적으로 부적응이 야기되어 문제행동을 일으키게 된다. 이러한 문제행동에는 비행, 폭력, 비리, 반사회적 행동, 퇴폐 행위, 강도, 강간 등이 있다. 상담활동은 개인의 요구 수준에 맞게 구조화되어 내담자가 문제를 성공적으로 해결할 수 있는 대처기술을 향상시킬 수 있도록 이루어져야 한다.

3) 의사결정력 증진

인간의 삶은 크고 작은 의사결정의 연속적 과정이기 때문에 의사결정은 큰 비중을 차지한다. 비합리적인 선택과 결정은 개인의 불행과 실패를 가져올 뿐만 아니라 사회적 입장에서도 큰 손실이 될 수 있다. 상담과정에서 내담자는 궁극적으로 자신의 문제를 스스로 결정해야 한다. 따라서 상담목표는 내담자가 보다 합리적이고 현실적으로 의사결정을 할 수 있도록 지원하는 것이다. 상담자는 내담자가 올바른 선택을 할 수 있도록 필요한 정보를 제공하고 의사결정에 영향을 주는 정서적 문제나 심리적 특성을 확인하여 문제가 될 수 있는 측면을 극복하도록 도와주어야 한다.

4) 대인관계 능력 신장

인간은 사회적 동물로 많은 시간을 다른 사람들과 사회적 상호작용을 하면서 보낸다. 그러나 사회적 상호작용이 항상 효율적으로 이루어지는 것은 아니며, 많은 사람들이 그 과정에서 여러 가지 문제에 직면하게 된다. 특히 자아상이 적절하게 발달하지 못하면 자아방어 행동을 하게 되어 결국 가족관계나 동료관계 등의 대인관계에서 어려움을 겪게 된다. 상담에서는 대인관계 능력을 신장시켜 내담자가 보다 나은 삶을 살아갈 수 있도록 조력하는 데 목표를 둔다.

5) 잠재능력의 개발

개인의 잠재적 능력을 발견하고 개발하는 것은 상담의 주요 과제이다. 인간이 타고난 잠재적 능력을 개발하는 것은 교육의 기본목표이기도 하다. 인간의 잠재능력을 개발하기 위해서는 인간의 능력이 어떤 과정을 거쳐 발달하는지 정확하게 이해할 필요가 있다. 자연에 계절이 있듯이 인간도 발달단계마다 발달되는 특징이 다르기 때문이다(김헌수 외, 2005). 잠재능력을 개발함에 있어서 주의해야 할 사항은 조화와 균형을 이루는 전인적 발달이다. 조화와 균형을 이루지 못하면 개인의 심리적 안정이 깨지고 사회적 적응과 인격적 통합에 문제가 생길 수 있다.

5. 상담원리

전문적 상담가는 상담을 전개할 때 반드시 일정한 원리에 따라서 상담을 하여야 한다. 그 원리로는 개별화의 원리, 감정표현의 원리, 통제된 정서 관여의 원리, 수용의 원리, 비심판적 태도의 원리, 자기결정의 원리, 비밀보장의 원리를 들 수 있다(김충기 외, 2001).

1) 개별화의 원리

모든 인간은 각기 다른 특성을 갖고 있다. 상담자는 내담자의 개성과 개인차를 인정하고 이를 바탕으로 상담을 진행해야 한다. 상담자는 내담자의 독특한 성질을 이해하고, 보다 나은 적응을 할 수 있도록 각기 다른 원리나 방법을 활용해야 한다.

개별화의 원리가 지켜지려면 다음과 같은 전제가 필요하다.

첫째, 상담자는 내담자에 대하여 편견이나 선입관을 갖지 말아야 한다.

둘째, 인간행동의 유형과 원리를 전문적으로 이해하고 있어야 한다.

셋째, 내담자의 말을 경청하고 세밀히 관찰해야 한다.

넷째, 내담자의 보조에 맞춰서 상담을 진행해야 한다.

다섯째, 내담자의 감정 변화를 민감하게 알아차려 반응해야 한다.

여섯째, 내담자와 견해 차이가 있을 때는 앞을 내다보고 적절한 선택을 하여야 한다.

2) 감정표현의 원리

이 원리는 내담자가 자신의 감정을 솔직하게 표현하도록 상담자가 모든 노력을 해야 한다는 것을 말한다. 내담자가 자신의 감정을 솔직하게 표현할 수 있을 때 상담은 성공할 가능성이 높아진다. 따라서 상담자는 내담자가 자신의 감정, 특히 부정적 감정을 표현하려는 욕구를 인식하고 내담자가 자유롭게 표현할 수 있도록 온화한 분위기를 제공해 주어야 한다. 이를 위해 상담자는 압력이나 긴장으로부터 내담자를 완화시켜 주고, 내담자의 감정표현을 비난하거나 좌절시켜서는 안 되며, 끝까지 인내심을 갖고 경청해야 한다.

3) 통제된 정서 관여의 원리

상담자는 내담자가 표현한 정서를 잘 이해하고 적절한 반응을 해야 한다는 것을 의미한다. 내담자가 갑자기 부적절한 감정을 표현하는 경우라도 상담자는 내담자의 감정에 동요되지 말고 내담자의 감정을 분석하고 이해하여 적절히 반응해야 한다. 상담은 주로 정서적인 측면과 관련이 있으므로 상담자는 내담자의 정서 변화를 인식하고 적절하게 반응하여 내담자의 정서에 적극적으로 관여해야 한다.

4) 수용의 원리

내담자를 수용한다는 것은 상담자가 내담자를 하나의 인격체로 존중하고 내담자를 있는 그대로 받아들이는 것을 의미한다. 상담자는 내담자를 따뜻하고 친절하게 대해 주고 내담자의 장점과 단점, 긍정적인 면과 부정적인 면, 건설적 태도나 파괴적 태도 등을 있는 그대로 받아들이는 원리이다.

이는 상담자가 내담자의 의견에 모두 동조해야 한다는 의미는 아니며, 내담자의 의견에 동의하지 못할 경우에도 동의하지 않는다는 점을 분명히 전달하되 표현하는 말이나 태도가 부드러워야 한다는 것이다. 상담자는 내담자와 의견을 달리하는 것과 내담자를 수용하지 않거나 거부하는 것을 구분할 줄 알아야 한다.

5) 비심판적 태도의 원리

상담자가 내담자의 행동, 태도, 가치관 등에 대해 '옳다', '그르다' 등의 판단을 내리거나 비판을 하지 않는다는 것을 의미한다. 내담자는 죄책감, 열등감, 불안감 등을 갖고 있어 타인의 비판에 매우 민감하며, 비판을 받게 되는 경우 자신을 방어하고 안전을 구축하려고 하여 상담을 성공적으로 진행하기가 어려워진다. 상담자는 내담자의 행동과 태도 등을 평가할 때 객관적이고 중립적인 자세를 취해야 한다.

상담자가 비심판적인 태도를 취하려면 다음의 사항에 유의해야 한다(조성연 외, 2010).

첫째, 내담자에 대해 편견이나 선입견을 갖지 않아야 한다.

둘째, 내담자와 보조를 맞추어 상담을 진행하며, 내담자의 발언을 가로막거나 성급하게 결론을 내리려고 하지 않는다.

셋째, 유형화하려는 태도를 취해서는 안 된다. 내담자를 어떤 유형의 틀로 집어넣거나 혹은 내담자가 어떤 행동 유형을 수용하도록 몰아가지 말아야 한다.

넷째, 내담자가 상담자에 대해 부정적 감정을 가질 수 있다는 점도 받아들여야 한다.

6) 자기결정의 원리

상담자는 내담자의 가치와 인격을 존중하고 내담자 스스로 문제를 해결할 수 있다는 신념을 가져야 한다. 따라서 상담자는 내담자 스스로가 자신의 나아갈 방향을 결정하고 선택할 수 있는 잠재력을 활용할 수 있도록 지도해야 한다. 상담자는 내담자의 결정을 존중하며 내담자에게 자신의 욕구에 따라 결정할 수 있는 자신감을 심어 주어야 한다.

7) 비밀보장의 원리

상담과정에서 명심해야 할 것은 상담자가 내담자와의 대화내용에 대해 비밀을 지켜야 한다는 것이다. 상담은 본질적으로 내담자가 상담자를 믿고 신뢰하는 관계에서 이루어진다. 비밀보장은 매우 중요한 상담윤리 중 하나로 상담내용은 물론 내담자가 상담을 받았다는 것도 비밀로 보장되어야 한다. 상담에 대한 비밀이 유지되지 못한다면 내담자는 자신의 문제를 솔직하게 밝히지 않아 상담이 성공적으로 이루어질 수 없다. 따라서 어떠한 경우라도 상담자는 내담자의 비밀을 유지하여 내담자의 개인적 권리를 존중하고 보장해 주어야 한다.

6. 상담과정

상담은 상담자와 내담자가 상담관계를 형성하면서 시작된다. 상담과정은 상담자가 어떤 이론적 기반을 갖고 상담에 접근하느냐에 따라 다를 수 있지만, 여기서는 상담상황에 공통적으로 적용되는 상담과정에 대해 알아보고자 한다. 상담은 그 과정을 상담의 특징에 따라 몇 단계로 구분해 볼 수 있는데, 여기서는 상담을 초기 단계, 중기 단계, 종결 단계로 구분하였다. 물론 초기 단계 이전에 의뢰와 사전준비 단계도 있을 것이고 종결 단계 이후에 추후 면접도 있을 수 있지만 여기서는 세 단계로 나누어 살펴보았다.

실질적으로 이 세 단계는 임의적인 구분으로 단계 간의 경계를 분명하게 나누기는 어렵다. 각 단계에서 나타나는 상담자와 내담자의 관계는 반드시 그 단계에서만 나타나는 것은 아니며, 상담의 내용이 반복되면서 나선형으로 발전해 나가기 때문이다(천성문 외, 2006). 그렇지만 상담과정을 이해하려면 임의로

라도 단계를 구분하여 전형적으로 나타나는 주제와 문제들을 생각해 보는 것이 더 효율적이다.

1) 초기 단계 : 목표 설정하기

일반적으로 상담의 초기 단계는 상담자와 내담자가 서로 합의하여 상담목표를 세우고 구체적인 개입을 시작하는 단계이다. 초기 단계의 가장 중요한 업무는 상담의 기본적 틀을 세우는 것이다. 상담의 기틀을 잡기 위해서 상담자는 내담자의 문제를 잘 파악하고, 상담관계를 잘 형성하며, 상담목표 및 진행방식에 대해 내담자와 합의를 이루는 과정이 필요하다(이장호 외, 2005).

(1) 내담자 문제의 이해

상담에서 가장 중요한 목표는 내담자가 호소하는 문제를 해결하는 것이다. 문제를 해결하기 위해서는 우선 내담자의 문제가 무엇인지, 문제가 발생한 배경이 무엇인지를 확인해야 한다. 내담자의 문제를 파악하기 위해 유의하여야 할 사항은 다음과 같다.

첫째, 내담자가 상담을 받으러 오는 직접적인 이유를 확인해야 한다. 마음에 심한 상처를 받아 찾아오는 경우도 있고 인간관계에 자신이 없어 이를 개선하기 위해 올 수도 있다. 이유는 상황에 따라 달라질 수 있지만 이 단계에서 중요한 것은 내담자에게 무엇이 문제가 되는지를 직접 확인하는 일이다. 이때 상담자는 내담자가 차분하게 이야기할 수 있도록 내담자를 배려하는 자세를 유지하면서 문제가 되는 상황을 확인해 나가야 한다.

둘째, 내담자가 갖고 있는 문제가 어떤 배경에서 나온 것인지 그 원인을 탐색한다. 문제를 유발한 구체적인 사건을 확인하고 검토하여 내담자를 힘들게 하는 '현재의 이유'를 분명히 이해한다. 현재의 이유를 파악했으면 이전에도 비슷한 문제를 경험한 적이 있는지 살펴보아야 한다. 만일 과거에도 비슷한 문제가 있었다면 이 문제가 일시적인 상황적 요인이기보다는 내담자의 성격이나 가족상황 등과 같은 비교적 뿌리 깊은 요인에서 비롯되었을 가능성이 높다. 이런 경우라면 현재의 문제뿐만 아니라 과거의 문제도 같이 탐색해야 한다.

셋째, 상담을 통해 문제를 해결하고자 하는 내담자의 의지와 동기를 확인해야 한다. 모든 내담자가 자발적으로 상담을 받으러 오는 것은 아니며, 이러한 '비자발적 내담자'는 강요에 의해 상담을 받으러 와서 자신이 왜 상담을 받아야 하는지, 상담에서 무엇을 해야 하는지 이해하지 못하는 경우가 많다. 이들에게는 우선 상담이 어떤 도움이 될 수 있는지 충분히 전달하여 상담의 동기를 높이는 것이 필요하다.

(2) 상담의 구조화 및 상담목표 설정

① 상담의 구조화

구조화하기(structuring)란 상담자가 상담관계를 통하여 상담의 본질, 제한점, 역할과 목표를 정의하는 것을 의미한다(Brammer et al., 1993). 구조화할 내용에는 상담의 본질, 상담자와 내담자의 역할과 책임, 비밀보장, 상담시간, 상담목표 등이 포함된다. 이렇게 상담과정을 설명하고 구조화하면 상담의 불확실성이 적어져 내담자의 불안을 감소시킬 수 있다.

상담은 일주일에 한 번씩 진행되며 한 번에 50분가량 대화를 나누는 것이 보편적이다. 시간과 횟수는 내담자와 상담자의 사정에 따라 달라질 수 있지만 이때에도 내담자와 동의를 구하는 것이 좋다. 또한 내담자의 역할에 대해 분명하게 밝혀두는 것이 바람직하다. 일반적으로 바람직한 내담자의 행동 및 역할에서 주의할 점은 다음과 같다.

첫째, 내담자는 상담에 자발적으로 참여해야 한다. 사소한 일이라도 상담자에게 모두 이야기해야 한다는 점을 이해시킬 필요가 있다.

둘째, 내담자는 상담과 상담자에 대해 합리적이고 현실적 기대를 해야 한다.

내담자는 상담자가 모든 것을 해결해 줄 것이라든지 상담을 하면 모든 문제가 금방 해결될 것이라고 비합리적인 기대를 할 수 있다. 상담자는 상담 초기에 합리적 기대는 격려하고 비합리적 기대는 합리적 기대로 바뀔 수 있도록 내담자와 충분한 대화를 나누는 것이 좋다.

② 상담목표 설정

상담의 초기에 상담목표를 설정하지 못하면 상담이 효율적으로 진행될 수 없다. 목표는 상담이 도달해야 하는 지점이며, 목표가 분명할수록 상담은 순조롭게 진행될 수 있다. 상담목표를 설정하는 데에 절차가 정해져 있는 것은 아니지만 일반적으로 다음의 순서를 밟는 것이 도움이 된다.

첫째, 내담자가 호소하는 문제에 근거하여 일차적 목표를 설정한다. 상담의 일차적 목표는 내담자의 생활 적응을 돕는 것이며 이런 의미에서 '증상 또는 문제해결 목표'라고 부른다. 예를 들어 특정 친구와의 관계에서 불편을 경험하는 내담자에게 일차적 목표는 그러한 불편을 해소하는 것이다.

둘째, 일차적 목표보다 좀 더 상위개념인 이차적 목표도 설정할 수 있다. 내담자 자신이 가지고 있는 가능성과 잠재력을 실현시킬 수 있도록 상담이 더 진행될 수도 있다. 이러한 목표는 이차적 목표에 해당하며 '성장 촉진적 목표'라고도 불린다. 대부분의 경우 상담은 일차 목표에서 종결되지만 내담자가 원하는 경우 이차 목표를 설정하여 상담을 지속할 수 있다.

(3) 촉진적 상담관계의 형성

상담자와 내담자가 형성하는 관계의 질은 상담의 성공에 직접적으로 영향을 주는 중요한 요인이다. 상담자는 상담의 초기 단계에 촉진적인 상담관계의 중요성을 깨닫고 이러한 관계를 형성하기 위해 많은 노력을 해야 한다. 일반적으로 내담자를 이해하려는 진지한 태도, 내담자의 입장에서 생각하는 내담자 중심의 태도, 비난하지 않고 수용하고 존중하는 허용적 태도, 거짓이나 가식이 없는 투명한 태도, 내담자를 기꺼이 도와주려는 자세, 변함없는 일관적 태도 등은 촉진적 관계를 형성하는 데 필요하다.

2) 중기 단계 : 문제해결하기

상담의 중기 단계는 초기 단계에서 설정된 목표를 해결하기 위해 구체적인 상담작업이 실시된다. 이런 의미에서 상담의 중기 단계를 '문제해결 단계'라고도 부르며 이 단계는 상담의 핵심적 단계가 된다. 대개 상담자는 내담자의 문제를 해결하기 위해 여러 가지 상담기법과 방법들을 사용한다. 구체적 방법은 문제의 성질이나 상담자의 이론에 따라 아주 많이 달라질 수 있지만 중기 단계에서 상담자들이 고려해야 할 주요 사항은 다음과 같다.

(1) 과정적 목표의 설정과 달성

초기 단계에서 설정된 상담목표를 달성하기 위해 구체적인 중간목표를 정하고 세부 행동을 계획한다. 예를 들어 학업성적을 올리는 것이 목표라면 우선 학업동기를 고취하는 것이 필요하고 효율적인 학습전략을 익히고 공부습관을 구축하는 것이 필요하다. 세부계획이 완성되면 그대로 실천해 나가도록 하며, 제대로 진행되는지 평가를 하고, 평가결과에 따라 계획을 수정하거나 보완해 나간다.

(2) 저항의 출현과 해결

사람들은 습관적으로 행하는 사고, 감정, 행동양식이 있으며, 이러한 양식을 그대로 지속하려는 경향이 있다. 이 양식을 변화시키려 할 때 대체로 변화에 대한 저항이 발생하게 된다. 상담을 하는 과정에서 내담자가 변화에 대한 요구에 심리적 부담을 느껴 상담을 그만두려 하거나 직접적 혹은 간접적으로 저항이 일어날 수 있다. 저항이 불가피한 것이기는 하지만 내담자가 계속 저항을 하면 상담은 실패할 수밖에 없다. 따라서 상담자는 내담자의 저항을 잘 다룰 수 있는 상담방법을 찾아야 한다. 일반적으로 내담자를 고려하지 않는 상담자의 일방적 지시, 내담자를 배려하지 않는 비우호적 분위기, 내담자를 급격하게 변화하도록 압력을 가하는 태도 등은 내담자에게 강한 저항을 불러일으키는 요인으로 알려져 있다.

3) 종결 단계 : 성과 다지기

상담은 내담자가 가져온 문제가 해결되어 목표가 달성되었을 때 자연스럽게 종결된다. 상담의 종결은 문제가 완전히 해결된 다음에 이루어질 수도 있으나 대부분은 내담자와 상담자와의 타협점에서 이루어진다고 볼 수 있다. 이런 의미에서 상담 초기에 종결 시기에 대해 미리 언급해 두는 것이 좋다. 즉, 상담목표를 정할 때 목표 달성의 기준을 구체적으로 언급하고 이러한 기준에 도달하면 종결하게 된다는 것을 서로 합의해 둔다.

물론 가장 바람직한 종결은 상담목표가 완전히 달성된 후에 상담 종결이 되는 경우이다. 이 경우에도 내담자는 상담자에게 지원과 이해를 더 이상 받을 수 없다는 생각으로 불안해할 수 있다. 상담자는 내담자의 정서를 이해하고 상담을 통해 일어난 변화를 요약할 기회를 제공해 주어 심리적으로 독립할 시기를 준비하게 하는 것이 좋다.

상담의 조기 종결이 상담자의 판단에 의해 이루어질 수도 있다. 상담자에 의해 조기 종결하는 경우 우선 내담자에게 그 이유를 설명하고 종결 제안에 대한 내담자의 의견과 느낌을 탐색하고 협의하는 것이 중요하다. 내담자의 감정을 충분히 수용하고 종결에 따른 사후 대책을 논의해야 한다. 일반적으로 상담의 진전이 없다고 판단될 때나 너무 느린 속도로 진행될 때 다시 상담을 받으러 온다는 전제로 종결하게 된다.

다음은 내담자에 의해 조기 종결하는 경우이다. 상담을 통해 원하는 도움을 받지 못했다고 생각하거나 시간적·경제적 부담이 흔한 이유이다. 내담자가 종결을 제안한 경우 상담자는 억지로 상담을 진행시켜서는 안 된다.

조기 종결의 경우에 유의할 점은 어떤 경우라도 종결을 위한 시간을 따로 가질 필요가 있다는 것이다. 조기 종결의 경우 내담자가 상담에 나타나지 않아 중단될 때가 많은데, 이때도 최소한 한 번은 더 만나 상담의 중단에 대한 문제를 논의하는 것이 좋다. 종결 단계에서 중요한 원칙은 종결이 언급된 회기에 종결하지 않는 것이다(Ward, 1984). 종결에 대한 예고를 하고 적어도 종결이 언급된 다음 회기에 상담을 종결해야 한다. 또한 상담자는 내담자에게 앞으로도 도움이 필요하면 언제든지 만나 상담을 청할 수 있음을 명시하여 내담자의 불안을 해소시켜 주어야 한다.

영화로 이해하는 성인학습 및 상담

1. 영화 제목

굿 윌 헌팅(1997)

2. 영화의 간략한 내용

천재적인 두뇌를 갖고 있는 윌 헌팅은 보스톤 남부의 빈민가에서 거주하며 MIT 공대의 청소부로 일한다. 양아버지의 학대로 마음의 문을 닫고 거칠고 반항적인 삶을 살아가던 중 그의 천재성을 발견한 MIT 공대의 램보 교수에 의해 심리학과 교수 숀 맥과이어와 주기적인 상담을 받게 된다. 윌은 숀과의 만남을 통해 마음의 상처를 치유하고 변화하게 된다.

3. 토론하기

- 상담 초기에 마음의 문을 닫고 있었던 윌이 숀에게 마음을 열게 된 이유는 무엇인가?
- 숀과의 만남을 통해 윌에게 일어난 변화는 무엇인가?
- 윌과의 만남을 통해 숀에게 일어난 변화는 무엇인가?

07 REFERENCE

가영희, 성낙돈, 안병환, 임성우(2008). 성인학습 및 상담. 교육과학사.

강갑원(2004). 알기 쉬운 상담이론과 실제. 교육과학사.

김계현(2000). 상담심리학. 학지사.

김충기, 강봉규(2001). 현대 상담이론과 실제. 교육과학사.

김헌수, 이난(2005). 성인학습 및 상담. 태영출판사.

노안영(2005). 상담심리학의 이론과 실제. 학지사.

박성수(2000). 상담심리학. 한국방송통신대학 출판부.

이장호(1999). 상담심리학. 박영사.

이장호, 정남운, 조성호(2005). 상담심리학의 기초. 학지사.

이현림, 김지혜(2006). 성인학습 및 상담. 학지사.

이형득(1994). 상담이론. 교육과학사.

정인석(2006). 상담심리학의 기초. 대왕사.

조성연, 박미진, 문미란(2010). 성인학습 및 상담. 학지사.

천성문, 박순득, 배정우, 박원모, 김정남, 이영순(2006). 상담심리학의 이론과 실제. 학지사.

Bingham, W. V. & Moore, B. B.(1941). *How to interview.* New York: Haper & Brothers.

Brammer, L. M., Abrego, P. J., & Shostrom, E. L.(1993). *Therapeutic counseling and psychotherapy: Fundamentals of counseling and psychotherapy*(6th ed.). Englewood Cliffs, N.J.: Prentice-Hall.

Brammer, L. M., Shostrom, E. L., & Abrego, P. J.(1998). *Therapeutic psychology: Fundamentals of counseling of psychotherapy*(5th ed.). Englewood Cliffs, N.J.: Prentice-Hall.

Garrette, A.(1942). *Interviewing: Its principles and methods.* New York: Family Welfare Association of America.

George, R. L. & Christiani, T. S.(1995). *Counseling: Theory and practice.* Boston: Allyn & Bacon.

Hill, C. E.(1993). Editorial. *Journal of Counseling Psychology, 40*(2), 252-256.

Patterson, C. H.(1985). *The therapeutic relationship: Foundations for an eclectic psychotherapy.* Pacific Grove, CA: Brooks/Cole.

Patterson, L. E. & Welfel, E. R.(2000). *The counseling process.* Australia: Brooks/Cole.

Pietrofesa, A. J., Hoffman, A., Splete, H. H., & Pinto, D. V.(1978). *Counseling: Theory, research, and practice.* Chicago: Rand McNally.

Rogers, C. R.(1981). *A way of being*. Boston: Houghton Mifflin.

Shetzer, B. & Stone, S. C.(1981). *Fundamentals of guidance*(4th ed.). Boston: Houghton Mifflin.

Ward, D. E.(1984). Termination of individual counseling: Concepts and strategies. *Journal of Counseling and Development, 63,* 21-25.

Williamson, E. G.(1939). *How to counsel students.* New York: McGraw-Hill.

CHAPTER 08

상담자와 상담기법

상담자의 자질
상담윤리의 주요 내용
상담의 일반적 기법

학습목표

1. 상담자의 자질에 대해 알 수 있다.

2. 상담윤리의 주요 내용에 대해 알 수 있다.

3. 상담의 일반적 기법을 알 수 있다.

CHAPTER

08

상담자와 상담기법

1. 상담자의 자질

상담이란 기본적으로 상담자와 내담자의 상호 협력적인 관계에서 이루어지며 이 관계의 질은 상담의 효과를 결정하는 아주 중요한 요인이 된다. 상담자의 자질은 상담에 있어서 중요한 도구로 작용하며, 내담자와 상담자가 상담목표를 성공적으로 달성할 수 있을지에 대한 결정적 요소가 되기도 한다. 이에 따라 유능한 상담자가 가져야 되는 바람직한 자질이나 특성에 대해서 여러 학자들은 그 중요성을 강조하며 다양한 견해를 제시하였다.

대체로 상담자의 자질은 인간적 자질과 전문적 자질로 나뉘어 논의된다. 인간적 자질은 상담자에게 요구되는 인성을 의미하며 전문적 자질은 상담자가 가져야 할 전문적 지식, 기술, 태도 등을 지칭한다. 물론 이 두 부분이 엄격하게 분리되는 것은 아니며 또한 학자마다 강조하는 측면이 다르다.

로저스(Rogers)는 유능한 상담자가 되기 위해 가장 중요한 요소로 인간관계, 객관성, 인간존중, 자기이해, 심리학적 지식 등을 제시하였다(한승호 외 역, 1998). 해크니와 코미에르(Hackney & Cormier, 2001)는 유능한 상담자들에게 발견되는 자질을 자기인식과 이해, 심리적 건강, 자신과 타인에 내재된 인종적·민족적·문화적 요소에 대한 이해와 민감성, 개방성, 객관성으로 제안하였다. 이후

코미에르와 헤크니(Cormier & Hackney)는 다섯 가지 요소 이외에 내담자의 복지를 향상시킬 수 있는 능력을 추가하였다(최국환 외 역, 2007). 이 능력은 상담자 윤리와 밀접한 관련이 있다. 이형득(1997)은 인간에 대한 선의의 관심, 자신에 대한 각성, 용기, 창조적 태도, 끈기, 유머감각을 상담자의 자질로 제안하였다. 이들 외에도 많은 학자들이 유능한 상담자에게 요구되는 자질을 제안하였는데, 여기서는 인간적 자질과 전문적 자질로 그 특징을 나누어 살펴보고자 한다.

1) 상담자의 인간적 자질

우리는 '든 사람'과 '된 사람'에 대해 들어 본 적이 있을 것이다. '든 사람'은 전문적 지식을 갖춘 사람이며, '된 사람'은 인격적 소양이 훌륭한 사람을 말한다. 훌륭한 상담자가 되기 위해서 상담자에게는 전문적 자질과 인간적 자질 모두가 필요하다. 즉, 상담자는 '든 사람'이며 동시에 '된 사람'이어야 한다(이장호 외, 2005). 상담은 친밀한 관계에서 일어나는 일종의 학습과정이므로 상담자는 상담자로서의 정형화된 역할에 얽매이지 않고 진정한 인간으로 내담자를 대하여야 한다. 상담은 내담자가 성장을 경험할 수 있도록 조력하는 인간과 인간의 관계임을 명심해야 한다(조현춘 외 역, 2010).

상담자가 갖추어야 할 인간적 자질은 여러 가지가 있다. 상담이론가들은 상담자에게 필요한 인간적 자질을 다양하게 제시하였다. 상담을 담당하고 있는 상담자들은 상담자가 갖추어야 할 인간적 자질을 각자 나름대로 자신의 말로 정의해 보는 것도 의미가 있을 것이다. 여기에서는 진실성, 자신에 대한 이해와 수용, 타인에 대한 열린 마음, 삶에 대한 진지함과 용기, 심리적 안정감, 민감성에 대해 살펴보고자 한다.

(1) 진실성

진실성(genuineness)은 상담자가 내담자와의 관계에서 순간순간 솔직하게 인정하고 표현하는 태도와 행동을 의미하며 일치(congruence)라고도 한다. 이는 상담과정에서 상담자가 내담자와의 관계에서 정직해야 함을 의미하며, 또한 상담자가 자신을 은폐하거나 왜곡해서는 안 된다는 것을 말한다. 간혹 상담자가 판단하여 말을 하지 않을 수는 있지만 그 내용을 왜곡해서는 안 된다. 진실한 상담자는 자기 자신에게 편안한 마음을 갖고 있어서 내담자와의 관계에서 편안한 자세를 취할 수 있다. 깁(Gibb, 1968, 1978)은 진실한 상담자가 되기 위해 배워야 할 것을 다음과 같이 제시하였다.

① 현재 경험하는 것은 무엇이든 직접적으로 표현하는 법
② 자신의 메시지를 왜곡시키지 않고 전달하는 법
③ 자신이 듣는 메시지를 왜곡시키지 않고 경청하는 법
④ 타인과 대화를 할 때 계획적인 전략을 사용하기보다는 자유로운 자세를 취하는 법
⑤ 상대방의 요구나 상태에 즉각적으로 반응하는 법
⑥ '지금-여기'에서 살고 대화하는 법
⑦ 대화하는 동안 동기를 솔직하게 드러내는 법

(2) 자신에 대한 이해와 수용

상담자는 자신에 대해 깊이 탐색하여 자신이 어떤 사람인지를 잘 알고 있어야 한다. 이를 위해 상담자는 자신을 인식하고 이해하려는 노력을 계속해야 하며, 이 과정에서 알게 된 자신을 있는 그대로 받아들이며 자신을 부정하거나 왜곡하지 않고 자신의 모습을 그대로 인정하고 존중할 줄 알아야 한다. 코리(조현춘 외 역, 2010)는 자신의 심리적 상처를 치료하지 못하고 갈등을 해결하지 못한 상담자는 내담자의 세계로 잘 들어갈 수 없다고 하였다. 상담자는 자신의 삶 속으로 들어갈 수 있을 만큼만 내담자의 세계로 들어갈 수 있다. 진정한 상담자가 되기 위해서 자기탐색은 평생의 과정이 되어야 한다.

(3) 타인에 대한 열린 마음

상담자는 타인에 대해 진정한 관심을 갖고 개방적 태도를 가져야 한다. 이를 위해 상담자는 기본적으로 인간에 대해 깊은 관심을 갖고 인간을 신뢰하며 이해하려고 노력해야 한다. 상대방을 따뜻하게 대하고 상대를 인정하고 존중하는 자세를 지녀야 한다. 타인과 불필요한 경쟁을 하지 말고, 타인의 삶과 행동을 인정하며 존중하려는 태도를 가져야 한다. 내담자의 피부, 종교, 지역, 빈부 등에 있어서 편견 없이 있는 그대로 받아들일 줄 알아야 한다. 이때 상담자 자신도 자신을 숨기거나 왜곡하지 않고 있는 그대로 드러내는 진실함을 보여야 한다.

(4) 삶에 대한 진지함과 용기

상담자는 자신의 삶에 대해 진지하고 성실하고 정직해야 한다. 가면이나 방어적 태도 속에서 숨기보다는 자신의 생각과 감정을 그대로 표현하며 있는 그대로의 인간으로 살아가야 한다. 삶은 이미 형성된 것이 아니라 우리의 노력에 따라 끊임없이 성장하고 형성되는 과정임을 이해하여야 한다. 따라서 실수나 실패에서 교훈과 지혜를 발견하고 고통과 좌절에서 진정한 용기를 낼 수 있어야 한다(이장호 외, 2005).

(5) 심리적 안정감

상담과정에서 내담자는 다양한 문제에 대해 정서적 반응을 보이게 된다. 상담자는 어떤 경우에도 자신의 정서를 잘 통제할 수 있어야 하며, 침착하고 포용하는 태도를 갖고 내담자에게 따뜻하게 대할 수 있어야 한다. 정서적으로 성숙하지 못한 상담자는 자신과 비슷한 문제를 갖고 있는 내담자를 대할 때 부정적 감정을 갖게 되기 쉽다. 이러한 상황에서 상담자가 내담자에게 갖게 되는 태도는 상담에 좋지 않은 영향을 주게 된다. 상담자는 내담자의 어떤 문제에도 흔들리지 않는 심리적 안정감을 갖고 내담자의 문제를 객관적으로 파악할 수 있어야 한다.

(6) 민감성

민감성은 타인의 태도와 반응의 변화에 대해 알아차릴 수 있는 능력을 의미한다. 상담자는 내담자에게 일어나는 미세한 변화도 잘 알아차릴 수 있어야 한다. 상담자가 내담자의 입장에서 같이 느끼고 생각하게 되면 내담자의 변화를 좀 더 민감하게 파악하게 될 것이다. 상담자는 내담자의 마음을 잘 읽으면서 동시에 내담자가 마음이 상하거나 위협을 느끼게 되어 방어적 태도를 취하지 않도록 세심한 주의를 기울여야 한다.

2) 상담자의 전문적 자질

상담은 상담자와 내담자 사이에 뚜렷한 목표를 가진 대화과정이다. 일반적으로 상담은 내담자의 심리적 문제를 경감시켜 주는 것과 더 나아가 내담자의 성장과 발달을 촉진하는 목표를 갖는다. 상담자는 이러한 목표를 달성하기 위해 상담에 필요한 전문적 지식과 경험을 충분히 갖추고 있는 것이 필요하다.

이장호 등(2005)은 상담자의 전문적 자질을 상담이론에 대한 이해, 상담방법과 절차에 관한 이해, 실습경험과 훈련이라고 하였다. 미국심리학회(APA)의 상담연구분과는 전문적 지식으로 성격에 대한 이해, 사회환경에 대한 이해, 개인의 진단과 평가에 대한 이해, 상담이론과 실제에 관한 이해, 상담실습 경험, 연구방법과 통계적 기술에 관한 이해, 전문가의 책임과 윤리에 대한 이해, 상담이 적용되는 분야에 대한 이해 등을 제시하였다(강갑원, 2004 재인용). 여기서는 이장호 등이 상담자의 전문적 자질로 제시한 상담이론에 대한 이해, 상담방법에 대한 이해, 상담 실습경험과 훈련을 중심으로 살펴보겠다.

(1) 상담이론에 대한 이해

상담이론은 나침반이 비행의 방향을 제시해 주듯 상담과정에서 나아가야 할 방향을 제시해 준다(이장호 외, 2005). 상담이론은 인간의 부적응 행동 혹은 이상행동을 기술하고, 그 원인을 설명하며, 앞으로의 예후를 예측하며 궁극적으로 그 행동을 변화시키려는 목적을 갖고 있다. 이러한 목적을 반영하기 위해 상담이론은 다음의 세 가지 내용을 포함하고 있다.

첫째, 상담이론은 인간에 대한 기본적 관점에 대한 내용을 담고 있다. 문제행동의 원인이나 상담방법은 인간에 대한 관점에 따라 달라지므로 인간에 대한 기본관점을 이해하는 것은 매우 중요하다.

둘째, 상담이론은 문제행동의 발생과정에 대한 내용을 포함한다. 내담자가 갖고 있는 심리적 문제들이 어떤 원인에 의해 어떠한 과정을 거쳐 발생하는지에 대한 내용을 담고 있다. 이러한 발생과정에 대한 이해와 지식을 갖춘 상담자는 심리적 문제를 해결할 수 있는 방법을 정확하게 찾아낼 수 있다.

셋째, 상담이론은 문제행동의 변화를 일으킬 수 있는 구체적 방법을 포함한다. 즉, 내담자의 심리적 증상이나 부적응 행동을 완화 또는 경감시킬 수 있는 여러 가지 상담기법과 전략 등을 제공한다. 상담자가 상담기법과 전략을 잘 알지 못한다면 상담은 성공적으로 이루어질 수 없다.

(2) 상담방법에 대한 이해

상담은 뚜렷한 목표를 가진 대화과정이다. 상담에서는 어떤 방법을 택하느냐에 따라 그 결과도 크게 달라질 수 있다. 잘못된 방법을 선택하여 잘못된 결론에 도달하게 될 때, 내담자는 상담자의 시행착오를 인내심 있게 기다려주지 않는다. 상담이론은 상담이 나아가야 할 전반적인 방향을 알려주며 상담이 체계적으로 진행될 수 있도록 안내해 준다. 상담자가 효율적인 상담방법을 잘 알고 있을 때 상담은 구조화되고 체계화되어 바람직한 방향으로 진행될 수 있다.

(3) 상담 실습경험과 훈련

일반적으로 어떤 내용에 대해서 안다는 것과 실제로 그 내용을 행하는 것에는 많은 차이가 있다. 전문적 상담자로 활동하기 위해서 상담자는 폭넓은 실습경험을 쌓고 다양한 훈련과정을 거쳐야 한다. 상담이 실패하게 되면 이는 단순한 실패가 아니라 내담자에게 또 다른 상처와 좌절을 줄 수 있기 때문이다. 따라서 상담자는 상담이 성공적으로 진행될 수 있도록 최선을 다해야 한다. 이를 위해 상담자는 실습 및 훈련과정을 충분히 거쳐야 하며 또한 실습과정 동안 잘된 것과 문제가 있는 것이 무엇인지 잘 살펴서 잘못된 점을 고쳐 나가야 한다. 대체로 상담자들은 자신이 담당한 상담사례를 선배 상담자에게 점검받고 상담에 대한 실전감각을 익혀 나간다.

2. 상담윤리의 주요 내용

상담자는 내담자에게 도움을 주어 현재 상태보다 더 긍정적으로 변화시키고자 노력한다. 이러한 과정에서 상담자는 내담자를 도와줄 책임이 있을 뿐만 아니라 내담자에게 피해를 주는 행동을 해서는 안 될 의무가 있다. 윤리규정의 근본적인 목표는 내담자의 복지를 보호하는 것이다(최국환 외 역, 2007). 상담자가 내담자의 이익과 보호를 위해 지켜야 할 윤리적 책임감으로는 비밀보장, 전문적 한계의 인식, 내담자의 복지 우선, 내담자의 차별 금지, 다중관계의 금지 등이 있다(강갑원, 2004; 노안영, 2005; 조현춘 외 역, 2010).

1) 비밀보장

비밀보장은 내담자의 사생활 보호에 근거한다(조현춘 외 역, 2010). 상담자는 내담자와 연관된 정보를 공개해서는 안 되는 의무가 있다. 비밀유지는 상담자와 내담자 간의 관계가 신뢰롭게 생산적인 관계로 유지되기 위해 중요한 역할을 한다. 내담자가 자신의 사생활을 상담자가 누설하지 않을 것이라고 신뢰하지 않는 한 진정한 상담은 일어날 수 없다. 상담자는 내담자나 보호자의 요청이 있는 경우를 제외하고 다른 사람에게 상담 내용을 공개해서는 안 된다. 비밀보장에는 몇 가지 예외가 있는데, 내담자나 타인에게 명백한 위험이 있거나 아동학대와 관련된 경우 등이 예외에 해당된다.

2) 전문적 한계의 인식

상담자는 일정한 교육과 훈련과정을 통해 내담자를 조력하는 전문가가 된다. 그러나 모든 내담자를 성공적으로 상담할 수 있는 상담자는 없다. 상담자는 자신의 능력과 전문가로서의 자격 이상의 조력활동을 해서는 안 된다. 자신이 내담자에게 적절한 조력을 할 수 없을 때는 기꺼이 자신의 전문적 한계를 인정하고 다른 전문가에게 의뢰하여야 한다. 내담자를 조력할 수 없는 상황에서 솔직하게 인정하고 다른 전문가에게 의뢰하는 것이 상담의 윤리이다.

3) 내담자의 복지 우선

상담자와 내담자의 전문적 관계는 내담자의 이익을 위해서 존재해야 한다. 상담자는 자신에게 '상담에서 충족되어야 할 요구는 누구의 요구인가? 내담자의 요구인가, 상담자의 요구인가?'에 대해 자주 질문해야 한다. 상담자의 요구에는 통제 권력의 요구, 상담자의 가치에 따라 내담자를 변화시키려는 요구, 설득하고 제안하려는 요구, 능력 있다고 느끼려는 요구 등이 있다. 상담을 하는 과정은 일차적으로 내담자를 돕는 일이며 그 과정 속에서 상담자 자신의 요구를 충족시키려고 해서는 안 된다(조현춘 외 역, 2010). 상담자는 내담자에게 내담자 자신, 고용주, 일반 대중의 이익에 해가 가는 일을 하게 해서는 안 되며, 내담자를 희생시켜 상담자 자신의 이익을 얻으려 해서도 안 된다(Patterson & Welfel, 2000). 상담에서 우선되어야 할 것은 내담자의 복지 추구이다.

4) 내담자의 차별 금지

상담자는 내담자의 나이, 피부색, 문화, 장애, 인종, 성, 종교, 성적 성향, 결혼 여부, 사회·경제적 지위 등 내담자의 배경에 따라 차별을 해서는 안 된다 (Patterson & Welfel, 2000). 상담자는 내담자의 다양한 배경을 이해하고 모든 사람들을 객관적으로 동등하게 상담할 수 있어야 한다.

5) 다중관계의 금지

다중관계는 상담자가 두 가지 이상의 역할을 동시에 혹은 연속해서 수행할 때 발생한다. 이것은 한 개 이상의 전문적 역할이 존재하거나 전문적·비전문적 역할이 공존하는 것을 의미한다. 여러 상황에서의 관계가 있을 수 있기 때문에 이제는 이중관계보다는 다중관계라는 말이 더 자주 사용된다(조현춘 외 역, 2010).

상담과정에서 상담자는 내담자를 무조건적으로 수용하고 긍정적 관심을 보이게 되므로, 내담자는 상담자에게 인간적 친밀감이나 성적 친밀감이 생길 가능성이 높다. 특히 내담자가 상담하는 내용이 성적 문제이거나 이성관계에 관련된 문제일 때 더욱 가능성이 커진다(강갑원, 2004). 미국상담협회(American Counseling Association, 2005) 윤리강령에서 이 관계는 성적인 것 이외의 관계들도 표현하기 위해 '비전문적 상호작용'이란 용어로 대치되었다(조현춘 외 역, 2010 재인용). 비전문적 다중관계에는 성적 관계, 금전관계, 친척관계, 사업상의 관계 등이 포함된다.

3. 상담의 일반적 기법

상담의 기법은 상담이론마다 다양하다. 그러나 특정 이론에 근거하여 상담을 하는 경우라도 일반적으로 상담자가 사용하는 상담기법이 있다. 관심 집중,

공감적 이해, 무조건적 존중, 일치성, 구조화, 반영, 명료화, 요약, 직면, 해석, 질문이 여기에 포함된다.

1) 관심 집중

모든 인간관계는 그 관계가 잘 이루어지기 위해서 상대방에게 관심을 기울이는 것부터 시작해야 한다. 상담과정에서 상담자가 내담자에게 관심을 기울이는 것은 상담의 기본이다. 관심을 기울일 때 상담자는 내담자의 의도를 정확히 이해할 수 있으며, 관심을 기울이고 있다는 사실을 내담자에게 전달함으로써 상호작용을 촉진하고 강화할 수 있다. 따라서 관심 집중은 특히 상담의 초기 단계에서 필수적이다.

관심을 기울일 때 사용할 수 있는 기술은 여러 가지가 있지만 대표적인 기술을 요약하면 SOLER로 설명할 수 있다(제석봉 외 역, 2003).

S: 내담자를 바로 바라본다(face the client Squarely). 상담자가 내담자에게 관여하고 있다는 자세를 취하는 것이다. 몸을 내담자에게로 향하는 것은 내담자에게 관심을 보이고 있다는 사실을 전달해 준다.

O: 개방적인 자세를 취한다(adapt an Open posture). 상담자가 팔짱을 끼고 있거나 다리를 꼬고 앉는 것은 내담자에게 관심이나 도우려는 동기가 부족하다는 신호로 여겨질 수 있다. 상담자가 공감적이고 개방적 자세를 갖고 있다면 자세를 통해 마음을 전달해 주어야 한다.

L: 상대방을 향해 몸을 기울인다(Lean toward the other). 대화를 하는 중에 상대방에게 관심이 있으면 상대방을 향해 몸을 기울이게 된다. 몸을 뒤로 젖히고 앉는다면 대화의 진지성이 떨어질 수 있으며 상체를 너무 내담자 쪽으로 기울이게 되도 내담자가 부담을 느낄 수 있다. 핵심은 대화의 성격에 따라 자연스러운 자세를 가지며 내담자에게 관심을 가지고 있다는 느낌을 주어야 한다는 것이다.

E: 시선을 맞춘다(maintain good Eye contact). 대화 중에 상대에게 눈을 맞추면 관심이 있다는 의미를 전달할 수 있다. 상담자는 기본적으로 부드러운 시선으로 내담자를 바라보되, 내담자에게 관찰되고 있다는 느낌을 주지 않는 것이 좋다.

R: 편안한 자세를 취한다(Try to be Relaxed). 편안한 자세는 두 가지를 뜻한다. 안절부절못하거나 주의를 흩뜨리는 표정을 짓지 않고 몸짓을 편안하고 자연스럽게 하는 것이다. 다리를 떤다거나 어깨에 힘을 주고 있다든지 하는 것은 신체적으로 긴장하고 있다는 표시이다. 내담자가 상담자의 이런 모습을 보면 내담자는 상담자의 전문성을 의심하게 될 수도 있다.

2) 공감적 이해

공감(empathy)은 상담자가 내담자의 입장에서 세상을 바라보고 이를 언어적으로 공유하는 것을 의미한다. 공감은 동정(sympathy)과 다른 개념으로 동정은 상대방에 대해 슬픔이나 유감을 느끼는 것이다. 공감에는 동정과 같이 상대방에 대해 슬픔을 느끼거나 불쌍히 여기는 마음이 포함될 필요는 없다. 로저스(Rogers, 1957)는 공감을 다른 사람의 경험을 이해할 수 있는 능력과 다른 사람의 경험을 자신의 경험인 것처럼 느끼며(as if), 이에 대해 정서적으로 반응할 수 있는 능력으로 정의하였다. 공감이 효과적으로 적용될 때 내담자는 안정감을 느끼며 자신이 이해받고 있다는 느낌을 갖게 되어 상담에 대한 만족도가 증가된다.

공감적 이해에는 '공감적 라포르'(empathic rapport)와 '의사소통적 조율'(communicative attunement)의 두 단계가 포함된다(최국환 외 역, 2007).

첫 번째 단계는 상담자가 내담자의 세계를 정확히 느끼고 내담자가 세상을 보는 방식으로 세상을 볼 수 있는 단계이다. 이는 감수성의 차원으로 내담자의 말과 말 속에 숨어 있는 감정, 태도, 신념 등을 내담자의 입장에서 포착한다.

두 번째 단계는 상담자가 이해한 내용을 내담자와 언어적으로 공유할 수 있는 단계로 상담자의 의사소통 능력을 의미한다. 상담자는 내담자의 관점으로 이해한 내용을 내담자에게 언어적으로 표현하고 전달할 수 있어야 한다. 이 단계는 상담자가 내담자에게 내담자의 외적 측면뿐만 아니라 내적 측면까지 이해하게 되었다는 것을 전달해 주는 것이다. 이로써 내담자는 자신이 상담자에게 충분하게 이해받고 있다는 느낌을 받게 되며 상담자에 대한 신뢰감이 증가된다. 상담을 받을 때 도움이 된 점이 무엇인가 내담자에게 물었을 때 이해받았다는 것이 최상 순위에 오른다. 그만큼 이해받고자 하는 욕구가 절실하다고 볼 수 있다(제석봉 외 역, 2003).

3) 무조건적 존중

무조건적 존중은 개인을 연령, 성, 인종, 경력 등과 관계없이 인간이라는 이유만으로 상대방을 존귀하고 가치 있는 존재로 수용하는 것을 말한다. 인간은 그 자체가 가치와 존엄성을 갖고 있기 때문에 상담자는 내담자의 존재 자체를 존중하고 수용하며 인격적으로 대하는 태도를 가져야 한다. 내담자가 상담자와 다른 견해를 가질 때라도 내담자를 보호하고 수용하고 있다는 전반적인 느낌을 내담자에게 제공하는 것이다(최국환 외 역, 2007). 그러나 무조건적인 존중이 내담자에게 무조건적으로 순응하거나 내담자가 불편을 느낄 정도의 긍정적 감정을 쏟아 붓는 것을 의미하는 것은 아니다. 무조건적 존중은 내담자 스스로에 대한 가치감을 확신시켜 주기 위해 존경과 긍정적 태도를 내담자에게 전해주는 것을 의미한다.

4) 일치성

상담과정에서 내담자가 상담자를 진실하다고 여기지 않는다면 상담이 효과적으로 진행될 수 없다. 로저스는 상담자가 내담자에게 전하는 진실성을 일치성이라고 하였다. 일치성은 정직성, 투명성, 내담자에 대한 개방성 등의 의미가 담겨져 있다. 코리(조현춘 외 역, 2010)는 일치성이란 상담자가 거짓된 표정 없이 그의 경험과 일치되는 내·외적 표현과 감정을 개방적으로 표현할 수 있는 것이라고 하였다. 대부분의 내담자들이 사고와 감정이 혼란스러운 비일치성(incongruence) 상태에서 상담을 받으러 온다는 점에서 상담자의 일치성은 매우 중요하다고 할 수 있다. 상담자의 일치성은 내담자에게도 일치성을 갖게 해주어 내담자가 자신의 감정을 보다 잘 느끼고 편하게 표현할 수 있게 해준다(최국환 외 역, 2007).

상담자가 내담자에게 상담자의 일치성을 전하기 위해서는 상담자가 먼저 자신의 진실에 다가가는 방법을 배워야 한다. 이를 위해 상담자는 자신이 지닌 다양한 감정들을 구분할 수 있어야 하며 그 감정들을 왜곡 없이 인식할 수 있어야 한다.

5) 구조화

구조화는 상담과정의 진행 방식, 목표, 책임과 한계 등에 대해 상담자와 내담자와 함께 정의하고 합의하는 과정이다. 이러한 점에서 구조화는 상담의 방향을 알리는 노선 표시라고 비유할 수 있다(이장호 외, 2005). 상담자가 적절한 구조를 제공하지 않으면 내담자는 상담자에게 의존하게 되고 상담자가 문제해결에 소극적이라고 여겨지게 되어 적대감을 갖게 될 수도 있다. 따라서 적절한 구조화는 상담에 대한 과잉기대나 오해를 시정해 주는 효과가 있다. 구조화할 내용에는 시간 제한, 내담자 행동의 제한, 상담자와 내담자의 역할, 상담과정 및 목표의 설정 등이 포함된다.

6) 반영

반영은 내담자의 말과 행동에서 표현된 기본적인 감정, 생각 및 태도를 상담자가 새로운 방식으로 부연해 주는 것이다. 상담자는 내담자가 실제로 말한 핵심 내용을 짧고 간단하게 재진술하거나 바꾸어 말함으로써 내용을 반영할 수 있다(노안영 외, 2006). 그러나 내담자가 한 말을 그대로 다시 반복하는 경우 내담자는 자기의 말이 잘못되지 않았나 생각하거나 반복에 지겨움을 느끼게 될 수 있다. 그러므로 상담자는 가능한 한 새로운 말을 사용하면서 내담자에게 관심을 갖고 이해하고자 한다는 태도를 보여 주는 것이 중요하다. 내담자의 입장에서는 자신의 말을 상담자로부터 들음으로써 보다 적극적으로 자신의 내면을 탐색할 수 있는 기회가 된다.

상담자는 내담자의 감정에 초점을 두고 반영하거나 내용에 초점을 두고 반영할 수 있다. 감정의 반영은 내담자가 말한 내용 속에 숨어 있는 감정의 내면을 파악하고 그 감정을 내담자에게 다시 전달하는 것이다. 감정의 반영이 대화 뒤에 숨어 있는 '내담자의 느낌'에 강조를 두는 반면 내용의 반영은 대화의 내용, 즉 인지적 측면에 강조를 둔다(천성문 외, 2006).

7) 명료화

명료화는 내담자가 한 말 중 모호한 부분을 내담자에게 그 뜻을 명확하게 말해주는 것이다. 내담자는 자신의 생각이나 감정을 항상 정확한 언어로 표현할 수 있는 것이 아니다. 이때 내담자가 의도한 의미를 상담자가 내담자에게 다시 정리하여 전해주는 것이다. 또한 상담자가 내담자의 반응을 잘 이해하지 못할 때 내담자에게 분명하게 다시 말해 줄 것을 요청하기도 한다. '잘 알아듣지 못하겠습니다. 말하고자 하는 바를 좀 더 분명하게 말해주십시오', '예를 들어서 다시 말해주시겠습니까?' 등으로 말할 수 있다. 내담자가 불분명하게 이해하고 있던 내용을 상담자가 명확하게 말로 정리해 준다는 점에서 명료화는 내담자에게 이해를 받고 있다는 느낌을 갖게 해준다. 또한 내담자가 생각하지 못한 부분을 다시 생각하도록 해주기도 한다.

8) 요약

요약은 내담자가 상담과정에서 늘어놓은 이야기를 간결하게 정리하는 기법으로 상담자나 내담자 중 누가 해도 무방하다. 대체로 매회 끝날 때 하는 것이 좋으나 필요에 따라서 회기 중에 해도 괜찮다. 요약은 내담자가 자신의 생각과 느낌을 탐색하도록 도와서 생각을 정리하고 새로운 해결책을 찾게 하는데 그 목적이 있다. 상담자가 내담자의 말을 요약해 주면 상담자가 자신의 말에 주목하고 있으며 그것을 이해하고 있다는 것을 확신시켜 준다. 지난 회기에 있었던 내용을 내담자에게 요약해 보도록 하는 것도 상담의 연속성을 확실하게 할 수도 있으므로 상담에 유용하다. 요약의 기본은 대화의 내용 및 감정의 핵심을 파악하는 것이므로 상담자는 내담자의 말의 내용, 말할 때의 감정, 말하는 목적과 시기, 효과 등에 주의를 기울여야 한다(이현림 외, 2006).

9) 직면

직면은 내담자가 설명한 것 중 모순점이나 의혹이 있을 때 내담자에게 되물어 지적해 주는 것이다. 대체로 내담자가 모르고 있거나 인정하기 거부하는 생각과 감정에 대해 주의를 집중시키려는 의도로 상담자가 지적하는 것이다. 즉, 직면은 내담자가 자신의 경험으로 지각하기를 두려워하거나 인정하기 어려워하는 어떤 측면에 집중을 하도록 촉구하는 것이다.

직면은 내담자를 변화시키거나 성장시킬 수도 있지만 내담자에게 위협과 상처가 될 수도 있다. 내담자가 준비되지 않은 상태에서 무리하게 직면을 시킨다면 내담자가 저항하게 되어 상담이 성공적으로 진행되지 않을 수도 있다. 따라서 상담자는 직면을 사용할 수 있는 적절한 시기를 잘 선택해야 한다. 직면은 내담자가 상담자를 신뢰할 수 있을 때, 내담자가 상담자의 이야기를 받아들일 준비가 되었을 때 사용해야 한다.

10) 해석

해석은 내담자가 명확하게 의식하지 못한 것이 어떤 의미를 가지고 있는지를 설명하는 것이다. 즉, 내담자가 한 말이나 행동에 대하여 의미가 분명히 드러나지 않을 때 이를 파악하려는 시도이다. 해석은 일종의 추측이며 내담자의 말과 행동의 의미가 무엇인지 상담자가 해답을 제공하는 것이다.

이론적 입장에 따라 그 내용이 다르지만 이를 통해 내담자에게 새로운 참조체제를 제공하여 자신의 상황을 더 잘 이해하게 된다는 점은 동일하다. 해석은 내담자가 받아들일 준비가 되었을 때 이루어져야 하며, 대체로 상담 초기에는 반영을 많이 하고 심층적 해석은 상담관계가 형성되는 중반기까지 보류한다.

상담자가 내담자의 감정을 반영하고 명료화하는 것은 해석과 완전히 다른 개념은 아니며 모두 연속적인 측면으로 보아야 한다. 반영, 명료화, 직면, 해석은 표현은 다르지만 반응 내용의 정도와 깊이에 차이가 있을 뿐이다. 내담자의 내면 세계에 접근하는 깊이의 정도는 반영, 명료화, 직면, 해석의 순서로 깊어진다(이장호 외, 2005).

11) 질문

질문은 상담에서 중요한 부분을 차지한다. 적절하게 활용되는 질문은 상담을 촉진하는 훌륭한 수단이 되지만 불투명하거나 지나치게 많은 질문은 상담을 방해할 수도 있다. 바람직한 질문은 개방적이고 명확하며 이해하기 쉬운 문장으로 표현되어야 한다.

질문의 형태에는 폐쇄형 질문과 개방형 질문이 있다. 폐쇄형 질문은 '예', '아니오'와 같은 구체적이고 제한된 정보를 얻고 싶을 때 사용된다. 반면에 느낌과 견해를 표현하도록 요청하는 것은 개방형 질문으로 폭넓고 다양한 응답을 얻고 싶을 때 사용된다. 질문은 한 번에 한 가지를 물어보는 단일 질문이어야 하며 한 번에 여러 가지를 물어보는 질문은 하지 않도록 한다. 질문을 한 후에는 잠시 멈추어 내담자가 응답에 대한 심리적 압박을 느끼지 않도록 충분한 시간을 주어야 한다. 또한 되도록 간결하고 명확하게 표현되어 알아듣기 쉬워야 한다.

영화로 이해하는 성인학습 및 상담

1. 영화 제목

아들의 방(2001)

2. 영화의 간략한 내용

이탈리아 북부의 작은 항구 마을에 사는 조반니는 그의 아내 파올라, 아들 안드레, 딸 이레네와 함께 행복한 가정을 꾸리며 살고 있다. 정신과 상담의인 조반니는 환자들이 호소하는 증상을 참을성 있게 잘 들어주며 조언을 아끼지 않았다. 가족은 각자의 위치에서 서로를 신뢰하며 따뜻하게 평온한 일상을 보낸다.

그러던 어느 일요일 아침, 조반니는 환자에게서 위급한 연락을 받게 된다. 조반니는 아들과 조깅약속을 취소하고 환자의 집으로 찾아간다.

그날 아들 안드레는 친구들과 스쿠버다이빙을 하러 가고 그곳에서 목숨을 잃게 된다. 아들을 잃은 조반니는 아들과 지키지 못한 조깅약속에 대해 죄책감에 시달리고, 환자들의 고통을 돌볼 여유가 없어진다. 조반니의 아내와 딸도 매 순간 떠오르는 안드레 생각으로 이들의 일상은 균형을 잃게 되는데…

3. 토론하기

- 조반니가 자신의 환자들과 상담할 때 보여 준 상담자의 모습을 떠올려 보자. 상담자에게 어떤 자질이 필요한지 논의하고, 인간으로서 겪을 수 있는 상담자의 갈등은 무엇인가?
- 서로를 배려하고 지원하는 조반니 가족의 일상은 정말 화목하고 따뜻해 보인다. 바쁜 현대사회에서 가족의 의미는 많이 변화하고 있다. 여러분이 생각하는 진정한 가족의 의미는 무엇인가?

08
REFERENCE

강갑원(2004). 알기 쉬운 상담이론과 실제. 교육과학사.

노안영(2005). 상담심리학의 이론과 실제. 학지사.

노안영, 송현종(2006). 상담의 원리와 기술. 학지사.

이장호, 정남운, 조성호(2005). 상담심리학의 기초. 학지사.

이현림, 김지혜(2006). 성인학습 및 상담. 학지사.

이형득(1997). 상담이론. 교육과학사.

제석봉, 유계식 역(2003). 유능한 상담자(*The skilled helper*). Egan, G. 지음. 시그마프레스.

조현춘, 조현재, 문재혜, 이근배, 홍영근 역(2010). 심리상담과 치료의 이론과 실제(*Theory and practice of counseling and psychotherapy)*(8th ed.). Corey, G. 지음. 시그마프레스.

천성문, 박순득, 배정우, 박원모, 김정남, 이영순(2006). 상담심리학의 이론과 실제. 학지사.

최국환, 안형근, 육성필 역(2007). 심리상담의 전략과 기법-상담연습을 중심으로(*Counseling strategies and interventions*). Cormier, S. & Hackney, H. 지음. 시그마프레스.

한승호, 한성열 역(1998). 카운슬링의 이론과 실제(*Counseling and psychotherapy: Newer concepts in practice*). Rogers, C. 지음. 학지사.

American Counseling Association(2005). *ACA code of ethics.* Alexandria, VA: Author.

Gibb, J. R.(1968). The counselor as a role-free person. In C. A. Parker(Ed.), *Counseling theories and counselor education.* Boston: Houghton Mifflin.

Gibb, J. R.(1978). *Trust: A new view of personal and organizational development.* Los Angeles: The Guild of Tutors Press.

Hackney, H. & Cormier, S.(2001). *The professional counselor*(3rd ed.). Boston: Allyn & Bacon.

Patterson, L. E. & Welfel, E. R.(2000). *The counseling process.* Australia: Brooks / Cole.

Rogers, C.(1957). *Client-centered therapy: Its current practice, implications, and theory*. Boston: Houghton Mifflin.

CHAPTER 09

성인상담이론 1

정신분석 상담
지시적 상담
인간중심 상담
행동과학적 상담

학습목표

1. 정신분석 상담이론의 특징에 대해 알 수 있다.

2. 지시적 상담의 절차에 대해 알 수 있다.

3. 인간중심 상담의 기본관점에 대해 알 수 있다.

4. 행동과학적 상담의 특징에 대해 알 수 있다.

CHAPTER

09

성인상담이론 1

1. 정신분석 상담

1) 이론의 기본입장

모든 심리적 문제는 선행하는 심리적인 사건이나 현상에 의해서 결정된다는 심리적 결정주의를 전제한다. 인간의 부적응 행동은 무의식 세계에 억압되어 있는 유아기 때의 감정에서 비롯된다고 본다. 따라서 상담은 무의식 세계에 억압되어 있는 갈등을 의식 수준으로 끌어 올려 내담자가 행동의 동기를 각성하고 통찰하게 함으로써 건설적인 성격으로 변화할 수 있도록 조력하는 것으로 본다.

2) 상담기술

(1) 자유연상

내담자가 마음에 떠오르는 대로 아무런 억제나 제약 없이 자유스럽게 생각이나 감정을 이야기하도록 하는 방법이다.

(2) 저항의 분석

자유연상을 할 때 과거의 중요한 경험을 기억해 내지 못하는 경우가 있는데

이는 심리적 저항으로 인해 생긴다고 본다. 이러한 저항이 어떤 이유로 인해 생기는지를 분석해 내는 것이다.

(3) 꿈의 분석

내담자가 꾼 꿈의 내용에 잠재된 상징적 의미를 찾아내고자 한다.

(4) 전이의 분석

내담자가 지니고 있는 애착, 증오, 질투, 수치 등의 감정과 상념은 대개 아동기에 부모나 가족들에 대해 지니고 있던 것으로 이것이 상담자에게 옮겨지는데 이를 분석해 내는 것이다.

(5) 해석

여러 방법을 통해 찾아낸 무의식 세계에 대한 정보들이 지니고 있는 상징적 의미를 내담자에게 설명해 주는 방법이다. 내담자는 이를 통해 자신의 부적응 행동의 동기를 각성하게 된다.

3) 상담과정

정신분석 상담은 부적응 행동의 원인을 무의식에서 찾으며, 임상적 관찰로부터 부적응의 원인을 찾아낸다. 치료는 근원적인 동기, 즉 무의식적인 것을 통제함으로써 가능하다고 본다. 내담자의 과거의 인간관계가 현재의 치료과정에 전이되는 현상을 중시하고 이를 치료의 과정에 포함시킨다.

내담자는 오랜 기간 동안 치료를 받게 되며, 갈등을 드러내기 위하여 자유연상을 하게 되고 말을 함으로써 통찰을 얻게 된다. 상담자는 과거와 연결되어 있는 현재의 행동이 무엇을 의미하는지 가르쳐 주기 위하여 해석을 하게 된다. 상담과정을 살펴보면 네 단계를 거치는데 시작단계, 전이의 발달단계,

훈습단계, 마지막으로 전이의 해결단계이다(김계현 외, 2011). 자유연상, 해석, 꿈의 분석 등의 기법을 사용해서 정서적 곤란과 부적응 행동을 치료하고자 한다.

〈표 9-1〉 정신분석 상담이론

주창자	프로이드(Freud)
상담개념	내담자의 억압된 불안과 무의식 세계를 의식화함으로써 치료
상담목적	• 본능이나 초자아의 기능을 조절해 주는 자아의 기능을 강화시킴으로써 성격 구조의 조화로운 발전 도모 • 내담자가 자신의 유아 성욕의 발달과정과 현실에 대처하는 적응기제나 방어기제에 대해 바르게 이해하도록 하여 자신의 심리적인 문제를 해결
이론적 가설	• 심리적 결정론(psychic determinism)에 기초 • 어린 시절에 겪었던 정서적 경험을 중요하게 여김 • 인간의 행동은 무의식적인 요인에 의해 영향을 받음 • 인간의 무의식적 동기 중 심리성적 욕구는 개인의 행동에 지대한 영향을 미침
기본관점	• 내담자의 억압된 감정, 신념, 무의식의 상태 • 리비도(Libido) • 원초아(Id), 자아(Ego), 초자아(Superego)의 관계
정신구조	• 원초아(Id) : 인간 정신구조의 근본, 즉각적이며 충동적 욕구 추구(쾌락원리) • 자아(Ego) : 다스리고 통제하며 조절하는 정신구조의 집행자(현실원리) • 초자아(Superego) : 욕구충족의 한계 결정(도덕원리)
성격발달 단계	• 구강기(0~1세) : 입과 입술, 혀가 주요 쾌락 추구의 기관, 구강기 고착 성격 • 항문기(1~3세) : 배변훈련 시기, 양심의 발달, 항문기 고착 성격 • 남근기(3~5세) : 오이디푸스 콤플렉스 • 잠복기(6~11세) : 성적 에너지는 억압되거나 승화, 지적 활동이나 주위 환경에 대한 탐색 • 생식기(12세 이후) : 성기를 통한 리비도 만족 추구, 성인으로서 새로운 자아 정체감 형성
자아방어 기제	• 승화 • 퇴행 • 합리화 • 동일시 등
상담 과정 · 기법	• 최면술 • 저항 • 전이 • 꿈의 분석 • 자유연상(자신의 과거 생활사를 자유롭게 떠올리는 것)
상담특징	• 부적응 행동 → 무의식적 원인(억압) • 임상적 관찰을 통해 부적응 원인 표출 • 과거의 생활사 기초

2. 지시적 상담

1) 이론의 기본입장

지시적 상담이론은 윌리엄슨(Williamson)과 다알리(Darley)가 주장한 것으로 특성 요인 상담, 임상적 상담이라고도 한다. 상담자가 내담자의 문제에 대해 해석을 해주고 정보를 주거나 제언이나 충고를 주는 상담방법이다. 내담자의 문제는 내담자가 자신에 대해 왜곡된 견해를 가지고 있기 때문에 발생한다고 본다.

그러나 내담자는 경험부족, 편견, 정보부족 등으로 인해 자신의 문제를 해결하기 어렵다. 그러므로 전문가인 상담자가 풍부한 경험과 정보를 소유하고 있어 객관적인 입장에 설 수 있으므로 문제를 해석하고 이에 대해 충고와 제언을 해야 한다.

2) 상담기술

상담자의 역할은 래포(rapport)를 형성하여 친밀감을 조성하고, 허용적 분위기를 만드는 것이다. 또 내담자가 자신을 이해할 수 있도록 도와주고 조언한다. 내담자에게 행동계획을 제언해 준다. 상담기술로는 다음과 같은 것이 있다(조성연 외, 2010).

(1) 동조를 요구하기

상담자가 내린 결정을 내담자가 동조해 줄 것을 요구하는 것이다.

이때 상담자의 의견이 적절한 것일지라도 내담자가 강요받는다는 느낌이 들지 않도록 해야 하며, 결국 내담자가 결정할 수 있도록 잘 설득하는 것이 중요하다.

(2) 환경을 변화시키기

상담목표 달성에 도움이 되도록 내담자의 물리적 환경과 특성 등을 변화시키는 것을 말한다.

(3) 적절한 환경을 선택하기

환경이 변화하기 어려운 경우라면 좀 더 적극적인 방법을 취할 필요가 있는데, 그것은 바로 내담자의 개성이나 성격에 알맞은 환경을 선택하게 하는 것이다.

(4) 필요한 기술을 습득시키기

내담자에게 어려움을 야기하는 결함을 극복할 수 있도록 필요한 기술을 가르쳐 습득하게 하는 것이다.

(5) 태도 바꾸기

가장 치료적인 성격의 기술로 내담자의 욕구가 환경의 요구와 조화하도록 내담자의 태도를 바꾸게 하는 것이다.

3) 상담과정

(1) 분석

내담자를 이해하는 데 필요한 자료를 수집하는 단계이다. 내담자의 현재 상태 및 미래의 가능성을 종합적으로 이해할 수 있도록 적절한 측정 기술을 선택하여 적성, 흥미, 동기, 신체건강, 정서적 균형성 등과 삶에서의 적응을 촉진하거나 억제하는 특징 등 내담자에 관한 자료와 정보를 수집한다. 분석을 위해 사용할 수 있는 도구로는 누가기록, 면접, 시간표, 자서전, 일화기록, 심리검사 등이 있다.

(2) 종합

수집된 자료를 체계 있게 정리하고 조직하여 내담자의 문제를 정리하는 단계이다. 내담자와 관련된 정보를 분류하여 적응, 부적응, 장점과 단점 등을 분석할 수 있도록 자료를 요약하고 체계적으로 정리한다.

(3) 진단

내담자의 문제에 대한 특징이나 원인에 대한 결론을 이끌어 내는 단계이다. 진단은 먼저 문제를 확인한 후 원인 발견의 단계로 진행되는데, 이때 주의할 점은 성급한 결론을 내려서는 안 된다는 것이다. 진단은 잠정적으로 내려져야 하는데, 이는 인간의 행동이 복잡하고 다양하여 잘못 판단할 가능성이 많기 때문이다.

(4) 예진

문제행동이 어떻게 전개되어 나갈지를 예측하는 단계이다. 진단은 과거와 현재의 사태에 관련된 것인 반면, 예진은 미래와 관련된 것으로 일종의 예언을 시도하는 것이다. 예진단계에서 상담자는 진단 후 충분한 시간을 가지고, 가능하면 관련 문헌이나 관련 사례를 참고한 다음 예언을 하여야 할 것이다.

(5) 상담

문제해결을 위해 상담자가 조력하는 단계이다. 상담이란 무미건조한 치료상황 이상의 것으로 다양한 기법에 의한 개인적인 조력을 통해 상담에서 배운 학습을 모든 문제상황에 적용할 수 있도록 돕는 학습이자 재교육이다.

(6) 추후

상담에서 학습했던 것을 일상생활에 적용할 때 이루어지는 발전을 강화하고 재평가하며 점검하는 단계이다. 이 단계는 상담효과를 평가하고자 할 경우나 상담 종료 후 내담자에게 다시 문제가 발생하였을 경우에 실시된다.

3. 인간중심 상담

1) 이론의 기본입장

로저스(Rogers)에 의하여 1940년대 초에 창시된 인간중심 상담은 초기에는 정신분석학과 지시적 상담의 입장에 반대하면서 비지시적 상담을 표방하며 등장하여 1970년대에 이르러 내담자 중심 상담으로 불리다가 최근에 와서는 한 개인의 긍정적인 성장 가능성을 중시한다는 입장에서 인간중심 상담으로 불리게 되었다.

이 이론은 모든 인간은 합리적이고, 건설적이며, 성장과 자아실현에 힘쓴다는 전제를 가지고 있다. 상담과 심리치료는 개인의 잠재력과 성장능력을 개발해 주는 데에 그 목적이 있다는 입장을 가지고 있다. 인간중심 상담이론에서 보는 기본적 인간관은 다음과 같다.

(1) 인간은 문제해결력의 소유자

인간은 누구나 적당한 환경이 주어지면 스스로 성장하여 자아실현할 수 있는 능력이 있다.

(2) 인간은 긍정적 자아개념의 소유자

인간은 긍정적 자아개념을 지니고 있으며 사회적 발달을 지향한다. 즉, 인간은 자신을 향상시키고 유지하려는 타고난 성향을 소유하고 있어 내담자 중심의 상담이 가능해진다.

(3) 자기실현 경향성

모든 인간은 자신을 유지하거나 향상시키는 데 기여하는 방향으로 모든 능력을 발달시키는 경향을 지니고 있다.

(4) 인간은 본질적으로 선하고 신뢰로움

인간은 본질적으로 선하고 신뢰롭고 믿을 만한 존재이다. 사람들이 때때로 그렇지 못한 모습을 보이는 것은 방어성에서 나온 것이며 인간의 본질은 그렇지 않다.

2) 부적응 행동

(1) 외부적 기준과 내면적 욕구와의 괴리

주변 사람이나 사회에서는 한 개인에게 어떤 형태의 사람이 되기를 기대한다. 그런데 그러한 외적 가치 기준이 자신의 내면적 욕구와 괴리될 때 심리적 문제가 발생한다.

(2) 진정한 자기와 이상적 자기와의 괴리

개인은 성격적 특성 · 진로 · 학업 등의 영역에서 자신이 스스로에게 바라는 모습을 그려 보는데 이것이 '이상적 자기'이다. 인간이 자신의 내면 세계에서 요구하는 진정한 자기와 이상적 자기와의 괴리를 경험하게 되면 심리적 문제가 발생하게 된다.

(3) 유기체적 욕구와 존중받고자 하는 욕구와의 괴리

자신의 본래적 욕구에 맞추어 행동한 것이 주변의 중요한 타인으로부터 긍정적인 평가를 받지 못하게 되면 심리적 갈등을 느끼게 된다. 이러한 갈등이 지속되면 결국 개인은 자신을 무가치한 존재로 생각하며 가치 있는 사람으로

부터 인정받기 위해 내적인 욕구에 근거한 가치 기준보다 중요한 타인에 의해 부여된 가치 기준에 맞추어 행동하게 된다.

(4) 자아개념과 경험 간의 불일치의 예

다음과 같은 경우 사람은 자신의 진짜 모습과 현실의 요구 그리고 자신에 대한 생각이 일치되지 않는다고 느끼며 불안과 긴장을 느끼게 된다.

① 실제로는 아버지에 대해 분노하고 있으면서도(경험), 그러한 자신을 수용할 수 없기 때문에(외부적 가치 기준에 의해) 자신은 아버지를 미워하지 않는 사람(자기개념)이라고 생각한다.

② 자신은 디자인에 관심이 있고 흥미를 느끼고 있으면서도(경험) 어려서부터 그 방면에 관심이 없는 것으로 생각(자기개념)하는 경우이다.

③ 어려서부터 교사가 되기를 바라는 부모의 기대가 컸던 A는 교사가 되기 위해 열심히 공부했지만(자아개념), 커가면서 춤을 추고 싶은 욕구를 억제하지 못하게 되면서(경험) 점차 삶이 우울해지고, 학교도 가기 싫어지는 등 부적응 행동이 증가하였다. 이를 그림으로 개념화하면 다음과 같다.

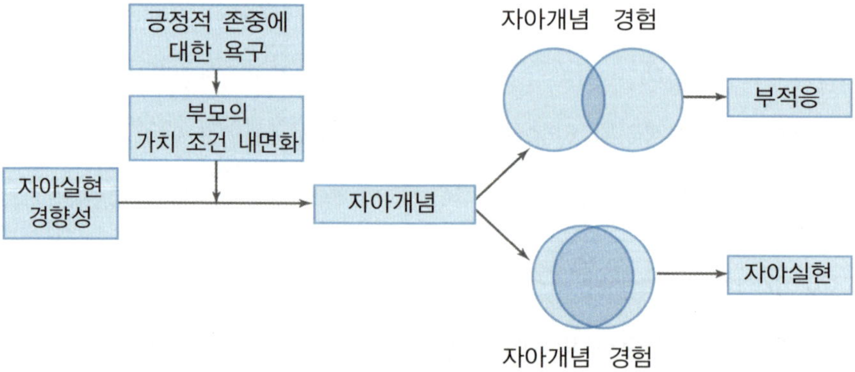

[그림 9-1] 인간주의 상담개념도

3) 상담목표

내담자의 궁극적인 문제는 '어떻게 하면 진정한 나의 모습을 발견할 수 있을까?', '어떻게 하면 내가 정말 원하는 사람이 될 수 있을까?'이다. 그래서 상담에서는 사회화 과정을 통해 형성된 내담자의 가면 또는 거짓된 자기 뒤에 숨어 있는 진정한 자기의 모습을 보고 수용하도록 하는 것이 중요하다.

그리고 지금까지 거짓된 자기 때문에 겪었던 자기개념과 경험 간의 불일치를 해소하여 자신의 경험에 대해 개방적인 태도를 가지고 자신을 신뢰하며 자신의 가치에 대한 평가 기준을 내면적으로 설정하여 계속 성장하려는 의지를 가진 사람으로 만드는 것이 인간중심 상담이론의 목표이다. 즉, '충분히 기능하는 자아실현인'이 되도록 돕는 것이 상담의 궁극적인 목표이다.

(1) 내담자의 성장을 도모

상담목표는 단순히 현재의 문제를 해결하는 것이 아니라 내담자들의 성장을 도와 현재의 문제뿐만 아니라 앞으로의 문제도 잘 해결할 수 있도록 돕는 것이다.

(2) 정상적인 발달을 위한 조건 제공

내담자의 성장이라는 최종 목표를 이루기 위해 상담자는 내담자의 자기실현을 향하는 개인의 정상적인 발달 패턴이 발휘될 수 있는 적절한 조건을 제공해 주어야 한다.

(3) 내담자의 자발적 목표 설정

목표는 내담자가 스스로 세우도록 해야 한다.

4) 상담과정

인간중심적 상담과정을 '무엇이 어떻게 진행되는가'를 중심으로 상담기술과 절차로써 살펴보면 다음의 12단계를 거쳐 이루어진다(이현림 외, 2009).

- 1단계 : 내담자가 도움을 받기 위해 상담실로 온다.
- 2단계 : 상담상황을 정의한다. 양자 간의 상담관계, 즉 도와주는 상황과 절차 등이 정의된다.
- 3단계 : 상담자가 내담자의 정서반응에 대해 반영하고 명료화하여, 내담자가 자신의 문제에 관한 감정을 자유롭게 표현하도록 북돋워 준다.
- 4단계 : 상담자는 내담자가 표출하는 부정적 감정을 수용하고 이해하며 정리해 주어야 한다.
- 5단계 : 내담자가 부정적인 감정을 완전히 표현할 수 있게 된 후에는 미약하고 부분적이기는 하나 성장에 보탬이 되는 긍정적 감정과 충동이 나타나게 된다.
- 6단계 : 상담자는 내담자의 부정적 감정을 수용한 것과 같이 긍정적인 감정도 인정하고 받아들인다. 내담자 쪽에서는 자기 평가와 정서반응 간의 일치 및 조화를 탐색하고 정리한다.
- 7단계 : 부정적 감정과 긍정적 감정을 모두 경험하면 자기이해, 자기수용, 자기통찰이 나타난다. 내담자는 문제행동에 대한 대안적 선택과정을 탐색한다.
- 8단계 : 통찰과 함께 여러 가지 의사결정을 할 수 있는 길이 선명하게 보이게 된다. 내담자는 긍정적 사고를 하기 시작한다.
- 9단계 : 내담자는 긍정적 행동을 취하게 되며, 생활 장면에 대해 더욱 정확하고 온전한 분별을 하게 된다.
- 10단계 : 더욱더 성장해 간다. 긍정적인 행동을 하면서 점차 통찰이 심화되어 좀 더 정확한 자기이해를 할 수 있다.

• 11단계: 내담자는 보다 통합된 긍정적 행동을 점점 더 많이 하게 된다. 내담자의 문제 증상이 감소되고 덜 불편해진다.

• 12단계: 내담자는 이제 도움을 받을 필요를 덜 느끼게 되고 치료관계를 종결해야겠다는 생각을 하기에 이른다. 즉, 지각된 자아와 이상적 자아 사이의 조화가 형성된다.

〈표 9-2〉 지시적 상담이론과 비지시적(인간중심) 상담이론 비교

구 분	지시적 상담이론	비지시적(인간중심) 상담이론
주창자	윌리엄슨(Williamson), 다알리(Darley)	로저스(Rogers)
인간관	인간은 선하나 심한 문화적 갈등을 겪음	생득적으로 선한 인간
상담정의	의도된 상태에서 학생행동 변화를 이끔	내담자로 하여금 자신을 이해하고 발견하여 스스로 성장발달하도록 함
상담성격	보수 전통적	진보 발전적
전개과정	분석 → 종합 → 진단→ 예진 → 상담 → 추후	분석 → 종합 → 예진 → 상담 → 추후
관련 이론	• 특성 이론 기초 • 듀이 '경험주의 이론' • 테일러 '과학적 관리론' • 프로이드 '정신분석' • 행동주의 심리학 이론	• 자아이론 • 현상학 이론 • 인본주의적 이론 • 행동주의 이론 비판 • 정신분석 이론 비판
상담특징	• 상담자가 상담의 주체 • 내담자는 상담자 의도대로 • 내담자 스스로 문제해결 어려움 • 내담자 자유반응 없음 • 상담 분위기 조성 안됨 • 내담자의 내적 특성 고취 안됨 • 지시, 충고, 암시	• 내담자가 상담의 주체 • 상담자는 안내, 조언 • 내담자 스스로 문제해결 • 상담 분위기 조성 • 수용일치, 공감적 이해 • 현재 삶의 가치추구 • 자율적으로 자기 문제해결
적용관계	학업, 진학, 직업지도	여가, 성격, 사회성 지도
상담효과	일시적	영속적

4. 행동과학적 상담

1) 이론의 기본입장

학습이론에 기초를 둔 상담이론으로 대표적인 학자로는 스키너(Skinner)와 스탠퍼드 대학의 크룸볼츠(Krumboltz)가 있으며, 부적응 행동은 잘못된 학습의 결과로 나타난다고 보았다. 즉, 빈약하거나 바람직하지 못한 강화를 받음으로써 학습되었기 때문에 부적응 행동이 나타난다고 보며, 강화를 통해 부적응 행동을 적응행동으로 변화시키는 것을 상담목표로 한다.

이 상담이론에서는 다음과 같은 인간관을 갖고 있다.

- 인간은 선하지도 악하지도 않은 존재이다.
- 인간의 행동은 자극과 반응의 법칙에 의해 일어나기 때문에 환경적인 변인들을 알아내면 행동을 예언, 통제할 수 있다고 보았다.
- 인간의 모든 행동은 학습된 습관이다.
- 인간의 행동은 환경에 의해 제공되는 강화 형태와 빈도에 의해 결정된다.

2) 이론의 기본개념

(1) 강화물

① 정적 강화물

정적 강화는 사람에게 자연적으로 강화되는 것이며, 음식이나 물과 같이 생존에 관련되어 있는 어떤 것이다. 대표적인 것으로는 사탕, 껌, 칭찬 등이 있다. 정적 강화물은 그것이 제시됨으로써 반응의 확률을 증가시키는 것이다.

② 부적 강화물

부적 강화는 혐오적인 고음소리나 전기쇼크, 구토제 같이 사람에게 자연적으로 유해한 것이다. 부적 강화물은 그것이 제거됨으로써 반응의 확률을 증가시키는 것이다.

(2) 변별 자극

특정한 반응이 보상되거나 보상되지 않을 것이라는 단서 혹은 신호로 작용하게 되는 자극을 말한다.

(3) 강화스케줄

① 고정간격 강화: 일정 시간마다 주어지는 강화

② 변동간격 강화: 시간의 주기를 변화해서 주어지는 강화

③ 고정비율 강화: 일정 수의 반응을 한 후 주어지는 강화

④ 변동비율 강화: 반응률의 평균치를 중심으로 한 강화

(4) 조성

반응은 쉬운 반응부터 어려운 반응으로 구분한 후 목표반응(어려운 반응)을 달성하기 위해 쉬운 반응부터 성공했을 때 점차적으로 강화를 주는 것을 말한다.

3) 상담기법

(1) 고전적 조건 형성에 기초한 상담기법

① 체계적 둔감법

불안의 위계를 작성하고 이완을 통해 불안이 낮은 것에서 높은 것으로 하나씩

제거해 나가는 방법이다. 즉, 심신을 충분히 이완시킨 후 불안이 가장 낮은 장면부터 불안한 장면을 떠올리게 한다. 만약 이때 불안을 느끼면 다시 이완하게 하고, 이완이 되면 다시 불안한 장면을 떠올리게 하는 작업을 반복적으로 실시함으로써 더 이상 그 장면에 불안하지 않도록 한다.

② 자기주장훈련

대인관계에서 강화, 소거, 조형 등을 통해 자기주장을 하게 함으로써 자기주장을 이야기해도 타인으로부터 벌이나 불안이 동반되지 않는다는 것을 알게 해준다.

③ 혐오요법

구토제, 전기충격 또는 불쾌한 심상과 같은 벌 또는 혐오자극을 사용하여 바람직하지 않은 행동을 감소시키는 방법이다.

④ 부적 연습법

원하지 않지만 습관적으로 형성되어 있는 내담자의 부적응 행동을 오히려 내담자가 적극적으로 의식하면서 연습하게 한다.

(2) 조작적 조건 형성과 모델링에 기초한 상담기법

① 타임아웃

적절하지 않은 행동을 했을 때 문제가 일어나는 상황으로부터 내담자를 분리시키는 것이다. 예를 들어 교실에서 떠드는 학생을 복도로 나가게 하는 것이 이에 해당한다.

② 행동계약법

상담자와 내담자 사이에 행동에 대한 계약을 체결한다.

③ 토큰경제법

적절한 행동을 할 때마다 토큰을 통해 강화를 하는 것으로, 토큰은 구매력을 가진 상징적 표나 점수가 된다. 예를 들어, 학생이 숙제를 매일 잘해오면 그때마다 '참 잘했어요' 도장을 찍어 주는데, 그 도장의 개수가 20개면 '숙제 없는 날' 티켓을 주어 숙제를 면제해 주고 30개를 모으면 '한 시간 마음대로 놀기' 티켓을 주어 자유롭게 놀 수 있는 강화를 주는 것이다.

토큰경제법의 장점은 강화물이 즉시 제시되지 않아도 강화의 효과를 지속적으로 유지할 수 있다는 것이다. 또한 강화물을 보관하거나 관리해야 하는 번거로움을 피할 수 있다는 것이다(구광현 외, 2005).

④ 사고중지

내담자가 부정적인 인지를 억압하거나 제거함으로써 비생산적이고 자기패배적인 사고와 심상을 통제하도록 도와주기 위해 사용된다. 원하지 않는 생각이 계속 들 때 'STOP!'이라고 외침으로써 더 이상 그 생각을 하지 않도록 하게 하는 것이다.

4) 상담과정

행동과학적 상담에서는 개개인에게 알맞은 개별적인 상담목표를 강조하기 때문에 통일된 하나의 상담과정을 제시하기가 어렵다. 일반적으로 적용되고 있는 상담과정은 다음과 같다.

- 변화시킬 행동을 밝혀내고 그것을 행동용어로 서술한다.
- 바라는 목표행동의 기본방향을 설정한다.
- 목표행동이 일어나도록 상담상황을 조정한다.
- 내담자에게 강화가 될 수 있는 자극이나 사건들을 확인한다.
- 바람직한 목표행동이나 그 행동에 근접한 행동을 강화한다.

- 목표행동으로 변화되어 가는 행동을 기록함으로써 상담절차의 효과를 평가한다.
- 상담을 종결한다.

〈표 9-3〉 행동과학적 상담이론

주창자	스키너(Skinner), 호스포드(Hosford), 반두라(Bandura), 크룸볼츠(Krumboltz)
기본개념	내담자들에게 의도된 자극 제공 부적응 상태 행동 → 적응 상태 행동(행동을 변화시키는 것)
관계심리학	행동, 실용, 요소, 연합심리학
이론적 가설	• 정신과 육체가 별개의 차원이 아닌 하나의 차원이라는 실재론적 일원론에 근거 • 인간의 행동은 자극과 반응의 법칙에 의해 일어나는 것으로 가정 • 무의식과 같은 인간 내면의 심층적 정신작용을 고려하지 않음
주요이론	• 고전적 조건 형성 • 조작적 조건 형성 • 모방학습
상담목적	• 내담자의 부적응 행동 변화 • 내담자를 도와 보다 효율적인 의사결정 과정을 학습 • 내담자가 요구하는 구체적인 행동상의 문제해결
상담목표	• 내담자의 단일 사례, 행동 특성 파악 • 일정 환경 자극 → 의도된 상태 행동 변화 • 강화를 통해 행동발생 증대 추구
상담특징	• 관찰 가능한 행동만 파악 • 부적응 행동, 이상행동을 실험적인 과정을 통해 교정 • 인간의 행동은 학습된 것을 재학습을 통해 교정 • 실험과정을 통해 인간행동을 파악 • 개인차 고려 안함, 인격체 존중 안함, 자발성 고취 안함 • 인지사고 능력 발휘 못함, 흥미 없음, 동기유발 잘 안됨

〈표 계속〉

상담기법	〈고전적 조건 형성에 기초한 상담기법〉 • 체계적 둔감법 : 근육의 긴장이완, 불안계층표 작성, 단계적 탈감 • 주장반응법 : 개체에게 불안 이외의 감정을 표현하게 하여 스스로 불안을 제거하고자 함 • 혐오요법 : 구토제, 전기충격 또는 불쾌한 심상과 같은 벌 또는 혐오자극을 사용하여 바람직하지 않은 행동을 감소시키는 방법 • 부정적 연습법 : 원하지 않지만 습관적으로 형성되어 있는 내담자의 부적응 행동을 오히려 내담자가 적극적으로 의식하면서 연습하게 함 〈조작적 조건 형성과 모델링에 기초한 상담기법〉 • 행동계약법 : 상담자와 내담자 사이에 행동에 대한 계약 체결 • 토큰경제법 : 토큰을 강화물로 사용, 구매력을 가진 상징적 표나 점수를 주는 이차적 강화방법 • 포화법 : 강화자극이 너무 빈번히, 많이 제공되면 강화력 상실

책으로 이해하는 성인학습 및 상담

1. 책 제목

사랑과 집착 사이(수잔 포워드 지음, 조윤증 역, 푸른 지팡이, 2011)

- 집착하는 사람의 경우 거부당할지도 모른다는 두려움은 실제로 거부당하는 것과 똑같은 영향력을 발휘한다. 이런 거부 불안감 때문에 상대를 화나게 하는 행동을 해서 거부당하는 경우가 많다.

2. 책의 간략한 내용

저명한 심리치료 전문가인 수잔 포워드는 훌륭한 잠재력에도 불구하고 성장기의 콤플렉스를 벗어나지 못해 힘겨운 삶을 사는 사람들의 문제에 깊은 관심을 보여 왔다. 이 책은 어릴 때의 불행한 가정환경으로 인해 사랑하는 사람을 만나도 온전히 사랑하지 못하고 집착하는 관계를 보이는 우리 이웃들의 다양한 사례와 함께 소개하고 있다.

그녀는 '집착은 사랑이 아니다'라고 자신 있게 말하며 집착과 애착의 경계에 관해 선명하게 구분하여 주고 있다. 건강하고 안정적인 애착관계는 평생을 살아가는 틀이 된다. 불행한 어린 시절에서 시작된 집착의 다양한 형태에 대해 그 심층의 흐름을 현미경으로 보여 주고 있다. 아울러 집착은 부모의 잘못된 사랑에서 비롯된 것으로 부모와 건강하게 이별함으로써 정서적으로 안정되고 치유된다. 이 집착이 있던 자리는 사랑만으로 채워지고 치유된다. 집착하는 사람들이 아무리 깊은 애정을 느낀다 하더라도 그들은 자신의 절박한 욕구에 지배당해 상대의 욕구를 희생시킨다. 반면에 건강한 사랑은 서로 신뢰하고 관심을 가지며 존중해 주는 것이다.

3. 토론하기

- 인간을 보는 관점에 따라 상담이론이 어떻게 달라지는가?
- 성인학습자에게 적용하기에 가장 적절하다고 판단되는 상담이론은 어느 것이며, 이유는 무엇인가?

09

REFERENCE

구광현, 이정윤, 이재규, 이병임, 은혁기(2005). 학교상담의 이론과 실제. 학지사.

김계현, 김동일, 김봉환, 김창대, 김혜숙, 남상인, 천성문(2011). 학교상담과 생활지도. 학지사.

김흥규(2003). 상담심리학. 형설출판사.

노안영(2002). (101가지 주제로 알아보는) 상담심리. 학지사.

윤순임, 이죽내, 김정희, 이형득, 이장호, 신희천, 이성진, 홍경자, 장혁표, 김정규, 김인자, 설기문, 전윤식, 김정택, 심혜숙(2000). 현대 상담 · 심리치료의 이론과 실제. 중앙적성출판사.

이현림, 김지혜(2009). 성인학습 및 상담. 학지사.

조성연, 박미진, 문미란(2010). 성인학습 및 상담. 학지사.

천성문, 박명숙, 박순득, 박원모, 이영순, 전은주, 정봉희(2011). 상담심리학의 이론과 실제. 학지사.

한재희(2004). 상담 패러다임의 이론과 실제. 교육아카데미.

CHAPTER 10

성인상담이론 2

인지 · 정서 · 행동 상담
게슈탈트 상담
현실요법 상담
의사교류분석 상담

학습목표

1. 인지 · 정서 · 행동 상담의 절차에 대해 알 수 있다.

2. 게슈탈트 상담의 특징에 대해 알 수 있다.

3. 현실요법 상담의 절차에 대해 알 수 있다.

4. 의사교류분석 상담의 특징에 대해 알 수 있다.

CHAPTER

10

성인상담이론 2

1. 인지 · 정서 · 행동 상담

1) 이론의 기본입장

이 이론의 기본철학은 인간의 심리적 고통을 대부분 잘못된 사고와 신념체계에 의한 부정적 정서반응으로 보고, 사고와 신념체계를 합리적으로 개선함으로써 부정적 정서, 즉 적개심, 분노, 열등감, 죄책감, 불안 등을 제거하거나 감소시킬 수 있다는 것이다. 이 이론의 대표적인 학자 엘리스(Ellis)는 컬럼비아대학교 임상심리학과에서 정신분석 훈련을 받았으나 그 이론이 비효율적이라고 느꼈다. 오히려 그는 내담자가 가지고 있는 비합리적인 신념체계를 변화시키는 것이 해석을 하거나 꿈을 분석하는 것보다 내담자를 변화시키는 데에는 훨씬 효과적이라고 생각했다. 이와 같은 생각을 기초로 그는 1955년 '합리적 치료'를 제시하였으며, 이 이론이 정서적 측면을 무시하는 것으로 오해되는 것을 피하기 위해 1961년 '합리적 · 정서적 치료(RET)'로 이름을 바꾸었다. 1993년 이후에는 자신의 이론과 상담과정이 단순히 인지 · 정서적인 측면만 있는 것이 아니라 인지 · 정서 · 행동적 측면들을 모두 고려하는 절충적이고 포괄적인 관점임을 나타내기 위해 '인지 · 정서 · 행동치료'(Rational Emotive Behavior Therapy ; REBT)라는 이름으로 바꾸었다.

다음은 엘리스(Ellis)가 가정하는 REBT의 인간관이다(Ellis & Dryden, 1987).

- 인간은 어떤 외부적 요인에 의해서 혼란에 빠지고 불안해 지기보다는 스스로 혼란과 불안을 자초한다.
- 인간은 왜곡되게 생각하고 불필요하게 스스로를 혼란시키려는 생물학적, 문화적 성향을 갖고 있다.
- 인간은 스스로를 혼란시키는 신념을 만들뿐 아니라 자신이 지금 혼란과 불안을 느끼는 그 자체에 대해서도 계속해서 혼란과 불안을 느낀다.
- 인간은 자신의 인지, 정서, 행동 과정을 변화시킬 수 있는 능력이 있다.

2) 인간의 정서와 신념에 대한 관점

인지, 정서, 행동 이론에서는 사고의 결과로 정서가 나타난다고 본다. 즉, 우리가 어떤 것을 나쁘다고 생각하면 우리는 그것에 대해 나쁘다고 느끼게 된다. 정서에는 '적절한 정서'와 '부적절한 정서'가 있다. '부적절한 정서'는 '반드시 ~이어야 한다', '절대로 ~해서는 안 된다'라는 식의 절대적인 명령이나 욕구와 관련되는 정서이며, 자기가 좋아하거나 원하는 일이 이루어지지 못할 때 느끼는 불안, 모욕감, 절망감, 적대감 등과 같은 부정적 감정을 말한다. 엘리스(Ellis)는 이러한 부적절한 정서는 비합리적인 신념에서 비롯된다고 보고 14가지를 제시하고 있다.

- 인간은 중요한 모든 사람들에게 사랑과 인정, 이해를 받을 때 가치 있는 사람이다.
- 자신이 가치 있다고 인정받으려면 모든 영역에서 완벽해야 하고 성공해야 한다.
- 어떤 사람은 악하고, 나쁘며, 야비하다. 그러므로 그와 같은 행위에 대하여 반드시 준엄한 저주와 처벌을 받아야만 한다.
- 일이 내가 바라는 대로 되지 않는 것은 끔찍스러운 파멸이다.

- 불행이란 외부 환경 때문에 생기며 사람이 그 불행을 막을 길은 거의 또는 전혀 없다.
- 위험하거나 두려운 일이 일어날 가능성이 언제든지 존재하므로 이것은 커다란 걱정의 원천이 된다.
- 인생에 있어서 어떤 난관이나 책임을 직면하는 것보다 회피하는 것이 더 쉬운 일이다.
- 우리는 타인에게 의존해야 하고, 자신이 의존할 만한 더 강한 누군가가 있어야 한다.
- 한 개인의 과거사는 현재의 행동을 결정하는 가장 중요한 요인으로 사람은 과거의 영향에서 벗어날 수 없다.
- 사람은 다른 사람의 문제와 어려움을 함께 괴로워하고 속상해해야 한다.
- 모든 문제에는 가장 적절하고도 완벽한 해결책이 반드시 있기 마련이며 그것을 찾지 못한다면 그것은 끔찍한 일이다.
- 세상은 반드시 공평해야 하며 정의는 반드시 승리해야 한다.
- 항상 고통 없이 편안해야 한다.
- 아마도 나는 미쳐가고 있을지도 모른다. 그러나 미쳐서는 안 된다. 왜냐하면 그것을 견딜 수 없기 때문이다.

3) 이론의 기본개념

(1) 선행사건(A : Activating Event)

인간의 정서적 혼란을 야기하는 어떤 사건이나 현상을 의미한다.

(2) 신념체계(B : Belief System)

어떤 사건이나 행위 등과 같은 환경적 자극에 대해서 개인이 갖게 되는 태도 또는 신념체계나 사고방식을 의미한다.

(3) 결과(C : Consequence)

선행사건에 접했을 때 자신의 신념체계를 통해 그 사건을 해석함으로써 느끼게 되는 정서적·행동적 결과를 말한다.

(4) 논박(D : Dispute)

비합리적 신념에 대한 도전, 다시 생각해 보도록 하는 과정으로 내담자가 가지고 있는 비합리적인 신념이나 사고에 대해서 그 사상이 사리에 맞는 것인지 논리성·실용성·현실성에 비추어 반박하는 것이다. 내담자의 비합리적인 신념을 수정하기 위한 방법 중 가장 대표적인 것이다.

(5) 효과(E : Effect)

바람직한 정서와 행동이 나타나는 것이다. 내담자가 가진 비합리적인 신념을 철저하게 논박함으로써 합리적인 신념으로 대치한 다음 자기수용적인 태도와 긍정적인 감정을 느끼게 한다.

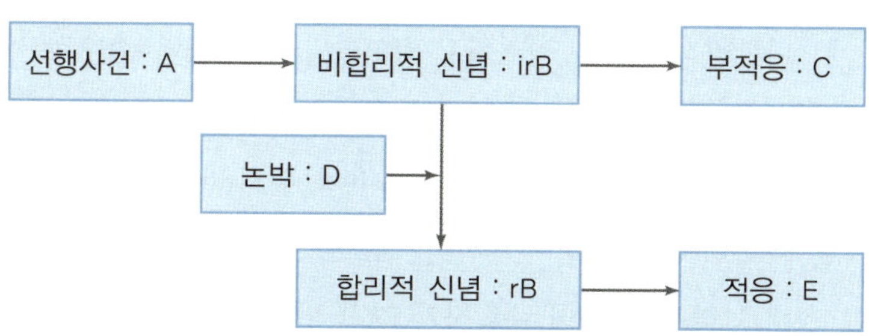

[그림 10-1] 인지·정서·행동 기법 절차

4) 상담과정

인지, 정서, 행동 상담의 기본절차는 'ABCDE 모형'으로 설명된다. 이 모형에서 핵심은 내담자를 정서적으로 곤란하게 하는 것(C)은 선행사건(A)이 아니라 말로 표현되는 내담자의 신념(B)이라는 것이다. 이 모형의 구체적인 상담과정은 다음과 같이 12단계로 나누어진다.

- 1단계 : 상담자는 내담자에게 문제점을 질문한다.
- 2단계 : 상담자와 내담자는 상담에서 다룰 문제를 선택하고 합의한다. 이때 내담자는 선행사건(A)을 변화시키고 싶어 할 때가 많은데 우선 정서적·행동적 결과에 초점을 맞춘다.
- 3단계 : 부적절한 부정적 감정을 알아본다.
- 4단계 : 결과를 평가한 후 상담자는 그러한 결과를 초래했다고 내담자가 추론하고 있는 선행사건을 확인한다.
- 5단계 : 이차적 정서문제를 규명한다. 내담자 자신이 불안을 느끼는 것 자체에 대해 스스로 비난하고 부끄럽게 여긴다면 이는 불안에 대한 불안이므로 이차적 정서의 문제이다. 이를 먼저 찾아낸다.
- 6단계 : 신념(B)과 결과(C)의 연관성을 가르쳐 준다. 이 단계를 통해 내담자는 왜 다음 단계에서 상담자가 신념체계에 대한 논박을 하는지 이해할 수 있는 기반을 형성하게 된다.
- 7단계 : 비합리적 신념을 평가하고 확인한다. 내담자의 '절대적 사고', '경직된 당위성' 등이 포함된 비합리적인 신념체계를 평가하는 단계이다.
- 8단계 : 내담자의 비합리적 신념을 바꾸기 위해 논박하는 단계로, 우선 논박할 비합리적 신념을 구체적인 목표로 삼는다. 논박할 때에는 주로 질문 형태로 하는데, 특히 내담자가 가진 비합리적 신념의 논리성·현실성·실용성 등에 초점을 맞춘다.
- 9단계 : 비합리적인 신념을 논박한다.
- 10단계 : 합리적 신념체계를 내담자가 학습하고 심화하도록 한다.
- 11단계 : 내담자가 새로 학습한 합리적 신념을 실제 생활에 적용하는 과제를 부여하고 그것을 수행하도록 격려한다.
- 12단계 : 합리적 인생관을 확립하게 한다. 내담자의 비합리적 사고는 한두

번의 논박이나 동일한 기법을 반복적으로 사용한다고 변화되는 경우는 거의 없다. 상담자는 같은 비합리적 사고에 대해서도 다른 상황에 다른 과제를 부여함으로써 내담자가 합리적 사고를 통해 사건을 평가하고, 보다 나은 적응적인 결과를 경험할 수 있도록 한다.

사례

대인관계의 어려움과 신체화 증상을 극복한 회사원 김○○(25세) 씨

- 인지, 정서, 행동적 이론 적용
- 비합리적 신념과 합리적 신념 제시

1. 내 장소리를 다른 사람이 듣게 되면 웃음거리가 된다(비합리적 신념). → 다른 사람이 듣게 되더라도 대부분은 그냥 지나친다. 만약 그 소리로 나를 웃음거리로 만든다면 그것은 그 사람들에게 문제가 있다(합리적 신념).
2. 나는 항상 타인에게 잘 보여야만 한다(비합리적 신념). → 항상 다른 사람에게 잘 보일 필요는 없다. 잘 보이게 되면 좋지만 그렇지 못하더라도 나의 가치가 하락하는 것은 아니다(합리적 신념).
3. 나는 내가 제일 잘나야만 한다(비합리적 신념). → 제일 잘난 사람이 되는 것보다 인간답게 성실히 사는 것이 더욱 중요한 가치이다(합리적 신념).

5) 상담기법

인지, 정서, 행동 이론은 인지적 기법, 정서적 환기기법, 행동적·적극적 지시기법의 세 영역이 포괄적으로 적용되는 종합적인 상담방법이다.

(1) 인지적 기법

① 암시

자신뿐만 아니라 타인 혹은 사회에 관하여 자기패배적인 진술을 되풀이하는 부정적 사고형인 내담자가 있다고 하자. REBT에서는 상담자가 내담자에게 부정적인 사고를 긍정적인 사고로 대체시키는 방법을 보여 줌으로써 내담자가 개선될 수 있음을 암시한다(이현림 외, 2009).

② 비합리적 신념에 대한 논박

상담자는 내담자의 비합리적 신념에 대해 논리성·현실성·실용성에 근거하여 논박한다.

③ 인지적 과제

'반드시 ~이어야만 한다' 또는 '절대로 ~을(를) 해서는 안 된다'는 식의 내면화된 신념체계를 내담자에게 과제를 제시함으로써 제거하려는 방법이다. 보다 합리적인 사고방식을 체득하도록 합리적인 자기 진술 카드, 독서요법과 상담 테이프 다시 듣기 등의 기법을 사용한다.

(2) 정서적 기법

① 내담자의 불완전성에 대한 무조건적인 수용

엘리스의 상담기법은 직접적이고 문제중심적이어서 내담자와 따뜻한 상담관계를 중요시하지 않는다. 그런데도 상담관계를 형성할 수 있는 이유는 내담자가 무조건적으로 수용되고 있다는 것을 경험할 수 있기 때문이다.

② 합리적·정서적 상상

상담자는 내담자에게 가장 최악의 상태가 일어날 때를 상상해 보라고 한다. 이와 더불어 상담자는 그 상황에 내담자가 어떤 부적절한 감정을 느끼며, 그러한 감정을 얼마나 강하게 느끼는지 상상하게 한다. 그 후 내담자가 스스로 그 부적절한 감정을 적절한 감정으로 변화시키고 그런 과정에 내담자가 스스로 사용한 방법을 확인하여 일상생활에서도 그러한 과정을 활용할 수 있도록 한다.

③ 수치심 제거 연습

다른 사람들이 잘 수용할 수 없는 수치스러운 행동을 억지로 시킴으로써 수치심에 무뎌지게 하는 연습이다. 직접 행동을 시연해 봄으로써 다른 사람들은 자신이 생각하는 것만큼 타인에 대하여 관심이 없으며, 다른 사람의 비난에 대해 크게 영향받을 필요가 없다는 것을 발견하게 된다.

④ 유머의 사용

이치에 맞지 않는 생각 때문에 일어나는 내담자의 불안을 줄여주는 무기로 유머가 사용되기도 한다. 유머는 내담자가 가진 비합리적인 사고의 왜곡을 덜 심각한 방법으로 보여 주며, 이를 내담자가 깨닫게 하는 데 그 목적이 있다.

(3) 행동적 기법

① 강화기법

바람직한 행동을 증가시키는 자극을 통해 행동의 변화를 갖게 하는 방법이다. 예를 들어, 텔레비전 보기, 놀기와 같이 즐겨하는 행동을 공부하기나 숙제하기와 같이 발생빈도가 낮은 행동의 발생 가능성을 증가시키는 강화제로 사용할 수 있다.

② 실제 생활에서 해보기

습득한 내용을 실제 생활에 적용하고 그에 대한 피드백을 받도록 하는 방법이다.

③ 자극통제

상담자는 내담자에게 특정 자극의 통제방법을 시범으로 보여 줌으로써 내담자가 역기능적으로 행동할 가능성을 줄일 수 있다. 예를 들면, 직장에 다니는 비만인 내담자가 휴식시간에 매점에 가지 않도록 훈련시키는 것이다.

〈표 10-1〉 인지, 정서, 행동 상담이론

주창자	엘리스(Ellis)
기본개념	• 자기중심주의 → 전체성원주의 • 개인주의 → 집단공동주의 • 소극주의 → 적극주의 • 잘못된 생각 · 신념 → 합리적 신념 • 부정적인 태도, 가치관 → 진취 적극적 자세
상담의의	• 인간의 신념이 인간행동의 큰 원동력이라는 관점으로 인간의 심리 고통의 대부분은 비합리적인 정서반응에서 유발 • 부적응 행동은 비윤리적, 비현실적, 비합리적 사고에 의해 발생 • 상담의 역할은 그릇된 신념이나 사고를 현실적이고 합리적으로 재교육하는 것
상담목적	• 합리적 인간 형성 • 시민적 자질 배양 • 자기우월성 배제하는 인간
상담목표	• 내담자로 하여금 자기와 타인, 세상에 대한 비난 감소, 적대감과 불안, 우울 경감 • 내담자로 하여금 행복감과 즐거움 증진, 자기에 대한 책임감 향상 • 내담자의 비합리적이고 비논리적인 견해와 신념을 분석하고 교정 • 내담자로 하여금 합리적인 신념체계를 형성할 수 있는 법을 가르침 • 자기패배적 견해를 최소화시키고 현실적이며 합리적인 삶의 철학을 극대화
상담과정 및 기법 (ABCDE 전략)	• 선행사건(A : Activating Event) – 선행(촉발)사상 – 정서유발을 위한 환경요소, 합리적 사고 고취를 위한 동기유발 상태 • 신념체계(B : Belif System) 일정 환경 자극에 대해 각 사람이 갖는 신념체계 • 결과(C : Consequence) – 선행사건과 관련된 신념으로 생긴 결과 – A와 B의 상호작용의 결과로 발생 • 논박(D : Dispute) 비합리, 잘못된 신념체계 → 합리적 신념체계로 전환, 의식 수준 함양 • 효과(E : Effect) 바람직한 정서와 행동이 나타나는 효과 • 기타 상담기법 – 인지적 치료 : 긍정적이고 합리적인 자기 진술 카드 읽기 – 정서적 치료 : 합리적 정서 상상, 역할연기법 – 행동적 치료 : 과제 부여, 주장훈련, 체계적 둔감화, 긴장이완 등

2. 게슈탈트 상담

1) 이론의 기본입장

게슈탈트 상담은 펄스(Perls)에 의해 창안된 상담이론으로 인간을 본질적으로 선하지도 악하지도 않은 존재로 본다. 인간은 전체를 추구하는 존재로서 사고, 감정, 행동을 통합하고자 한다. 또한 인간에 대한 반결정론적 시각을 지니고 있는데, 인간은 어렸을 때의 영향이 현재 나타나는 어려움과 어떻게 관련되어 있는지를 깨달을 수 있는 능력을 가지고 있는 것으로 본다.

게슈탈트 상담에서는 인간이 '지금-여기'의 상황에서 무엇을 어떻게 경험하는지에 대하여 대단히 중요하게 생각할 뿐만 아니라 내적 요구와 외적 요구에 따라 전경과 배경이 바뀐다는 것도 중요시한다. 경험의 전체성, 인간의 자유와 책임, '과정으로서의 존재'를 강조한다는 점에서 실존주의적 성격이 강하다. 또한 인생에 대한 객관적 의미보다는 인간의 지각이나 주관적 경험 및 의미를 강조한다는 점에서 현상학적인 인간관에 근거하고 있다. 그리고 전경과 배경의 형성과 소멸에 대한 원리, 지각의 조직화 과정에 대한 원리 등을 상담에 원용하고 있다는 점에서 게슈탈트 심리학의 영향을 받고 있다.

2) 이론의 주요개념

인간의 부적응 행동은 각성의 결여, 책임의 결여, 환경과의 접촉상실, 형태완성 능력의 부족, 욕구의 부인, 자아의 미분화에서 그 원인을 찾는다. 게슈탈트 상담의 목표는 증상의 완화나 제거가 아니라 개인의 성장에 있다. 상담자는 내담자로 하여금 자신의 욕구와 감정을 분명히 알아차리고 이를 환경과의 접촉을 통해 잘 해소할 수 있도록 도와주는 역할을 한다. 알아차림을 증진시키기 위해 상담자는 자신의 감각을 최대한 활용하여 내담자의 신체행동이나 표정 등의 비언어적인 표현에 민감하며 내담자에게 일어나는 변화를 잘 관찰하여 언어적 표현과 비언어적 표현 사이의 불일치 등에 주의를 기울여야 한다.

(1) 게슈탈트

게슈탈트(gestalt)란 여러 부분들이 연결되어 형성하는 의미 있는 전체를 의미하는 것으로, 개인이 지니는 욕구나 감정이 하나의 의미 있는 전체로 조직된 것을 뜻한다. 인간은 자기 조정 능력에 의해 매 순간 자신에게 가장 필요한 욕구와 감정의 순서대로 게슈탈트를 형성하고 조정한다. 그런데 만약 완결된 형태로서 게슈탈트를 형성하지 못하면 심리적 장애를 겪게 된다.

(2) 전경과 배경

사람이 어떤 문제를 인식할 때 관심 있는 부분 이외에는 잘 인식하지 않는데, 이때 사람의 관심 초점이 되는 부분을 전경이라 하고, 관심 밖에 있는 것을 배경이라 한다. 이 전경과 배경의 구분이 확실하면 할수록 문제가 선명해지고 따라서 건강하게 문제를 해결할 수 있다. 반대로 전경과 배경을 잘 구분하지 못하는 것은 혼란과 부적응을 야기한다.

(3) 각성과 접촉

각성이란 개체가 자신의 유기체로서의 욕구나 감정을 지각하고 그것을 게슈탈트로 형성하여 전경으로 떠올리는 행위를 말한다. 그러나 자신의 경험을 부정하거나 비난하며 책임을 다른 곳으로 돌리고, 자신의 감정을 자신의 일부로 받아들이지 않으면 알아차림이 어려워지게 된다. 접촉이란 전경으로 떠오른 게슈탈트를 해소하기 위해 현재를 있는 그대로 경험하고 환경과 상호작용하는 행위를 말한다. 접촉은 알아차림과 함께 서로 보완적으로 작용하여 게슈탈트의 형성과 해소과정을 도와주어 유기체의 성장에 이바지한다. 그러나 투사, 반전, 편향 등이 있으면 접촉이 방해받게 된다.

(4) 미해결 과제

미해결 과제란 개체가 게슈탈트를 형성하지 못했거나 형성한 게슈탈트가 적절히 해소되지 못해 배경으로 물러나지 못한 상황을 의미한다. 뚜렷한 기억이나 환상들과 연합되어 있는 것으로, 개인이 과거에 완전히 경험되지 못하거나 표현하지 못한 감정들이다. 특히 원한의 경우, 가장 빈번하고 나쁜 종류의 미해결 감정으로, 표현되지 않으면 자주 죄책감을 일으킨다. 이와 같이 과거의 미해결 과제를 현재까지도 전경으로 떠올리고 있으면, 개체는 현재 자신의 경험과 욕구를 명확히 알아차릴 수 없고 그 순간의 타인 또는 환경과의 진실한 접촉도 불가능하다. 사람은 미해결 과제 및 그것과 관련된 불편한 감정을 직면하지 못하고 회피하려는 경향이 있는데 이런 경향 때문에 자신의 문제를 해결하지 못하는 상황에 빠지게 된다.

3) 상담기법

(1) 각성을 증진시키기 위한 기법

① 욕구, 감정, 신체, 환경, 책임, 언어 및 행동습관 등을 자각시키기 위한 질문과 직면시킨다.

예) 지금 느낌이 어떠세요?, 목소리가 떨리는군요. 주의 깊게 들어 보세요.

② '왜'(why) 대신 '무엇'(what)이나 '어떻게'(how)를 통한 머물러 있기를 통해 자신의 미해결 감정을 회피하지 않고 직면하게 한다.

(2) 내면적인 경험을 보다 분명하게 경험하도록 하는 기법

① 빈 의자기법: 내담자가 주요하게 생각하는 사람이 빈 의자에 앉아 있다고 상상하고 그 사람과 대화를 하게 하는 것

② 과장하기

(3) 내담자가 두 가지의 상반된 감정과 생각 사이에서 벗어나지 못할 때 통합을 촉진시키기 위한 실연기법

과거나 미래의 장면을 현재 벌어지는 장면으로 상상을 해보고, 실제 행동으로 연출해 보는 것으로 예를 들어 '시험을 망치면 엄마가 뭐라고 말할 것 같은지 엄마라고 생각하고 말해보세요'와 같은 것이 있다.

〈표 10-2〉 형태주의(게슈탈트) 상담이론

주창자	펄스(Perls)
기본관점	• 인간은 본질적으로 선하지도 악하지도 않다고 봄 • 인간은 신체, 정서, 사고, 감각, 지각 등 모든 부분이 서로 관련을 갖고 있는 전체로서 완성하려는 경향성이 있음 • 인간은 자기가 속한 환경을 떠나서 이해될 수 없고 내외적 자극에 대하여 능동적으로 반응하고 또 책임을 질 수 있음
기본개념	• 현재 : '지금-여기' 현재의 순간을 완전히 경험하고 인식하는 것이 중요 • 미해결 감정 – 표현하지 못한 감정들 – 뚜렷한 기억이나 환상들과 연합되어 있으며 완전히 경험되지 못했으며, 현재 중심적 인식을 방해 – 원한은 가장 빈번하고 나쁜 종류의 미해결 감정으로, 표현되지 않으면 자주 죄책감을 일으킴 • 회피 – 미해결 감정에 직면하여 이와 연합된 불편한 정서를 경험하지 못하도록 함 – 회피를 극복함으로써 통합과정을 시작 • 성격 변화의 단계 – 피상층 : 피상적으로 만나는 단계 – 공포층 : 부모나 주위 환경의 기대 역할에 따라 행동하며 살아가는 단계 – 한의 장벽 : 역할연기를 그만두고 자립을 시도하지만 동시에 심한 공포를 체험 – 내파층 : 억압해 왔던 욕구와 감정을 알아차리게 되고, 진짜 자기와 접하게 됨 – 폭발층 / 외파 : 자신의 감정과 욕구를 직접 대상에게 표현, 미해결 과제들이 전경으로 떠올림으로써 문제해결
상담목표	• 언제나 잘 통합된 인간이 되게 하고 이를 위해 개인적 각성의 향상과 지금의 자신에게 진실되게 살아갈 수 있도록 함 • 내담자로 하여금 어떻게 자신들이 현재를 느끼고 경험하는지를 알 수 있도록 도움으로써 '지금-여기'(now and here)를 완전히 경험할 수 있도록 함

〈표 계속〉

상담 과정	• '지금-여기'에서 만나는 자신의 현재 지각이나 경험을 공유하는 것이 중요함 • 피드백을 통해 인식을 높여줌 • 치료자와 내담자 사이의 진정한 대화와 접촉이 있는 관계를 중요시함
상담 기법	내담자와 치료자와의 상호작용에서 나오며 내적 갈등을 실제적 과정으로 만듦으로 갈등을 표면화시킴: 빈 의자기법, 한 바퀴 돌기, 투사놀이, 반동기법, 역할연습, 과장연습 등

3. 현실요법 상담

1) 이론의 기본입장

현실요법은 미국의 심리치료자인 글래서(Glasser)가 1950년 말에 제창하여 발전시켜 온 상담이론이다. 이 이론에서는 인간은 스스로 성장하려고 하는 긍정적인 힘을 가지고 있으며, 인간은 스스로 자신이 원하는 것이 무엇인가를 파악하고, 그 욕구에 따라 자신이 하고자 하는 행동을 결정하고, 선택할 수 있는 힘이 있다고 본다. 인간은 무엇보다 자신이 선택한 것에 대해 스스로 책임질 수 있는 존재이다. 인간의 부적응 행동은 인간이 가지고 있는 기본적인 욕구가 충족되지 않아 나타나는 행동으로, 스스로 파괴적인 행동을 선택하고, 해야 할 일을 회피하고 그에 대해 책임지지 않음으로써 나타난다. 현실요법은 과거보다는 현재, 감정이나 태도보다는 현재행동에 초점을 두며, 정신질환이라는 개념을 거부하며 외부 환경적인 요소에 의해 인간행동이 결정된다고 보는 견해를 수용하지 않는다. 현실요법은 내담자의 현재행동을 자신의 욕구를 충족시키기 위한 선택으로 간주되며, 따라서 그 선택에 대한 책임이 내담자 자신에게 있음을 강조한다.

2) 인간의 기본욕구

인간은 다음 여섯 가지의 욕구가 있으며, 이러한 욕구를 충족시키기 위해 노력한다. 현실요법에서는 인간을 내재하는 욕구가 충족되지 않으면 이를 충족시키기 위해서 행동을 유발시키며 그 욕구가 충족되면 그 행동을 멈추는 일종의 통제체제라고 본다. 효율적인 삶의 통제자는 자신의 행동이 타인의 욕구를 방해하지 않으면서 효율적으로 자신의 욕구를 충족시키는 사람을 가리킨다. 비효율적인 삶의 통제자는 효율적으로 자신의 욕구를 충족시킬 수 없는 사람, 상담을 필요로 하는 사람이다.

인간의 기본욕구는 다음과 같다.

- 소속과 사랑에 대한 욕구: 소속되고 사랑받고 싶은 욕구
- 통제력에 대한 욕구: 성취, 인정, 완수에 대한 욕구로 힘(power)에 대한 욕구
- 자신감에 대한 욕구 : 자신의 인생을 변화시키는 욕구
- 즐거움에 대한 욕구: 인생을 즐기고 웃음과 유머를 갖고 살려는 욕구
- 자유에 대한 욕구: 선택, 독립, 자율의 욕구
- 생존에 대한 욕구: 자신의 삶과 건강을 유지하는 것에 관계된 욕구

3) 상담목표

상담의 정의를 비효율적인 삶의 통제자를 보다 효율적인 삶의 통제자가 될 수 있도록 조력하는 과정으로 본다. 상담자의 역할을 내담자로 하여금 자신의 진실된 인간적 욕구나 바람이 무엇인지를 발견하도록 하여 이러한 욕구를 충족시키기 위해 자신이 선택하고 있는 현재의 행동에 대해 평가하도록 한 후, 새로운 행동을 계획하고 실천하도록 격려하며 안내하는 역할을 한다. 상담목표는 다음과 같다.

- 내담자가 자신의 욕구를 충족시키고 노력한 것을 성취할 수 있도록 돕는다.
- 내담자로 하여금 스스로 결정하고, 자신이 결정한 것에 책임을 질 수 있도록 돕는다.
- 내담자가 자신의 욕구를 충족시킬 수 있도록 주위 환경을 통제할 수 있도록 한다.
- 내담자가 심리적인 힘을 키워서 효과적인 행동을 선택하고 행동할 수 있도록 한다.

4) 상담기법

(1) 질문하기(WDEP 기법)

① 욕구(Wants)

'원하는 것이 무엇인가' 욕구, 바람, 지각을 탐색한다.

② 방향과 행동(Direction and Doing)

욕구를 충족하기 위해 무엇을 하고 있는지 방향과 행동을 탐색한다.

③ 평가(Evaluation)

내담자의 행동과 욕구를 자기 스스로 평가하는 단계이다.

예) 당신은 지금의 행동이 당신에게 도움이 된다고 생각합니까?

④ 계획(Planning)

욕구를 달성하기 위해 앞으로 어떻게 해야 할지 계획을 하고 실천으로 옮긴다.

(2) 유머 사용

유머를 사용함으로써 상담자와 내담자의 긴장을 푼다.

(3) 토의와 논쟁

자신의 욕구를 충족시키려 하는 내담자의 방법이 현실적인지, 그 방법에 책임을 지려 하는지에 초점을 맞춰 토의와 논쟁을 한다.

〈표 10-3〉 현실요법 상담이론

주창자	글래서(Glasers)
기본관점	• 인간의 행동은 목적 지향적 • 외부의 힘보다는 내적인 힘을 중시 • 인간은 항상 자신의 행동을 통제할 수 있는 존재 • 개인의 책임을 중시
기본개념	인간은 다음의 여섯 가지의 욕구가 있으며, 이를 위해 노력함 • 소속과 사랑의 욕구 : 소속되고 사랑받고 싶은 욕구 • 통제력의 욕구 : 성취와 완수에 대한 욕구 • 자신감의 욕구 : 자신의 인생을 변화시키는 욕구 • 자유의 욕구 : 선택의 욕구 • 즐거움의 욕구 : 인생을 즐기고 웃음과 유머를 갖고 살려는 욕구 • 생존의 욕구 : 자신의 삶과 건강을 유지하는 것에 관계된 욕구
상담목표	내담자가 자신의 욕구를 충족시키고 인생에서 그들이 원하는 것을 획득하기 위해 더 좋은 방법을 가르치는 것
상담과정	• 상담자는 내담자의 변명을 허용하지 않고 스스로 책임감을 갖도록 도움 • 내담자의 심리적인 힘을 길러줌 • 내담자에게 새롭고 더 효과적인 행동 선택을 학습하고 검토할 수 있는 기회를 제공
상담특징	• 정신질환 인정 안함 • 과거보다 현재에 초점을 둠 • 전이를 강조하지 않음 • 처벌을 배제함 • 감정과 태도보다 현재행동에 초점 • 가치관 강조 • 무의식보다 의식 강조 • 책임감을 강조
상담기법	〈WDEP 기법〉 • Wants : 욕구, 바람, 지각의 탐색 • Direction and Doing : 방향과 행동 탐색 • Evaluation : 행동 평가 • Planning : 계획과 실천

4. 의사교류분석 상담

1) 이론의 기본입장

미국의 정신과의사였던 버네(Berne)가 1957년에 창시한 성격이론이자 심리치료이론이다. 자신을 분석하여 이해함으로써 자기통제, 자율성, 책임감을 높이고 건전한 대인관계를 맺게 하는 것이 목표이다. 이 이론에서는 인간은 자율적인 존재이며, 인간은 그 무엇에 의해 결정되지 않는 자유로운 존재로 본다. 인간은 여러 가지 대안 중 어떤 것을 선택하고 결정할 수 있는 존재이며, 자신에 대해 책임질 수 있는 존재로 본다.

2) 이론의 주요개념

(1) 세 가지 자아 상태

이 이론에서는 세 가지 자아 상태를 구분하고 있는데 세 가지 자아 상태가 탄력적으로 기능하고, 어른자아가 정상적으로 기능하는 것을 강조한다. 세 가지 자아 상태는 다음과 같다.

① 부모자아(P : Parent)

- 비판적 부모자아 : 부모의 윤리, 도덕, 가치판단의 기준을 내면화시킨 것
- 양육적 부모자아 : 자녀를 양육하는 말이나 행동이 내면화된 것

② 어른자아(A : Adult)

객관적, 합리적, 분석적, 지성적, 논리적, 사실평가적, 정보처리적 기능을 하는 자아

③ 어린이자아(C : Child)

- 자유 어린이자아 : 부모나 어른들의 반응에 구애됨이 없이 내면에서 자연스레 일어나고 느끼는 그대로 표현하는 자아 상태
- 어린이교수자아 : 선천적 지혜를 지닌 측면, 인간 내부의 재치 있고 창의적이며, 탐구적이고 조정적인 어른자아의 축소판과 같은 자아 상태
- 적응적 어린이자아 : 부모나 권위자의 관심을 얻기 위해 이들의 요청에 부응하려는 자연적 충동의 적응기능을 가진 자아 상태

(2) 생활자세

① 자기부정-타인긍정 자세(I'm not OK-You are OK)

어려서 부모의 자극을 무조건적으로 경험함으로써 혼자서는 살아갈 수 없다는 좌절을 경험하면서 가지게 된 자세

② 자기부정-타인부정 자세(I'm not OK-You're not OK)

어려서 부모의 애정을 받지 못하면서 타인에 대해서도 기본적인 신뢰를 가지지 못하면서 나타나는 자세

③ 자기긍정-타인부정 자세(I'm OK-You're not OK)

부모의 벌이나 제지를 참고 견딤으로써 자기에 대해 자신감이 생기면서 외부자극에 대해 거부하는 자세

④ 자기긍정-타인긍정 자세(I'm OK-You are OK)

어른자아가 적절하게 기능하면서 자신과 타인에 대해 긍정적인 태도를 갖게 되는 자세

(3) 상담목적

이 이론이 갖는 상담목적을 몇 가지로 정리하면 다음과 같다.

① 자신의 삶에 책임을 지고 스스로 자신을 지도할 수 있는 자율성을 성취하게 한다.

② 어른자아가 정상적으로 기능하게 하도록 돕는다.

③ PAC 자아가 배타 없이 탄력적으로 기능하도록 돕는다.

④ 초기 각본에서 벗어나 자기긍정, 타인긍정의 생활각본을 갖을 수 있게 한다.

3) 치료기법

교류분석(Transactional Analysis ; TA)의 치료기법은 '자아구조분석', '교류패턴분석', '게임분석', '생활각본' 네 영역으로 나눌 수 있다.

(1) 자아구조분석

자아구조를 '부모자아', '성인자아', '아동자아' 세 가지로 나누었다. 이 이론에서는 PAC 중에서 어느 자아 상태가 주도적인지를 분석함으로써 균형 있는 자아 상태를 이룰 수 있도록 한다.

① 부모자아(Parent Ego, P)

부모자아가 커지면 보스기질을 보이며, 성인자아가 약해서 속기 쉽고 아동자아가 부족하여 답답하고 유머 부족으로 이어진다.

- 양육적 부모자아 : 보살펴주고 도와주는데, 원만한 대인관계를 위해 필요하나 지나치면 상대에게 부담이 될 수 있다.
- 비판적 부모자아 : 비판과 통제, 처벌을 하며, 봉건적이고 유머가 없고 자녀나 배우자를 불안하게 한다.

② 성인자아(Adult Ego, A)

현실을 검토하고 객관적인 정보를 수집, 처리하며 사실을 다루고 논리적,

비감정적으로 작용한다. 과다하면 약삭빠르고 영악하며 인정미가 없고, 부족하면 우직하고 눈치 없고 잘 속는다.

③ 아동자아(Child Ego, C)

아동자아가 비대하면 즉흥적, 감정적, 신뢰가 안가고, 현실감이 부족하며 인격적으로 미숙하고 자기만 생각하고 받을 것만 챙긴다.

- 순종적 아동자아: 부모나 권위자의 요구에 복종하는 자아로서 순종적, 의존적, 소극적이고 수줍고 지나치게 타인을 의식하며 착한 모범생의 특성을 지녔다.
- 자연적 아동자아: 자연적, 감정적, 충동적이며 자기중심적이다. 본능적, 적극적, 직관적, 자발적, 순진, 자유분방, 창조적이다.

(2) 교류분석

대인관계에서 서로가 가지고 있는 자아 상태를 분석하고 그로 인해 나타나는 의사소통의 문제를 해결하려는 기법이다. 교류 유형은 다음과 같다.

① 상보교류(complementary transaction)

발신자가 기대하는 대로 수신자가 반응하는 것이다. 즉, 기대한 대로 응답이 오는 대화관계로 상호 신뢰가 있는 사이거나 사이좋은 관계에서의 대화 형태이다.

예) 갑: 날씨가 쌀쌀하니 따뜻한 국물을 먹었으면 좋겠다.
을: 그래. 우리 저기 포장마차 가서 따뜻한 오뎅이나 먹자!

② 교차교류(crossed transaction)

발신자가 기대하는 것과 달리 수신자가 반응하는 것이다. 즉, 상대방이 예상외의 반응을 보임으로써 언쟁, 갈등, 침묵, 불쾌, 거부감을 일으키고 대화단절로 이어질 수 있는 교류패턴이다.

예) • 갑 : 야! 토요일이다. 영화 보러 가자!

을 : 너 제정신이니? 다음 주에 시험인데?

• 영희 : 임용고사 준비 좀 도와줄래?(C → P)

미연 : 야! 니가 나 좀 도와줘라.(P → C)

③ 이면교류(ulterior transaction)

겉으로는 합리적 대화를 하는 것 같으나 대화 이면에 다른 동기나 진의를 감추고 있는 교류패턴이다. 이러한 패턴이 계속되면 정신적으로 문제가 생긴다.

예) • 갑 : 멋있는 애인이구나!

을 : 너도 그렇게 생각하니? 고마워.

(이면) 갑 : 꼭 마당쇠 같이 생겼구만.

• 엄마 : 청소 언제 했니?

(이면) 치우고 좀 살지!!

(3) 게임분석

이면교류를 하는 것을 게임이라 하는데, 이면교류 속에 숨겨져 있는 의도를 분석하는 것이다. 이면교류가 정형화된 것으로 순서에 따른 숨겨진 교류가 반복된다.

① 게임을 시작하는 사람 : 고집이 세거나, 동정심이 많은 사람, 애정결핍인 사람 등으로 성격 면에서 약점이 있거나 일그러진 사람들이다.

② 게임의 결말 : 두 사람 관계가 부정적, 파괴적으로 되는 것이다. 자주 다투거나, 트집을 잡거나 몰아붙이는 대화, 변명 등이 대표적인 게임이다.

③ 게임은 어릴 때부터 습관화된 행동양식이므로 게임에 대한 지식을 얻었다고 금방 적절한 행동으로 변화되는 것은 아니므로 게임을 그만두기 위해서는 많은 연습이 필요하다.

예) 상사: (지각한 부하에게) 지금이 몇 시인가?

(이면) 상사: 또 지각이군.

부하: (질문의 의도를 알면서도) 예. 9시 20분입니다.

(이면) 부하: 또 비꼬는군.

(4) 생활각본

인생 초기에 형성된 삶의 계획 또는 태도로서 이후의 삶에 계속적으로 영향을 미치는 것을 각본이라고 하고, 구체적으로 어떻게 영향을 미치는지 탐색하는 것을 각본분석이라 한다. 교류분석에서는 대인관계 패턴의 문제를 '게임'이라는 개념으로 파악하고 이 게임의 반복을 '생활각본'이라는 개념으로 설명한다. 각자의 생활각본(life script)을 발견하고 변화시켜 건강한 삶을 살게 하는 것이 교류분석의 궁극적 목적이다. 평범한 각본과 파괴적 각본은 어린 시기에 부모의 영향을 받아(금지, 명령, 비판, 평가 등) 발달하고 그 후 자신의 체험에 의해 고정되지만 노력에 의해 변화될 수 있다. 이렇게 노력에 의해 생활각본이 변화하는 과정을 '재결단'이라고 한다.

① 파괴적 각본

패자각본으로 부적응 행동이나 실패를 거듭하는 사람의 인생 태도 또는 생활각본이다.

② 평범한 각본

보통 사람들의 성실한 생활 태도나 생활각본이다.

③ 성공자의 각본

승자각본으로 인생목표를 스스로 결정하고 완수하는 자기실현의 각본이다.

〈표 10-4〉 심리 교류분석(Transactional Analysis ; TA) 상담이론

주창자	버네(Berne)
인간관	• 인간은 자율적인 존재 • 인간은 자유로운 존재 • 인간은 선택할 수 있는 존재 • 인간은 책임질 수 있는 존재
의의	건강하고 적응적인 자아 상태를 모색하며, 각 자아 상태 간의 배타성이 없도록 함으로써 모든 자아를 필요에 따라 적절하게 사용할 수 있는 능력
상담개념	사람들의 게임 → 인간관계 파악
주요개념	〈세 가지 자아 상태〉 • 부모자아(P) – 비판적 부모자아(CP) : 부모의 윤리, 도덕, 가치판단의 기준을 내면화시킨 것 – 양육적 부모자아(NP) : 자녀를 양육하는 말이나 행동을 내면화된 것 • 어른자아(A) 객관적, 합리적, 분석적, 지성적, 논리적, 사실평가적, 정보처리적 기능 • 어린이자아(C) – 자유 어린이자아(FC) : 부모나 어른들의 반응에 구애됨이 없이 내면에서 자연스레 일어나고 느끼는 그대로 표현하는 자아 상태 – 어린이교수자아(LP) : 선천적 지혜를 지닌 측면, 인간 내부의 재치 있고 창의적이며, 탐구적이고 조정적인 어른자아의 축소판과 같은 자아 상태 – 적응적 어린이자아(AC) : 부모나 권위자의 관심을 얻기 위해 이들의 요청에 부응하려는 자연적 충동의 적응기능을 가진 자아 상태 ⇒ 교류분석-어린이, 어른, 부모의 사회적 적응 및 조정
상담목적	• 자율성 성취 • 자기긍정, 타인긍정의 생활 자세와 생산적인 생활각본 형성
상담과정	• 자아구조분석 : 모든 사람은 세 가지 자아 상태로 인격 구성, 각 자아 상태는 분리되어 특이한 행동의 원천이 됨 • 교류분석 : 두 사람 사이의 관계 상황에서 일어나는 사회적 상호작용의 한 단위(상보교류, 교차교류, 이면교류) • 생활각본 : 인간의 삶도 자신의 각본에 따라 전개되어 간다는 것 – 자신에 대한 타인의 비언어적 태도와 자신에 대해 타인이 전해주는 말을 통해 자기 나름대로의 해석으로 이루어짐(파괴적 각본, 평범한 각본, 성공자의 각본)
상담 기술요소	• 어루만짐(Stroke) : 제3자에게 인정, 승인, 신뢰받는 것 • 자아도(Egogram) : 개체가 자신에 대해 갖는 태도, 신념, 자아 상태 • 게임(Game) : 초기 인생각본의 한 형태, 성원 상호 간 의사거래 작용이 이루어지는 상태, 숨겨진 동기를 가진 일종의 암시적 의사거래 • 대본(Script) : 한 성원의 심리과정을 파악, 성원에게 실존의 의미감을 고취 • 게임분석 : 성원과 성원 사이 관계 전개상황 구체적 파악 ⇒ 상담 분위기 조성 및 상담자의 자질과 관련된 기술 : 허용, 보호, 잠재력

책으로 이해하는 성인학습 및 상담

1. 책 제목

경쟁에 반대한다(알피 콘 지음, 이영노 역, 산눈, 2009)

- 선생들도 학생들만큼 배운다는 말은 진부하지만 사실이며, 협력적인 교실에서는 경쟁하거나 독자적으로 배우는 것보다 도와주거나 도움을 받는 학생 모두가 실제로 이익을 얻을 수 있다.

2. 책의 간략한 내용

교육심리학자인 저자는 '현재 미국에서 가장 거침없이 교육문제를 비판하는 사람'이라는 평가를 듣고 있다. 그는 인간 본성에 대한 신화, 즉 '경쟁이란 피할 수 없는 현실이자 인간 본성의 한 부분이며, 경쟁은 우리에게 최선을 다하도록 동기를 부여한다' 등에 대해 역사적 사실과 광범위한 통계와 연구를 이용하여 조목조목 반론을 제시한다. 사회는 오히려 경쟁보다 협력을 통해 발전해 왔음을 '개척자들은 경쟁적이 아니라 협력적인 사람들이었다'라고 예를 들고 있다.

특히 경쟁은 인격을 키우기보다는 인간성을 해치고 타인과의 경쟁에 적극적인 학생들은 개인의 가치를 평가와 성과에 의존하여 생각한다는 통계를 제시한다. 경쟁은 우리 문화에서 '불안감이 퍼지는 가장 직접적인 원인'이다. 따라서 경쟁은 타인을 하나의 대상으로 여기게 만들고, 공감능력을 깎아내리며, 서로 돕는 행동을 망설이게 한다고 지적한다. 이에 비해 협력의 경험은 인간관계를 긍정적으로 만들고 서로에 대한 동질성을 확인하는 효과를 거두었다고 보고한다.

3. 토론하기

- 성인학습과 상담은 어떻게 관련되며, 성인학습에서 상담이 필요한 이유는 무엇인가?
- 자신이 가지고 있는 비합리적인 신념에는 어떠한 것이 있는지 생각해 보고 이를 합리적인 신념으로 바꾸면 어떻게 되는가?

10 REFERENCE

구광현, 이정윤, 이재규, 이병임, 은혁기(2005). 학교상담의 이론과 실제. 학지사.

김계현, 김동일, 김봉환, 김창대, 김혜숙, 남상인, 천성문(2011). 학교상담과 생활지도. 학지사.

김홍규(2003). 상담심리학. 형설출판사.

노안영(2002). (101가지 주제로 알아보는) 상담심리. 학지사.

윤순임, 이죽내, 김정희, 이형득, 이장호, 신희천, 이성진, 홍경자, 장혁표, 김정규, 김인자, 설기문, 전윤식, 김정택, 심혜숙(2000). 현대 상담 · 심리치료의 이론과 실제. 중앙적성출판사.

이현림, 김지혜(2009). 성인학습 및 상담. 학지사.

조성연, 박미진, 문미란(2010). 성인학습 및 상담. 학지사.

한재희(2004). 상담 패러다임의 이론과 실제. 교육아카데미.

Ellis, A. & Dryden, W.(1987). *The practice of rational emotive therapy*. New York : Springer.

CHAPTER 11

성인학습 상담의 이해

- 성인학습 상담의 개념
- 성인학습 상담의 일반적 방향
- 성인학습 상담의 방법
- 성인학습 상담의 일반적 절차

학습목표

1. 성인학습 상담의 의미를 알 수 있다.

2. 성인학습 상담의 변천을 알 수 있다.

3. 성인학습 상담의 일반적 방향을 알 수 있다.

4. 성인학습 상담의 방법을 알 수 있다.

5. 성인학습 상담의 일반적 절차를 알 수 있다.

CHAPTER 11

성인학습 상담의 이해

1. 성인학습 상담의 개념

성인학습 상담의 개념은 다소 모호한 측면이 있다. 우선 상담이 '성인학습'에 대한 상담인지, 아니면 '성인학습자'에 대한 상담인지가 분명치 않다. 양쪽 모두 성인을 대상으로 하는 개념임에는 분명하나, 그 범위가 '학습'에 국한된 것이냐 아니면 '학습' 이외의 다른 행동까지도 포함하느냐 하는 것이 모호하다. 어느 쪽으로 접근하느냐에 따라 개념의 포괄성이 다르다. 전자의 입장은 '성인학습'에 초점이 맞추어지고, 후자는 '성인학습자'에 맞추어져 후자의 개념이 더 넓다. 개념의 유용성 측면에서 볼 때 후자의 접근이 더 바람직해 보인다. 후자의 입장이 '성인학습' 문제를 포함하여 성인학습자에게 발생하는 여러 가지 문제까지 광범위하게 포함하는 것은 물론 상담활동의 범위가 명쾌한 이점이 있기 때문이다. 그렇다 하더라도 성인학습 상담의 무게중심은 성인학습과 관련한 문제에 있다는 점은 부인할 수 없다. 본서는 일단 후자의 입장에서 접근한다.

성인학습 상담을 넓은 개념으로 접근한다 하더라도 성인학습이 무엇인지 그 개념을 분명히 할 필요가 있다. 성인학습의 개념에 대해서는 이미 제1장에서 소개하였다. 다만 성인학습론의 선구자라고 할 수 있는 브룩필드(Brookfield)

조차 성인학습에 대한 많은 학술지와 책이 출판되고 연구회의가 열려왔지만 성인학습의 개념과 이론에 대한 보편적 이해를 할 수 있는 틀이 부족하다고 언급한 바가 있듯이 성인학습을 명확히 정의하기가 쉽지 않다. 성인학습 상담의 정의 역시 이에 따라 마찬가지로 정의하기가 쉽지 않은 측면이 있다.

상담이란 용어 앞에는 다양한 수식어가 붙어 여러 가지의 상담 명칭이 사용되고 있다. 이러한 명칭은 대부분 상담 대상자, 상담장면, 상담목적, 상담이론 등에 따라 다르게 붙는다. 이러한 기준으로 따진다면 성인학습 상담은 상담의 대상과 장면을 동시에 고려한 명칭이다. 즉, 성인을 대상으로 하고, 학습이라는 장면을 염두에 둔 개념이다. 어떤 상담의 명칭이 독자성을 유지하기 위해서는 다른 상담개념과 다른 나름대로의 고유한 상담특성이 있어야 한다. 성인학습 상담은 다른 상담의 유형과 얼마나 차별되는 개념일까?

성인학습에서의 성인은 법률적으로는 19세나 20세 이상을 가리키고, 의미적으로는 그 사회에서 성인으로 간주되는 사람을 지칭한다. 이렇게 보면 성인학습 상담은 우리나라의 경우 대학생 정도 이상의 연령에 해당하는 사람을 대상으로 하는 학습자가 된다. 대상에 따라 달리 이름 붙여진 상담명칭으로는 아동상담, 청소년상담, 노인상담, 주부상담 등이 있는데, 성인학습 상담은 이 중에서 청소년상담과 그 대상이 일부 중복되고 노인상담이나 주부상담 등을 포함한다. 대상에 따른 이러한 별도의 상담명칭은 그 나름대로의 독특한 상담의 이론이나 접근방법 등이 있을 때 그 명칭의 의의가 있다. 대상이 다르다는 조건만으로는 독립된 상담 유형이나 영역이 되기에는 부족하다. 이러한 점에서 볼 때 성인학습 상담은 독립된 상담 유형이나 영역으로 확립되었다고는 보기 어렵다. 더욱이 아동상담이나 청소년상담에 비해서 대상의 범위가 넓어서 차별성이 상대적으로 낮을 수 있다.

일단 성인학습 상담은 '성인학습자가 학습이나 생활 속에서 발생하는 문제를 스스로 해결하고 성장할 수 있도록 전문가가 전문적으로 도와주는 과정'이라고 정의할 수 있다.

성인학습 상담은 1970년대 중반에 성인학습에 대한 관심이 증대되면서 함께 관심을 갖게 되었다. 성인학습을 주제로 한 국제학술회의가 유네스코나 성인교육 유럽지회 후원으로 해마다 열리고, 이 주제에 대한 문헌은 매우 적지만 논문이 일부에서 지속적으로 발표되고 있는 것은 고무적인 일이다(Goldberg, 1980).

성인학습 상담의 관점은 시대적으로 세 방향으로 변천해 왔다. 첫째는 성인학습을 제공하는 기관에 고용되어 있는 상담전문가의 활동으로 보는 것이고, 둘째는 성인학습자에게 현재 또는 미래의 학습을 제공하는 서비스로 보는 것이다. 다만 성인학습 기관 종사자에 의해서 이루어지지 않을 수도 있다고 보는 점이 첫 번째의 관점과 다르다. 셋째는 성인학습자가 자아를 찾거나 환경에 적응하는 것을 돕는 것으로 보는 것이다.

1) 성인학습기관 중심의 상담

성인학습을 제공하는 기관에서 성인학습자에게 상담을 제공하는 것이 필요하다는 주장이 대두된 시기는 1950년대 후반이다(Bruner et al., 1959). 이 당시의 상담은 개인의 흥미와 적성을 측정하는 등 개인에 대한 자료를 수집하고 전문적인 다양한 면접 기술을 사용하여 내담자가 현명하게 결정하고 필요한 정보를 제공해 주는 활동이 중심을 이루었다. 이로부터 10여 년 이후부터는 상담자의 전문적 자질이 더욱 요구되었다. 이러한 주장의 중심 인물에 랑돈(Langdon)이 있었다. 그는 성인학습 프로그램 상담자는 상담에 대한 석사학위 이상의 학력이 있어야 하며 심리검사, 정보서비스, 상담, 성격이론, 집단지도, 성인교육 등에 대한 학문적 배경이 있어야 한다고 주장하였다(Langdon, 1969). 이때의 성인학습 상담은 성인학습기관의 전문가가 한다.

2) 개방적 상담

1970년대에 들어서면서 성인학습기관 중심의 상담관점이 퇴색하고, 성인교육,

자기주도적 학습, 평생학습에 대하여 개방적 상담이 필요하다는 주장이 대두되기 시작하였다. 이와 맞물려 성인학습기관에서의 상담형태만이 필요한 것은 아니라는 주장도 고개를 들기 시작하였다. 이러한 배경에는 성인학습기관의 상담이 내담자를 도와주기보다는 기관을 도와주는 것이며, 전문적 상담은 자기주도적 성인학습자에게 맞지 않다고 보는 시각이 있었다. 더욱이 전통적 상담형태는 성인의 요구와 부합하지 않다는 점도 작용하였다. 특히 비전통적 형태의 학습을 원하는 학습자들에게는 더욱 그러하였다. 인도, 유고슬라비아, 체코슬로바키아, 케냐, 이집트 같은 나라의 성인학습 상담 전문가들은 성인학습자를 위한 전문적이고 기관중심의 상담이 부족하다는 것을 지적하고 있었지만(Famer, Knox, & Farmer, 1977), 다른 한편에서는 상담이나 정보서비스는 성인학습기관을 통하지 않고 비공식적으로 또는 다른 수단을 통해 제공될 수 있다는 주장도 있었다. 이것은 일부 성인학습기관 중심의 상담에 대한 불만이 작용했기 때문이다.

이러한 인식의 변화로 인해 성인학습 상담을 묘사하는 용어에도 변화가 생겼다. 1970년대 이전에는 '전문적', '상담', '성인학습 프로그램'이라는 말을 사용하였으나 1970년대에 들어와서는 '성인학습자를 위한 상담과 정보서비스' 또는 '성인을 위한 상담과 정보서비스'라는 말이 유행하였다. 이전보다 '정보서비스'라는 활동이 강조된 것이다. 이러한 개방적 입장에서의 상담활동에는 ① 교육적·직업적 정보의 제공, ② 직업 선택과 장래 교육에 필요한 흥미나 적성의 측정, ③ 교육계획이나 직업계획 수립의 조력, ④ 성인학습자의 개인문제(결혼갈등, 가족계획, 부모 역할하기, 자녀양육, 직업 적응 등)에 효과적으로 대처하도록 하기 위한 조력, ⑤ 성인학습기관에서의 성인학습자의 권리 옹호, ⑥ 내담자를 위한 다른 기관에 도움 요청하기 등의 기능이 중심을 이루었다(Famer, Knox, & Farmer, 1977).

이러한 기능의 측면에서 볼 때 성인학습 상담은 전문상담가뿐만 아니라 교사, 사서, 동료, 친구, 직장상사 등 전문적 상담훈련을 받지 않은 사람도 할 수 있게 개방되었으며, 상담장소도 교육기관뿐만 아니라 도서실, 지역사회 정보센터, 공장 등으로 확대되었다.

이러한 개방적 접근에 따라 1970년대에는 도서실이나 개방대학, 여성자원센터, 컴퓨터 네트워크 등이 성인학습자의 정보서비스에 이용되었다(Ironside, 1979).

3) 상황중심적 상담

1970년대 후반과 1980년대 초반에 이르자 학습상담기관 중심의 상담과 개방적 상담접근에 대한 회의가 일기 시작하였다. 성인학습 상담이 서비스를 제공하는 것만도 아니라는 것이다. 상담은 성인 자신이 스스로 자신을 발견하고 주어진 상황에 적응하도록 하여야 한다는 것이다. 이것이 상황중심적 접근이다. 적응을 해야 하는 상황에는 성인의 개인적 삶이나 진로에서 나타나는 어려움이나 비정상성이 내포되어 있다(Brammer, 1984). 이러한 상황에는 개인이 속해 있는 가족, 조직, 지역사회, 사회에 의하여 발생한 어려움이나 비정상성이 포함될 수 있기 때문에 성인학습 상담에는 개인의 요구와 관련되어야 할 뿐만 아니라 생활과도 연관되도록 하여야 한다(Brammer, 1984). 이러한 입장은 성인학습 상담에서는 개인의 적응에 관심을 가지며 여기에는 생활 전반을 포함한다.

2. 성인학습 상담의 일반적 방향

성인학습 상담의 핵심은 성인학습자의 학습활동을 조력하고 생활에 적응을 잘할 수 있도록 도와주는 데에 있다고 볼 수 있다. 특히 학습활동의 조력은 성인학습 상담의 전통적 역할이다. 이러한 입장에서 성인학습 상담의 일반적 방향은 다음 몇 가지로 볼 수 있다.

1) 학습 정보의 제공

(1) 정보 제공의 의의

오늘날 사회는 정보사회이다. 다양한 미디어를 통해 쏟아지는 정보 홍수 속에 성인학습자들은 자신의 요구에 합당한 학습 정보를 선택하기 위해서 갈수록 많은 시간을 투자하지 않으면 안 된다. 이것이 학습 의욕의 쇠퇴를 불러올 수도 있다. 성인학습자의 평생학습 기회를 촉진하기 위해서는 학습 기회, 학습 시설, 학습 자원 등에 대한 정보 제공이 필요하다. 우리나라의 경우 아직 정보를 체계적으로 수집하는 것은 물론 제공하는 체제도 마련되어 있지 못하다. 우리나라의 성인학습자들의 약 60% 정도는 신문이나 광고 전단지에 의존하여 정보를 습득하고 있는 실정이다(권두승 외, 1999).

학습 정보는 학습 내용으로서의 정보와 학습 안내에 필요한 정보로 나눌 수 있다. 오늘날의 학습 정보 제공은 학습을 체계적으로 수행하는 데에 필요한 정보를 제공함으로써 학습활동을 안내하는 의미로 사용하는 경우가 많다. 그 이유는 평생학습을 체계적으로 지원하기 위해서는 무엇보다 학습 안내를 위한 정보를 제공하는 것이 필요하기 때문이다. 학습 정보의 제공은 평생학습을 지원하는 방법 중 하나이면서도 학습을 하도록 하는 중요한 계기이기도 하다. 학습 정보 제공의 의의가 바로 여기에 있다.

(2) 학습 정보의 분야

학습 정보는 학습 내용에 대한 정보와 학습활동을 하는 절차와 관련된 정보로 나눌 수 있다. 전자를 '백과사전적 정보'라고 하고 후자를 '안내 정보'라고 한다. 학습자의 자발적 학습활동을 지원하기 위해서는 안내 정보를 중심으로 학습 기회와 학습 욕구를 결합시키는 데에 학습 정보 제공의 주된 의의가 있다. 일본의 경우에는 '평생학습 정보 분류와 양식의 표준화에 대한 보고서'를 1989년에 출간하여 학습 기회, 시설, 단체 및 집단, 지도자, 교재, 각종 자격 등 여섯 개의 분야를 정해 놓고 있다(권두승 외, 2009).

정보 분야가 결정되면 정보를 수집하게 되는데, 정보 수집의 근거와 범위를 먼저 결정하고 이어서 정보 수집 장소, 수집방법, 관리방법 등을 정하게 된다. 수집된 정보는 적절하게 정리하고 축적하여 데이터베이스를 구축한다. 구축되어 있는 정보라 하더라도 정보 내용의 변화에 따라 적시에 갱신하는 체계를 마련하여야 한다. 학습 정보는 개별로 제공되기도 하고 몇 개의 정보가 비교·검토될 수 있는 형태로 제공되기도 한다.

(3) 학습 정보 제공의 유의점

학습 정보를 제공할 때에는 몇 가지 유의할 점이 있다. 우선 학습자의 입장에 서서 학습자가 자주적으로 선택할 수 있도록 하여야 한다. 정보 제공을 할 경우 학습자가 직접 정보를 제공받는 경우와 상담원이 개입하여 제공받을 수 있는 경우로 구별해 놓는 것도 필요하다. 예를 들면 민간서비스 업체가 영리목적으로 정보를 제공하는 경우에는 상담원이 개입하여 정보를 제공함으로써 정보 선택을 도와줄 수 있다. 마지막으로 학습자에게 적절한 정보를 제공하기 위해서는 인근 지역의 학습 정보를 입수할 수 있는 네트워크를 구축하는 것도 필요하다.

2) 학습 의욕 저해 요인의 극복

성인학습자는 정규 교육기관의 학생에 비해 여러 가지 학습 의욕을 떨어뜨리는 요인을 가지고 있다. 이러한 장애의 극복을 도와주는 것이야말로 성인학습 상담자의 주요 역할이다. 권두승, 이경아(1999)는 성인학습 장애의 요인을 기관적 요인, 성향적 요인, 상황적 요인 세 가지로 분류하였다. 여기서 기관적 요인이란 학습의 장애 요인이 성인학습기관에 있는 것을 말한다. 교육방법, 교육과정, 교육내용, 프로그램, 교육시설 등이 여기에 해당한다. 성향적 요인이란 장애 요인이 성인학습자 자신에게 있는 것을 말한다. 본인의 능력, 노력, 학습시간, 학습비용, 가정문제 등이 여기에 해당한다. 상황적 요인이란 성인학습자가 처해 있는 상황을 말한다. 학습시간의 부족, 교통문제, 업무 등이 여기에 해당한다.

이상의 세 요인 중에서도 상담자는 성향적 요인에 대한 상담에 특히 관심을 가질 필요가 있다. 이 요인은 다른 요인에 비하여 학습자의 노력 여하에 따라 장애 극복의 폭을 넓힐 수 있기 때문이다. 예를 들면 자기 자신에 대하여 부정적으로 평가를 내리는 학습자에게 관심을 가질 필요가 있다. 상담자는 무엇보다 이들로 하여금 자신의 부정적 평가를 긍정적 평가로 전환시키도록 노력하는 것이 중요하다. 자신을 긍정적으로 생각하는 사람은 매사에 자신감이 있고 적극적이기 때문에 학습 기회가 주어지면 학습 참여 확률이 높고 학습 기회를 찾으려는 노력을 많이 하기 때문이다.

3) 자기주도적 학습의 진작

성인학습자는 정규 학교교육을 받는 학생보다는 자기주도적 학습능력이 더 요구된다. 자기주도적 학습에 대해서는 이미 앞 장에서 소개한 바가 있다. 성인학습자는 학생에 비하여 누가 가르쳐 주는 방식 이외에 독학이나 자습형태의 학습을 비교적 많이 하기 때문에 자기주도적 학습 태도나 방법에 더 익숙해야 한다. 이러한 점에서 성인학습 상담에서는 성인학습자가 스스로 자기 학습에 대하여 책임을 가지고 주도적으로 학습할 수 있도록 잘 안내하는 것이 필요하다.

성인학습 상담자는 무엇보다 성인학습자의 자기주도적 학습 태도나 준비 등이 얼마나 잘 되었는지를 알아보는 것이 중요하다. 이것을 위해서 학습 준비도검사나 평생학습검사를 사용할 수 있다. 이 중에서 특히 자기주도적 학습 준비도검사가 널리 쓰이고 있으며, 우리나라에서도 대부분 이 검사가 널리 사용되고 있다. 이 두 검사는 서로 다른 측면을 측정하므로 서로 보완하여 사용하는 것이 필요하다.

자기주도적 학습 준비도검사로는 구리엘미노(Guglielmino)의 자기주도적 학습 준비도검사(Self-Directed Learning Readiness Scale; SDLRS)가 있다. 이 도구는 여러 나라 언어로 번역되어 25년여 동안 수많은 연구에 사용되고 있는데, 한국어판도 있다. 이 검사는 학습 기회에 대한 개방성, 효율적 학습자, 자아개념, 독립적 학습 의욕, 학습에 대한 책임감, 학습에 대한 열정, 미래지향성, 창의성, 기본학습 기술과 문제해결 기술의 8개 요인으로 구성되어 있다. 국내에서는 김지자와 김경성이 번역한 것이 있는데(김민혜, 2002) 독창적 접근, 탐구적 특성, 자발적 계획, 학습의 책임성, 학습에 대한 사랑, 미래지향성, 학습자의 신념 7요인을 측정하고 있다.

평생학습검사는 오디(Oddi)의 것을 들 수 있다. 이 도구는 학습에 있어서 자기주도성을 측정하고 있다. 모두 순행적 욕구 대 역행적 욕구, 학습에 대한 헌신 대 혐오, 인지적 개방성 대 방어의 세 요인으로 되어 있다(Oddi et al., 1990).

성인학습 상담자는 다음과 같은 방법을 통해 성인학습자의 자기주도적 학습을 촉진할 수 있다(권두승 외, 2009).

- 자원과 성인학습자의 욕구를 적절하게 연결시킨다.
- 질문 기술, 의사결정, 개인 발달, 일의 자기 평가를 가르친다.
- 이전의 괜찮았던 경험이나 이야기를 예로 들려준다.
- 목표, 학습전략, 자원, 평가 기준을 알려준다.
- 다양한 방법으로 목표를 달성할 수 있다고 격려하고 성공의 다양한 기준을 제시한다.
- 목표를 발견하기 위해서 필요한 요구 평가 기술을 획득하도록 한다.
- 지식제공자보다는 경험제공자가 되도록 한다.
- 목표, 전략, 평가 기준을 위한 학습계약을 함으로써 성인학습자와 파트너십을 형성하도록 한다.

- 성인학습자로 하여금 지식과 진리를 맥락적으로 보도록 한다.
- 성인학습자에게 자원의 위치를 가르쳐 준다.
- 학습에 대한 독립성에 대하여 긍정적 태도와 감정을 갖도록 한다.
- 성인학습자의 성격과 학습 스타일을 인지한다.
- 성인의 풍부한 경험을 이용할 수 있는 현장경험이나 문제해결과 같은 테크닉을 사용한다.
- 세미나와 같이 협동할 수 있는 비판적 사고기술을 격려한다.
- 더 나은 활동을 격려하기 위해 개방성과 진실한 분위기를 조성한다.
- 성인학습자의 욕구와 일치하지 않으면 자기주도적 학습을 제안하지 않는다.

3. 성인학습 상담의 방법

상담방법이 내담자의 문제나 특성에 따라 다양하듯이 성인학습 상담의 방법도 마찬가지이다. 상담이 일반적으로 내담자에게 문제를 해결해 주는 것이 아니라 스스로 자신의 문제를 해결하도록 도와주는 것을 근본으로 하고 있는 점에서 직접적 방식은 상당히 조심스럽다. 그러나 내담자가 정보가 부족하여 어려움을 겪고 있는 경우에는 빠른 시간 내에 직접 정보를 제공하는 것처럼 직접적으로 안내를 하는 것이 더 유용한 경우가 있다. 더욱이 성인학습자는 성인이므로 미성년자에 비하여 인성적으로나 지성적으로 더 성숙되어 있으므로 더 효율적일 수 있다.

상담자가 제안을 하거나, 지시를 하거나, 조언을 하는 것 등은 모두 이러한 접근에 해당한다. 이러한 방식은 단순히 정보를 제공하는 것 이상을 포함한다. 그것은 성인학습자가 어떤 행동을 하여야 하는지를 제시하기 때문이며, 이러한 방식으로는 조언, 지시, 경험 소개 등이 있다.

1) 조언

성인학습자가 스스로 자신의 문제를 해결할 수 있는 잠재능력이 있기 때문에 대부분 스스로 문제를 해결하도록 안내해 주는 것이 보편적이라고 할 수 있지만, 경우에 따라서는 상담자의 직접적 조언이 유용한 경우가 있다. 스스로 문제를 해결하도록 안내하는 것은 내담자의 문제해결 능력을 신장시키는 데에는 좋지만 시간이 많이 걸린다는 단점이 있다. 성인학습자는 직업이 있거나 가정을 가지고 있는 등 시간이 넉넉하지 않은 사람들이 대부분이라는 점을 감안하면 조언과 같은 직접적인 방식이 필요하다. 그러나 상담에서 조언은 매우 조심스럽게 접근하여야 한다. 무엇보다 성인학습자가 상담자의 조언을 받아들여 그대로 행동으로 옮겨도 될 만큼 신뢰할 수 있는 조언이어야 한다. 아울러 조언의 시기나 절차와 기술이 적절해야 한다. 조언은 그 내용도 내용이지만 방식이 효과에 더 많은 영향을 준다. 방식 몇 가지를 들면 다음과 같다 (Baldwin & Caldwell, 2003).

첫째, 비록 성인학습자의 문제가 구체적이어서 조언을 하면 도움이 될 것이라고 판단되었더라도 바로 조언을 하기보다는 어떤 예비 절차를 거치는 것이 좋다. 예를 들면 내담자가 문제를 해결하기 위하여 그동안 어떤 노력을 해왔고, 현재 어떤 해결책을 생각해 놓았는지 등을 확인하는 것이 필요하다. 이러한 절차를 통하면 어떤 조언이 성인학습자에게 도움이 되는지를 판단할 수 있을 것이다. 만약 성인학습자가 그동안 아무런 시도를 하지 않았다면 내담자는 문제해결을 하기 위한 동기 수준이 낮기 때문에 상담자의 어떤 조언도 효과가 없을 것이라고 생각해야 할 것이다. 만약 내담자가 다양한 시도를 하였으나 효과가 없었다고 한다면 상담자는 내담자가 이미 취하였던 해결책이 아닌 다른 해결책을 조언해 줄 수 있다. 만약 이러한 과정이 없다면 상담자는 내담자가 이미 시도한 해결책과 중복된 조언을 하기 쉽다.

둘째, 내담자가 조언을 받아들일 준비가 되어 있는지를 확인하는 것이 필요하다. 아무리 좋은 조언이라 하더라도 내담자가 필요로 하지 않는 시기에 일방적으로 해주는 조언은 받아들일 가능성이 낮기 때문이다.

셋째, 상담자가 아무리 적당한 시기에 조언을 했다 하더라도 조언의 내용과 방식이 내담자의 기대에 부응하지 않으면 효과를 기대하기 어렵다. 그래서 상담자는 조언을 한 뒤에 내담자가 그 조언에 대하여 어떻게 생각하는지 즉각적 피드백을 받아보는 것이 좋다. 이것은 내담자가 상담자의 피드백을 이해했는지 확인하는 방법도 된다. 예를 들면 상담자의 조언대로 할 경우 좋은 점은 무엇이고 어려운 점은 무엇인지 물어볼 수 있을 것이다.

넷째, 조언을 할 때에는 가능한 간단하면서도 구체적으로 하는 것이 좋다. 일반적이고 추상적으로 조언을 하면 상담자가 염두에 두고 있는 것과 내담자가 생각하는 것 간에 차이가 생길 수 있으며, 내담자가 무엇을 어떻게 행동해야 하는지 분명하지 않다. 예를 들면 '열심히 공부하라'는 말보다는 '하루에 2시간은 공부하라'는 말이 더 적합하다. 이렇게 하면 상담자의 조언이 무엇인지 분명한 것은 물론 내담자가 무엇을 어떻게 해야 하는지도 분명해진다.

다섯째, 조언을 하는 것으로 끝나서는 안 되고 잘 실천되고 있는지 확인하는 것이 필요하다. 조언도 상담의 일반적 맥락 속에서 이루어지며, 상담에서 해결책이 마련되었다 하더라도 내담자가 잘 실천하도록 지속적인 안내가 필요하다. 알면 행동으로 옮겨질 가능성은 크지만 그렇다고 반드시 행동으로 옮겨지는 것은 아니기 때문이다. 조언 역시 이와 마찬가지이다. 그래서 내담자가 조언한 대로 잘 실행하고 있으며, 효과가 있는지 확인하는 것이 필요하다. 효과가 있으면 지속적으로 실행하도록 격려하고, 효과가 없으면 문제점을 파악하여 다른 해결책을 모색한다.

조언은 대체로 다음과 같은 몇 가지 방향으로 진행할 수 있다(이형득, 1996).

첫째, 상담자의 조언에 내담자가 따르도록 요구하는 것이다.

둘째, 내담자가 안고 있는 문제를 해결하기 위하여 내담자 자신의 특성을 바꾸거나 내담자의 환경을 바꾸어 보도록 요구하는 것이다. 환경 바꾸기의 예를 들면 자녀가 자기 방에서 컴퓨터 게임을 몰래 많이 한다면 컴퓨터를 거실로 옮겨 보거나 컴퓨터를 아예 없애는 방법을 권유해 볼 수 있다.

셋째, 문제해결을 위하여 도움이 되는 환경을 선택해 보도록 하는 것이다. 예를 들면 집에서 자녀들이 공부에 방해가 된다고 생각하는 성인학습자가 있다면 인근 공공 도서관으로 장소를 옮겨서 공부를 해보도록 권해 볼 수 있다.

넷째, 내담자로 하여금 문제해결에 필요한 기술을 습득하도록 하는 것이다. 컴퓨터를 사용하지 못해 인터넷으로 학습 정보를 습득하는 데에 어려움을 겪는 성인학습자가 있다면 그에게 컴퓨터 조작방법과 인터넷 정보 검색하는 방법을 가르쳐 주거나 배워 보도록 하는 것이다.

다섯째, 내담자의 문제해결을 위하여 태도를 바꿔 보도록 권해 보는 것이다. 예를 들면 성인학습자가 공부가 안 된다는 사실에 스트레스를 받을 때 상담자는 나이 들어 공부하는 것은 젊었을 때보다 학습 효율이 낮은 것은 당연하다는 것을 받아들이도록 한다.

2) 지시

상담자는 간혹 성인학습자에게 무엇을 하라고 지시할 필요가 있다. 상담자는 성인학습자에게 지시를 하는 것이 쉽지 않고 꺼리기도 하지만 때로는 지시가 유용한 경우가 있다. 예를 들면 성인학습자에게 과제를 제시할 때에 지시가 유용하다. 성인학습자에게 배운 것을 실습하도록 하고, 상담에서 배운 것을 실제 장면에서 해보도록 하는 것이다. 이러한 과제는 성인학습 상담에서 배운 것을 스스로 행동할 수 있도록 촉진시켜 주는 역할을 한다.

지시는 직접적으로 할 수도 있고, 간접적으로 할 수도 있다. 상담자가 성인학습자에게 지시를 할 권위가 있을 경우에는 직접적으로 지시를 할 수 있는데, 충고나 조언처럼 성인학습 상담자로 하여금 상담자가 지시한 내용을 그대로 행하게 하고 싶을 때 한다(김계현, 1998).

만약 상담자의 권위가 약하여 성인학습자가 상담자의 지시대로 따를 가능성이 없을 때에는 간접적으로 지시를 한다(김계현, 1998). 간접적 지시는 직접적 지시에 비해 스스로 선택할 여지를 더 많이 준다. 예를 들면 성인학습자가 집에서 아이들이 떠들어서 공부할 수 없다고 호소할 때, 상담자가 공공 도서관에 가서 공부해 보라고 한다면 직접적 지시가 되겠지만, 다른 사람들은 이런 경우 공공 도서관을 이용하기도 하던데, 그런 사람들한테 물어보면 어떻겠느냐고 말해 준다면 간접적 지시가 된다.

3) 경험 소개

어떤 경우에는 상담자가 과거에 통찰을 한 경험을 내담자에게 소개해 주는 것만으로도 효과를 볼 수 있다. 이것은 일종의 상담자의 자기개방이다. 일반적으로 자기개방은 상담자 자신의 경력이나 자격 등에 대하여 간접적으로 정보를 드러내고자 할 때 사용하는데, 주로 상담자의 직업적 배경과 훈련 배경에 대한 정보를 간략하게 제공하는 정도가 적절하다. 그러나 상담의 통찰단계에서의 자기개방은 내담자의 통찰을 촉진하는 데에 목적이 있으므로 상담자는 내담자가 문제에 대하여 더 깊이 이해하고 자각하도록 하기 위하여 자신의 과거 경험을 드러낸다. 내담자는 상담자의 말보다는 상담자가 경험한 것을 통해서 쉽게 배울 때가 있다. 이러한 자기개방은 내담자로 하여금 자신의 문제에 대하여 새로운 방향으로 생각하게 하거나, 오래되어 굳어진 사고방식을 깨트리거나, 내담자의 저항을 줄이기 위하여 사용된다(주은선 역, 2001). 간혹 상담 중에 생기는 불안을 덜거나 자신을 내담자에게 좋게 보이려고 자기개방을 하기도 하는데, 이러한 자기개방은 바람직하지 않다.

어떤 경우에는 내담자에게 지시하거나 조언하는 것보다 이처럼 상담자가 과거에 성공했던 방법 등에 대한 본보기를 보여 주는 것이 더 효과적일 수 있다.

이러한 방식은 성인학습자에게 지시하는 것보다는 덜 위협적이면서도 성인학습자에게 더 많은 아이디어를 제공해 준다. 그렇다고 성인학습자가 이러한 개방에 마냥 영향을 받는 것은 아니기 때문에 자기개방은 제안이 아니라 대안이어야 한다. 자기개방을 할 때 주의할 점은 상담자의 감정을 내담자에게 드러낼 목적으로 개방해서는 안 된다는 점이다. 그렇게 되면 상담의 초점이 내담자에게서 상담자로 옮겨지기 때문이다.

조언, 지시, 자기개방과 같은 직접적 접근을 사용할 때에는 그 효과가 있는지 확인을 해보는 것이 필요하다. 유용하지 않으면 일반적으로 내담자는 저항을 보인다. 상담자가 제의한 것을 거절한다거나, 화를 낸다거나, 무시를 하거나, 제의를 받아들일 수 없는 이유를 대는 등의 행동을 보인다. 이러한 행동을 보일 때에는 직접적 접근이 역기능을 하고 있다고 생각하고 다른 접근을 시도하여야 한다.

성인학습자가 상담자의 제의를 선택하고 상담자와 적극적으로 의논하고 실행하려고 할 때에는 상담자가 제안하면 성인학습 상담자는 이에 따라 자신의 생각을 수정한다. 상담자와 내담자의 의견이 상충할 때에는 상호 의견을 존중하는 가운데 대안을 모색하도록 한다(주은선 역, 2001).

4. 성인학습 상담의 일반적 절차

제1절 성인학습 상담의 개념에서 성인학습 상담을 성인 '학습에 대한 상담'과 '성인학습자'에 대한 상담으로 생각해 볼 수 있다고 하였다. 학습상담은 성인학습자에게 적합한 학습 기회를 제공해 줌으로써 잠재적 학습 요구를 구체적 학습활동으로 인도하고, 학습의 질을 높이고, 학습활동을 지속시키고, 나아가 학습과정에서 나타난 문제점을 해결하도록 하는 데에 의의가 있다. 구체적으로

학습 의욕의 환기, 학습 요구의 진단, 학습계획의 지원, 학습 저해 요인의 제거, 문제해결을 위한 조력활동이 상담의 중심을 이룬다. 상담방법으로는 우편, 전화, 면접, 인터넷 등이 있다. 상담자와 내담자가 면대면으로 하는 상담이 최선은 아니다. 이 절에서는 성인 '학습상담'에 초점을 맞추어 성인학습 상담의 절차에 대하여 간략히 살펴보고자 한다.

학습상담은 학습자의 목적에 따라 몇 단계로 나누어 이루어진다. 상담할 때 우선 학습자가 어떤 상태에 있느냐를 고려하여야 한다. 즉, 명확한 목적 의식이 있는지, 이미 학습한 내용이나 수준에 불만은 없는지, 질적 향상을 바라는지, 현재 진행하고 있는 학습에 대한 상담을 다른 곳에서 받을 수 있는지 등을 고려하여야 한다.

학습상담은 지역 주민이 접근하기 쉬운 곳에 설치된 상담 창구에서 학습자와 대면하여 요망사항을 듣는 일부터 시작한다. 학습상담 내용은 다종다양하고 갈수록 고도화되어 간다. 그렇기 때문에 상담자는 더욱 풍부한 교양과 식견을 갖추어야 한다.

상담자는 학습자의 자발성을 존중하고 학습자의 선택과 판단을 우선시하는 태도가 필요하다. 다양한 학습상담을 한 사람의 상담자가 다 해결할 수는 없기 때문에 상담 내용에 따라 다른 상담 창구를 소개하는 것도 필요하다. 그래서 정보의 정리, 지방자치단체 수준의 데이터베이스 소재와 그 이용방법 등에 관한 정보수집, 타기관 및 시설의 상호 연대 및 협력 네트워크 시스템 구축이 중요하다. 이러한 기본적인 것을 바탕으로 한 성인학습의 상담 절차는 다음과 같다.

첫째, 우선 학습활동에 대한 자기분석과 자기주도성을 촉진할 수 있는 환경을 조성한다(Knowles, 1980).

둘째, 개인면접이나 집단면접, 능력검사나 적성검사 등을 통해 학습자의 요구 및 관심을 파악한다.

셋째, 학습자에게 단계적 학습목표를 설정할 수 있도록 조력한다.

넷째, 이용 가능한 학습 자원을 인식하고 연속성 있는 학습활동 계획을 세우도록 한다.

다섯째, 학습목표가 어느 정도 달성되었는지 학습자 스스로 평가하도록 지원한다.

학습상담을 할 때에는 무엇보다 학습자의 사적 비밀을 보호하고, 학습자의 자주적 학습과정을 존중해야 한다는 기본적 관점을 견지할 필요가 있다. 굳이 면접상담을 고집할 필요도 없고, 상담내용에 맞는 방법을 구사하면 된다. 학습내용에 대한 상담도 중요하지만 적합한 새로운 상담처를 소개해 주는 것도 고려하는 것도 필요하다.

권두승(1995). 평생교육론. 교육과학사.

권두승, 이경아(1999). 평생교육기관 실태 분석을 통한 성인교육 참여율 제고방안. 교육부정책보고서, 222-230.

권두승, 조아미(2009). 평생학습사회 실현을 위한 성인학습 및 상담. 교육과학사.

김계현(1998). 카운슬링의 실제. 학지사.

김민혜(2002). 인터넷상에서의 자기주도적 영어학습을 위한 진단평가의 필요성에 관한 연구. 총신대학교 교육대학원 석사학위논문.

이형득(1996). 상담이론. 교육과학사.

주은선 역(2001). 상담의 기술. Clara E. Hill 지음. 학지사.

Baldwin, C. K. & Caldwell, L. L.(2003). Development of the free time motivation scale for adolescents. *Journal of Leisure Research, 35*, 129-151.

Brammer, L. M.(1984). Counseling theory and older adult. *Counseling Psychology, 12*(2).

Bruner, E. S., Wilde, C., Kirchner, C., & Newberry, J.(1959). *An overview of adult education research.* Chicago, Illinois: Adult Education Association of the United States.

Famer, J. A., Knox, A. B., & Farmer, H. S.(Eds.)(1977). Counseling and information service for adult learners. *International Review Education, 23*(4).

Goldberg, J. C.(1980). Counseling the adult learner: A selective review of literature. *Adult Education, 30.*

Ironside, D. J.(1979). Innovation in counseling of and information-giving to adult learner in north America. *International Journal Advanced Counseling, 2*, 199-211.

Knowles, M.(1980). *The modern practice of adult education: From pedagogy to andragogy.* New York: Association Press.

Langdon, G.(1969). Counseling and guidance services. In N. C. Shaw(Ed.), *Administration of continuing education: A guide for administrators.* Washington, D.C.: National Association for Public School Adult Education.

Meyer, R.(1982). Learning. In H. Mitzel(Ed.), *Encyclopedia of educational research* (pp.1040-1058). New York: John Wiley & Sons.

Oddi, L. F., Ellis, A. J., & Roberson, J. A.(1990). Construct validation of Oddi continuing learning inventory. *Adult Education Quarterly, 40*(3), 139-140.

CHAPTER 12

성인학습자의 직업상담과 가족상담

성인학습자의 직업과 가족문제
직업상담
가족상담

학습목표

1. 성인학습자에게 직업상담과 가족상담이 필요한 이유(필요성)를 알 수 있다.

2. 직업상담과 가족상담의 의미를 알 수 있다.

3. 직업상담의 목적과 기본원리를 알 수 있다.

4. 직업상담의 과정을 알 수 있다.

5. 보웬의 가족상담, 대화 가족상담, 구조적 가족상담에서 각각 상정하는 문제의 근원과 치료의 논리를 알 수 있다.

6. 가족상담의 일반적 절차를 알 수 있다.

CHAPTER

12

성인학습자의 직업상담과 가족상담

1. 성인학습자의 직업과 가족문제

성인학습자에게 다양한 형태의 상담 유형이 필요하겠지만 성인상담자는 직업에 대한 문제, 가족 간의 문제가 다른 연령의 내담자에 비해 주요 문제로 부각할 가능성이 크다.

파리에서 열린 제4차 성인교육회의에서 채택한 권고문을 보면 성인학습자에게는 직업문제가 성인학습자 상담의 주요 영역이 될 수 있음을 엿볼 수 있다. 그 권고문에서는 성인교육의 목적은 각자가 속해 있는 사회가 정하는 기준에 따라 성인으로 간주되는 사람으로 하여금 ① 저마다 능력을 개발하게 하고, ② 기존의 지식을 더욱 풍부하게 만들고, ③ 이미 획득한 기술과 전문 직업 자격을 새로운 상황하에서도 더욱 쓸모 있게 갱신할 수 있게 하며, ④ 지금까지의 태도나 행동양식을 바꾸게 하고, ⑤ 국민 한 사람 한 사람이 보다 균형적인 사회적·경제적·문화적 발전 과업에 참여할 수 있도록 돕는 데에 있다(UNESCO, 1985)고 명시하고 있다.

1970년대 후반과 1980년대 초반에 이르러서는 성인학습 상담이 단순히 서비스를 제공하는 것이 아니라는 주장이 일기 시작했다. 상담은 성인 자신이 스스로 자신을 발견하고 주어진 상황에 적응하여야 한다는 것이다. 이것이 소위

상황중심적 접근이다. 여기서의 적응에는 성인의 개인적 삶이나 진로에서 나타나는 어려움이나 비정상성이 모두 내포되어 있다(Brammer, 1984). 이러한 상황에는 개인이 속해 있는 가족, 조직, 지역사회, 사회에 의하여 발생한 어려움이나 비정상성이 포함될 수 있기 때문에 성인학습 상담에는 개인의 요구뿐만 아니라 생활과도 연관이 있어야 한다(Brammer, 1984). 이것은 성인학습 상담에서 관심을 가져야 할 부분은 개인의 적응이며, 여기에는 생활 전반이 포함되어 있음을 단적으로 강조하고 있다. 이처럼 성인상담에서 요구되는 영역은 학습 차원을 넘어 더욱 확대되고 있고 이것은 성인학습자에게 직업상담이나 가족상담이 점차 필요하다는 것을 의미한다.

밀러(Miller)는 매슬로우의 욕구위계에 비추어 인생 초기 단계에서는 생리적 욕구, 안전욕구, 애정과 소속의 욕구를 충족시키는 데에 관심을 두지만 나이가 들면 학교와 직업세계를 중시하고, 중년기 또는 노년기가 되면 자아실현을 위해 노력하며, 사회계층이 낮은 사람들은 직업과 노동시장에 관심을 갖는다고(Miller, 1967) 주장한다.

호울(Houl)은 성인학습자의 교육 참여 동기 유형을 목표 지향형, 활동 지향형, 학습 지향형으로 구분하고, 이 중에서 목표 지향형 학습자는 직업에서 더 높은 지위를 얻기 위하여, 직업적 진보를 보장받기 위하여 교육을 받는다고 규정하였다. 이러한 것들을 고려해 볼 때 성인학습자에게 직업문제는 주요한 상담 주제가 된다는 것을 암시한다.

또 하나 성인학습자에게 주요한 상담문제로 대두될 가능성이 있는 것은 가족문제이다. 많은 성인학습자는 가정을 가지고 있다. 성인학습은 가정체계 속에서 이루어지기 때문에 가족 구성원과의 역학관계는 성인학습에 영향을 미친다. 특히 성인학습자는 가족체계 내에서 직장인, 부모, 자식, 남편, 가장, 조부모 등의 여러 역할을 수행하여야 하기 때문에 그 어려움은 더 크다. 이러한 다양한 역할 수행과정에 갈등은 늘 따라다니게 마련이다. 성인학습자의 학습 촉진을 위해서라도 이들에게 가족상담은 필요하다.

더욱이 성인학습자의 인생주기에 따라 가족 내의 문제는 다양하게 나타날 수 있기 때문에 이들에게 가족상담은 지속적으로 필요할 것이다.

2. 직업상담

1) 직업상담의 정의

성인학습자는 19세 또는 20세 이상에 해당하기 때문에 누구나 진로나 직업과 무관한 사람은 없다. 대학을 준비하는 사람이라면 진학문제, 학교를 마친 사람은 취업문제, 취업을 한 사람은 직무능력이나 전직문제, 실직을 한 사람은 재취업 문제가 당면 과제가 될 것이다. 성인학습의 일부는 바로 이러한 문제를 해결하거나 도움을 받기 위해서 이루어지는 경우도 허다하다. 이러한 점에서 성인학습 상담자는 직업상담가로서의 역할이 요구된다.

직업상담이란 적절한 진로나 직업을 결정할 수 있도록 자신과 환경에 대하여 이해를 종합하고 응용하도록 돕기 위한 상담자와 내담자 간의 관계(NCDA, 1991), 직업심리검사의 실시와 해석, 진로나 직업 탐색 및 의사결정 과정에 내담자의 적극적 참여를 요구하는 내담자와 상담자와의 관계(Crites, 1981) 등으로 정의되고 있다. 이러한 정의에서 보듯이 직업상담의 중핵은 진로나 직업을 탐색하고 결정하는 것을 도와주는 데에 있다.

진로나 직업과 관련된 문제로는 진학, 취업, 성인들의 직장 선택, 재취업, 직장인의 직무 적응, 직무 경력 개발 등이 있다. 직업상담은 단순히 학과 선택이나 직업 선택을 위한 일회적 활동이 아니라 내담자의 진로계획이나 준비, 직업 선택, 직업에의 적응 등을 단계적으로 도와주는 계속적 과정이다. 그러므로 포괄적 직업 프로그램을 의미하는 직업 지도(career guidance)나 내담자 혼자서 컴퓨터 프로그램을 이용하는 컴퓨터 보조시스템을 이용하거나 워크숍과 같은 일회성 직업교육 등은 직업상담 개념에 포함되지 않는다.

2) 직업상담의 필요성

직업상담이 필요한 이유는 여러 측면에서 찾아볼 수 있다. 대학 진학문제의 경우를 생각해 보자. 우선 학생은 자신의 실력이 어느 정도인지를 알아야 하고, 자신의 실력으로 입학 가능한 대학이 어느 대학이며, 대학에서 요구하는 조건이 무엇인지를 알아야 한다. 우리나라의 경우 대학마다 전형 방식과 선발 방식이 너무나 다양하기 때문에 대학을 지원하는 학생 혼자 힘만으로는 자신의 조건에 적합한 대학이 어느 대학인지 판단하기가 쉽지 않다. 그래서 진학상담가의 도움이 필요하다. 현재 정부에서는 수험생들의 이러한 고충을 제도권 내에서 체계적으로 도와주기 위하여 진학상담 전문 교사를 양성하고 있다. 이러한 진학상담 역시 직업상담활동의 일부이다.

다른 한편 현대사회는 갈수록 만족스런 직업과 직장을 갖느냐의 여부에 따라 행복한 삶이 좌우된다고 해도 과언이 아니다. 그런데 갈수록 자신에게 맞는 합리적 직업이나 직장을 선택하는 것이 어렵다. 수많은 직업과 직장이 출현했다가 사라지고 새로운 것들이 등장한다. 그뿐만 아니라 직업도 갈수록 세분화·전문화되기 때문에 새로운 직업이 요구하는 조건이나 그 직업에 맞는 자질을 갖추는 것은 물론 직업이나 직장을 선택하는 것도 점점 어려워지고 있다.

이러한 점에서 합리적이고 효율적인 직업 준비와 현명한 직업 선택을 위해서는 누구나 직업상담 전문가의 도움이 필요하다. 설사 직업을 구했다 하더라도 자신이 선택한 직업 분야에서 경력을 개발하고, 직장과 직업생활에서 직면하는 다양한 문제를 극복하고 변화무쌍한 직무환경에 적응할 수 있도록 하기 위해서는 직업상담이 필요하다.

3) 직업상담의 목적

직업상담의 일반적 목적은 다음과 같이 다섯 가지로 제시할 수 있다(이정근, 1980).

첫째, 내담자로 하여금 이미 결정한 직업계획과 직업 선택을 확신하고 확인하게 하는 것이다. 그러기 위해서 내담자에게 각종 심리검사 자료와 정보를 활용하여 평가해 준다.

둘째, 개인의 직업목표를 명확하게 해주는 것이다. 내담자는 막연한 포부나 직업 선택의 목표를 가지고 있다. 그러나 종종 이러한 목표가 비현실적이거나 불충분한 자료에 근거하여 판단된 경우가 있어서 바로 잡아주는 것이 필요하다.

셋째, 내담자로 하여금 자아와 직업 세계에 대하여 구체적으로 이해하도록 하고 새로운 자질을 발견하도록 해주는 것이다. 즉, 자신의 적성, 흥미, 능력 등에 대하여 구체적으로 알 수 있도록 해주고, 직업의 요구 조건, 훈련 기회, 고용 기회, 보수, 작업 조건, 장래희망 등에 대하여 이해시킨다.

넷째, 진로 관련 의사결정 능력을 길러 주는 것이다. 사람은 일평생 진로문제에 대하여 많은 결정을 내려야 한다. 현명하게 적응하고 선택하는 능력과 기술을 가르쳐 주어야 한다.

다섯째, 직업 선택과 직업생활에서 능동적으로 대처하는 태도를 길러 주는 것이다. 진로나 직업 선택을 할 때 외부 조건에 큰 비중을 두거나 순응하려는 경향이 있다. 개인이 성장하기 위해서는 장점을 최대한 살려 외부의 조건을 지배하고 자신을 성장시킬 수 있는 능력과 태도를 길러야 한다.

4) 직업상담의 기본원리

직업상담을 할 때에는 다음과 같은 몇 가지 원리에 충실하여야 한다(청소년 대화의 광장, 1996).

첫째, 내담자의 특성인 지능, 성격, 흥미, 적성, 재능, 학업 성취도, 신체조건 등의 내적 조건과 가정의 사회경제적 지위, 자신과 부모의 교육 정도 등 가정의 조건을 객관적으로 파악한다.

둘째, 직업상담의 요소는 내담자의 진로나 직업 결정이라는 점에서 상담과정에는 의사결정 과정이 반드시 포함되어야 한다. 의사결정 과정은 ① 진로나 직업 결정의 목표의식 확립, ② 관련 정보의 수집, ③ 대안 목록 작성, ④ 대안의 예상되는 결과, ⑤ 각 결과의 달성 가능성 예상, ⑥ 각 결과에 대한 가치 평가, ⑦ 대안의 선택, ⑧ 결정에 대한 평가단계를 거친다(Gelatt, 1967).

셋째, 진로란 인간의 전 생애적 발달단계이므로 발달이론에 근거하여 상담을 하여야 한다.

넷째, 변화하는 직업 세계에 대한 이해를 토대로 하여야 한다. 따라서 산업구조의 변화, 직업의 종류와 특성, 유망 직종, 교육 및 훈련 정보, 직업 정보, 개인 및 사회적 정보 등에 대하여 잘 알고 있어야 한다.

다섯째, 각종 심리검사, 즉 지능검사, 흥미검사, 일반 적성검사, 직업적성검사, 직업성숙도검사, 창의성검사, 성격검사와 같은 것을 활용하여 이것을 기초로 하여 상담을 하여야 한다. 따라서 상담자는 이러한 심리검사를 잘 활용할 수 있는 능력과 기술이 있어야 한다.

여섯째, 상담윤리를 벗어나지 않는 범위 내에서 하여야 한다.

5) 직업상담자의 자질

직업상담을 할 때 상담자는 일반 상담자가 갖추어야 할 자질 이외에 더 갖추어야 할 능력, 기술, 지식이 있다. 그 내용은 몇 가지로 요약할 수 있다(NCDA, 1991).

첫째, 개인상담이나 집단상담에서 요구되는 상담능력과 기술이 있어야 한다. 이러한 조건은 모든 상담자가 공통적으로 갖추어야 할 자질이라고 볼 수 있다.

둘째, 직업상담은 객관적 자료를 수집하기 위하여 각종 심리검사를 한다. 따라서 상담자는 개인의 특성, 발달, 성숙, 작업 조건 등의 측정 도구를 잘 이해하여야 하고 측정뿐만 아니라 잘 활용할 줄 알아야 한다. 즉, 검사를 바르게 실시하고, 실시한 결과를 점수화하며, 결과를 해석하여 설명하고, 결과를 보고서로써 보고할 줄 알아야 한다.

셋째, 내담자가 이용할 수 있는 채용 정보와 자원, 교육 및 훈련, 채용 등에 대한 지식과 노동시장 정보, 과제나 직능, 봉급, 자격 조건 등과 같은 직무 정보를 가지고 있어야 한다.

넷째, 기초적 상담이론 이외에 직업 및 진로발달이론, 직업상담의 이론 모델과 기법에 대하여 잘 알고 있어야 하며, 내담자들의 직업 관련 문제를 효과적으로 도와주기 위하여 개인이 일생을 통하여 경험하는 발달적 이슈에 대한 지식, 진로 발달을 촉진시키는 가족이나 친구와 같은 인물들의 역할관계, 직업계획과 배치에 대한 정보, 기법, 모델에 대하여 잘 알고 있어야 한다.

다섯째, 다문화권자, 불법체류자, 장애인, 고령자 등과 같은 특수집단에 대한 상담 지식이나 기술을 가지고 있어야 한다. 이들은 일반인에 비하여 직업결정에 불리한 위치에 있으므로 더 많은 주의와 노력이 요구되기 때문이다.

여섯째, 직업상담자 역시 일반 상담에서 요구되는 윤리를 잘 알고 실천해야 한다. 비밀 유지, 이윤 추구 금지, 성실상담, 내담자와 사적 관계 형성 금지 등은 주요한 윤리이다.

6) 직업상담의 유형

직업상담에서 다루는 상담 유형은 그 성격에 따라 진학상담, 취업상담, 직업적응상담으로 나눌 수 있다(김명소 외, 2000).

(1) 진학상담

진학상담은 진학을 목표로 하는 학생을 대상으로 한다. 졸업 후 취업을 염두에 두고 상담을 진행하여야 하기 때문에 직업의 인식 초기 단계부터 직업 탐색과 선택을 하기 위한 의사결정, 직업 준비 및 취업에 이르기까지 폭넓게 상담이 이루어져야 한다. 내담자의 진학계획이 합리적·현실적으로 수립되었는지 판단하고 조정할 것이 있으면 적극 조력해 주어야 한다. 아울러 내담자 자신과 직업 세계에 대한 이해도 촉진시켜야 하며, 이것을 위하여 각종 심리검사도 하여야 한다.

(2) 취업상담

취업상담은 최초 취업을 준비하는 사람과 재취업을 준비하는 사람으로 구분할 수 있다. 최초 취업을 준비하는 내담자에게는 진학상담과 마찬가지로 내담자 자신에 대한 이해뿐만 아니라 직업 세계에 대해서도 잘 이해하도록 하여야 한다.

그러기 위해서는 각종 심리검사를 활용하고, 각종 직업 관련 자료를 바탕으로 직업에 대한 정보를 가능한 한 많이 제공해 주어야 한다. 내담자가 고려하고 있는 직업 분야에 종사하고 있는 사람을 직접 만나 보도록 하거나, 취업 정보와 절차, 취업 시 준비할 사항과 같은 현실적 문제에 대해서도 정보를 제공하여야 한다.

재취업을 하려는 내담자의 경우는 자신의 의지에 의하여 직장을 옮기는 경우와 자신의 의사와 관계없이 옮기는 사람으로 구분할 수 있다. 전자의 경우는 직무에 적응을 하지 못하였거나 자신의 경력 개발을 위한 것이므로 직무적응상담과 취업상담이 함께할 필요가 있다. 후자의 경우는 고용 조정을 통해 해고를 당한 실직자들이므로 최초 취업을 하려는 사람과는 그 성격이 다르다. 따라서 이들에 대한 상담은 정서적 지지부터 시작하여야 하며, 그 다음 고용이 빨리 될 수 있도록 고용 탐색에 들어가야 한다. 재취업 내담자에게는 상담 활동을 통해 직무 탐색이나 직무 인터뷰 같은 고용에 필요한 기술과 시간 관리 기술을 개발할 수 있도록 도와야 한다.

(3) 직업적응상담

직업적응상담은 직무와 직업에 대한 만족도, 직장에서의 인간관계와 갈등에 대한 대처, 직무스트레스 관리 등에 초점을 둔다. 내담자가 직무스트레스를 받고 있다면 효과적인 스트레스 관리 방안을 모색하고, 인간관계 갈등을 겪고 있다면, 갈등 관리방법과 인간관계 기술을 배우도록 해야 할 것이다.

만약 내담자가 적응상의 문제로 직장을 옮기기를 원한다면 내담자의 적응상의 문제와 재취업의 현실성을 동시에 고려하여 내담자가 합리적으로 판단할 수 있도록 도와주어야 한다. 만약 적응문제가 개인의 적성, 흥미, 성격에 기인한 것이라면 재취업을 고려해 볼 수 있다. 이때의 재취업이 직장만 옮길 것인지, 직업을 바꿀 것인지를 판단하기 위해서는 사회 여건, 보유 기술, 적성, 흥미, 연령과 같은 현실적 문제를 함께 고려하여야 한다.

이상과 같은 문제 이외에 직업문제의 상담 부분은 선택과 관련되어 있다. 윌리엄슨(Williamson)은 직업 선택의 문제를 겪는 내담자를 네 가지 유형으로 분류하였다(김명소 외, 2000).

첫째, 직업 무선택자로서 이러한 유형의 내담자는 직업을 결정한 경험이 없거나 있음에도 선택을 하지 못한다.

둘째, 직업 선택에 확신이 부족한 내담자로서 이러한 유형의 내담자는 직업을 선택하기는 하였으나 선택에 자신감이 없고 타인으로부터 성공할 것이라는 위안을 받고 싶어 한다.

셋째, 흥미와 적성 간에 모순을 느끼는 내담자로서 이 유형의 내담자는 흥미를 느끼는 직업에 대하여 수행능력이 부족하거나 적성에는 맞지만 흥미를 느끼지 못한다.

넷째, 현명하지 못한 직업을 선택한 내담자로서 이 유형의 내담자는 동기나 능력이 부족하면서도 고도의 능력이나 특수한 재능을 요구하는 직업을 선택하거나, 흥미가 없고 자신의 성격에 맞지 않는 직업을 선택하거나, 자신의 능력

보다 훨씬 낮은 능력을 요구하는 직업을 선택하는 등 안정된 직업만을 추구한다.

7) 직업상담의 과정

직업상담은 단순히 하나의 직업을 내담자에게 연결시켜 주는 것이 아니다. 이 과정에서 내담자의 심리적 상태는 물론 직업 선택에 영향을 줄 수 있는 사회문화적 변인도 고려해야 하는 등 간단하지 않은 문제이다. 어쨌든 내담자가 삶의 다양한 역할 측면에서 직업을 선택할 수 있도록 도와주어야 한다. 일반적 상담과정 측면에서 볼 때 직업상담은 대체로 상담관계의 형성 및 구조화–측정(문제의 진단)–목표 설정–중재–평가의 5단계를 거친다고 할 수 있다(김명소 외, 2000).

(1) 상담관계 형성 및 구조화

직업상담 역시 모든 상담과 마찬가지로 첫 번째 이루어져야 할 일은 상담자와 내담자와의 상담관계를 형성하고 상담을 구조화하는 일이다. 상담관계 형성이란 내담자가 상담자를 믿고 상담을 받을 수 있는 두 사람 간의 친밀한 관계를 만드는 일이다. 상담관계 형성이 잘 되었다면 두 사람은 상호 신뢰하면서 솔직하게 개방적으로 대할 수 있게 될 것이다.

상담의 구조화는 내담자에게 상담이 무엇인지에 대하여 간단히 소개하는 일종의 오리엔테이션 과정이다. 내담자는 대부분 상담자처럼 상담에 대하여 올바른 인식을 하고 있지 못하다. 내담자가 상담자가 생각하고 있는 것과 적어도 유사한 정도로 상담에 대한 개념을 갖도록 하는 것이 필요하다.

간혹 내담자는 상담자가 모든 문제를 해결해 준다고 생각하고 있고, 그래서 상담의 주체는 상담자이며, 그 결과에 대한 책임도 상담자가 지는 것으로 생각하기 쉽다. 이렇게 상담자가 상담을 잘못 이해하고 있으면 상담의 효과를 기대하기 어렵다. 적어도 상담자는 내담자의 문제를 해결하는 데 도움을 주는 역할을 할 뿐 내담자 스스로 적극적으로 문제를 해결하고 의사를 결정해야 한다는 태도를 갖는 것이 필요하다. 이러한 목적을 달성하는 노력의 일환 중 하나가 상담의 구조화이다.

(2) 측정(문제의 진단)

직업상담의 핵심은 직업을 준비하고 선택하는 것이라고 해도 과언이 아니다. 그러기 위해서는 우선 내담자의 적성, 흥미, 성격 등 특성을 객관적으로 파악하는 것이 요구된다. 그런 다음 특정 직업에서 요구되는 능력이 무엇인지 등 직업에 대하여 정확히 이해하여야 한다. 이 두 조건이 잘 충족되어야 현명한 직업 선택과 준비를 할 수 있다.

내담자의 특성을 객관적으로 이해하는 과정을 여기서는 측정이라고 부른다. 이렇게 부르는 이유는 이 단계에서 표준화검사를 많이 사용하기 때문이다. 이 외에도 상담자가 상담 면접 중에 얻은 모든 정보도 활용한다. 이렇게 하여 얻은 모든 자료를 토대로 어떤 판단을 하는데, 이것을 '진단'이라고 한다. 이 단계에서 주로 직업문제와 관련된 자율성, 시간관, 자아존중감, 흥미, 직업 선호도, 직업 자아개념 등을 측정한다(Super, 1990). 이 외에 직업환경, 내담자의 동기, 건강 요인, 중요 타인의 영향 등도 측정한다(Brown & Brooks, 1985).

측정을 할 때에는 내담자가 처해 있는 상태도 고려해야 한다. 예를 들면 강제 실직된 사람이냐 스스로 직장을 그만둔 사람이냐에 따라 각각 추가적으로 측정해야 하는 것이 다르다. 실직된 사람은 슬픔, 분노, 자아존중감의 상실 등 정서적 경험을 하기 쉽기 때문에 직업 탐색과정 이전에 정서적 문제를 먼저 다루어야 한다. 그런 다음 이들이 직업이나 직업상담에 대하여 갖기 쉬운 비합리적 신념을 확인하여야 한다. 예를 들면 완벽한 직업 탐색계획을 수립하지 않아도 된다고 생각하고 있지는 않는지, 직업 탐색 기술은 한 번만 배우면 된다고 생각하고 있지는 않는지, 상담자가 자신에게 알맞은 직업을 잘 찾아줄 것이라고 생각하고 있지는 않는지, 직업상담 후 취업이 안 되면 끝장이라고 생각하고 있지는 않는지 등을 확인해야 한다(Liptak, 1991). 이 외에 실직자들은 대개 직업에 대한 가치, 흥미, 능력 등에 대하여 별로 생각해 본 적이 없기 때문에 이러한 측면에 대한 측정도 필요하다(Pedersen et al., 1991). 측정도구로는 여러 표준화검사를 사용할 수 있는데, 국내의 것으로는 직업선호도 검사, 일반 적성검사 등을 사용할 수 있다.

최근에는 자신의 직업생활을 연장하려는 노년이 늘어가고 있어 이들의 직업 관련 문제가 점차 부각되고 있다. 노년층 직업인은 젊은 층 직업인에 비하여 책임감이 강하고, 충성스러운 등의 장점이 있는 반면, 체력의 약화, 감각의 약화 등의 단점이 있어서 상담자는 이러한 단점을 고려하여 내담자들이 직업계획과 생활계획을 좀 더 현실적이며 융통성 있게 구성하도록 도와줄 필요가 있다.

고령층의 내담자에 대하여 직업 측정도구를 사용할 때에는 신뢰도나 타당도, 규준 등에 문제가 없는지 유의하여야 한다. 고령층을 대상으로 하는 검사도구는 종종 이러한 문제가 있기 때문이다. 그래서 상담자는 이러한 객관적 측정의 한계점을 인식하고 면접상담 등을 통해 얻은 정보도 잘 활용할 필요가 있다.

(3) 목표 설정

모든 상담에는 상담의 목표 설정을 하게 된다. 상담목표란 내담자가 상담이 종료된 이후 달성하기를 바라는 소망스런 상태라고 할 수 있다. 상담자와 내담자는 상담과정을 통하여 목표를 이루기 위하여 여러 가지 방법을 찾는다. 상담목표는 일반적으로 상담자와 내담자가 공동의 노력에 의하여 설정한다. 상담목표는 가능한 구체적이고 실행 가능한 것일수록 좋다. 그 이유는 이렇게 할 때 무엇을 어떻게 해야 할지가 분명해져 성취동기가 높아지기 때문이다. 또 한 가지 고려할 것은 상담목표가 아무리 좋다 하더라도 상담자가 도와줄 수 있는 능력 범위 내의 것이어야 한다는 점이다. 상담의 목표는 상담 초기에 설정하지만 상담이 진행되면서 수정이 가능하다. 상담목표는 하나만 정할 수도 있고 구체적 목표를 여러 개 정할 수도 있다. 이러한 경우에는 상담목표의 우선순위를 정할 필요가 있는데, 그 기준은 일반적으로 내담자가 처한 상황이 된다. 예를 들면 실직을 한 사람이라면 직업을 얻는 것이 가장 우선시 될 것이다.

(4) 중재

여기서 중재란 설정된 목표를 달성하기 위하여 상담자와 내담자 간에 이루어지는 활동을 말한다. 이 단계가 직업상담에서 가장 많은 시간을 차지하게 되며 상담의 핵심을 이루기 때문에 이 과정의 성패가 상담의 성패를 좌우한다.

중재하는 접근 방식은 여러 가지가 있을 수 있으나 직업 정보를 수집하거나, 내담자가 지니고 있는 기술을 파악하거나, 의사결정을 촉진하거나, 시간관을 개선하거나, 과제물을 부여하는 방식 등이 있다(김명소 외, 2000).

직업상담을 받는 사람 중에는 직업에 대한 정보가 없거나 아니면 있어도 그것을 이용하여 직업계획을 어떻게 세워야 할지 모르는 사람이 있다. 직업 정보를 잘 알고 있으면 직업 대안을 명료화하거나, 개발하거나, 어떤 직업을 배제하여야 하는지를 결정하기 쉽다. 그 밖에 내담자에게 다양한 직업에 접할 기회를 주고, 직업에 대한 고정관념을 수정하고, 직업 선택을 하도록 동기를 부여하며, 직업과 직무에서 어떠한 능력이나 기술이 필요한지 알게 해줌으로써 실현 가능한 직업계획을 수립하는 데 도움을 줄 수 있다.

직업에 대한 정보를 아는 것 이외에 내담자가 어떠한 기술을 보유하고 있는지를 파악하는 것이 직업상담에서 꼭 필요하다. 취업을 하려는 사람의 경우 과거 직무 경험을 통해 습득한 기술이 무엇이며, 그러한 기술이 어떤 직무에 활용될 수 있는지를 파악하여야 한다. 이러한 기술에는 설계도면 작성, 컴퓨터 프로그래밍과 같은 전문적 기술도 있고 문서 작성, 계획서 작성 등과 같은 일반적 기술도 있다.

직업상담에서 직업 정보와 내담자의 보유 기술 이외에 필요한 중재활동은 내담자로 하여금 직업 선택을 하는 것이든 현재 직업에서 약간의 수정을 하는 것이든 여기에는 반드시 의사결정이 필요하다. 상담자는 내담자로 하여금 합리적 의사결정을 할 수 있도록 도와주어야 한다. 합리적 의사결정이란 과학적으로 의사를 결정하는 것을 말한다. 먼저 문제를 발견하고, 대안을 마련하며, 그 다음 각 대안에 대한 자료를 수집하고, 그 자료를 바탕으로 대안을 선택하고, 선택한 대안이 바람직한지 검증을 하는 것이다. 이러한 과정은 일회로 끝날 수도 있지만 반복과정을 거칠 수도 있다.

합리적 의사결정을 하는 방법으로 대차대조표식이 있다. 이 방법은 대안을 몇 개 선정한 뒤에 각각에 대하여 선택했을 때 득과 실의 정도에 따라 +5점에서 −5점 사이를 부여한다. 이러한 방법을 부모나 배우자 등과 같은 주변 인물에 대하여도 해본다. 각 대안에 대한 합계 점수를 내고, 그 다음 다시 각 직업에 대하여 수집한 그 밖의 자료를 바탕으로 수정을 해본다(Janis & Mann, 1977). 이러한 방법을 사용하면 최종 직업을 선택할 수는 없다 하더라도 각 대안을 비교하는 데에는 도움을 받을 수 있다.

내담자가 어떤 시간관을 가지고 있는지를 파악하고 바람직하지 않은 시간관을 가지고 있다면 수정할 수 있도록 안내하는 것이 필요하다. 시간관은 내담자가 과거, 현재, 미래 중에서 어디에 관심과 가치를 두고 있는지에 대한 관점이라고 볼 수 있다. 과거에 관심을 가지고 있으면 과거형, 현재에 두고 있으면 현재형, 미래에 두고 있으면 미래형으로 구분한다. 이 중에서 직업계획에 필요한 것은 미래형이다. 내담자의 미래는 직업을 선택하고, 준비하고, 채용되고, 승진하는 등의 낙관적인 사건으로 가득 차 있을수록 좋다고 할 수 있다(Savickas, 1991).

이렇게 되도록 내담자를 안내하는 방법 중 하나가 공상기법이다. 이 방법은 우선 내담자에게 이 기법의 개념을 소개하고, 이 기법을 사용하는 것에 대하여 동의를 받는다. 그런 다음 내담자에게 이완을 시킨 후 내담자가 당면하게 될 공상의 세계로 이야기를 통해 안내해 준다. 이때 해롭지 않은 공상은 문제가 없다고 안심시켜 준다(Brown & Brooks, 1991). 과정은 대체로 이완시킨 후

'공상하기', '현실로 돌아오기', '후속 처리' 등의 단계를 거친다. 이 중에서 '현실로 돌아오기'는 공상을 마친 후 내담자로 하여금 현실로 돌아오도록 하는 과정으로서 주변의 물건을 만지게 한다든지, 가벼운 운동 등을 하게 한다. 이렇게 하는 이유는 공상의 부정적 영향이 없도록 하기 위한 것이다(Heikkinon, 1989).

중재하는 방법 중 흔히 사용하는 것의 하나는 내담자에게 과제를 내주는 것이다. 과제는 내담자와 협의하여 결정하며, 과제의 목적은 상담과정에서 획득한 행동을 실제 생활로까지 확대시키는 데에 있다. 예로 내담자에게 시험적으로 어떤 직무를 선택하게 한 다음 그 직무에 종사하고 있는 사람들을 만나 인터뷰하고 오도록 하는 것을 들 수 있다. 과제를 줄 때에는 무엇을 어떻게 해야 하는지 구체적으로 제시하여야 하며, 때로는 시간과 장소를 정해 주기도 한다.

(5) 평가

중재가 끝나면 그것이 얼마나 효과가 있었는지 평가를 하는 것이 필요하다. 평가는 직업상담뿐만 아니라 모든 상담에서 필수적 요소이다. 평가는 질문지로 내담자에게 물어보거나, 내담자의 교육적·직업적 성취를 측정하거나, 고용주나 상사의 보고서를 분석하거나, 계획한 것과 실행한 것이 얼마나 일치하는지를 측정하는 등의 방법을 쓸 수 있다(Seligman, 1994). 상담과정에 대한 평가도 필요한데, 이것은 상담자로 하여금 자신의 기술을 향상시키고 더욱 효과적인 상담자가 될 수 있도록 하는 데에 도움이 된다.

사례 토의

김수철(45세) 씨는 요즈음 고민에 빠져 있다. 전문대학을 졸업하였지만 전공에 맞는 직장을 여태 구해 보지 못하고 지금까지 지방에서 막노동, 배달 등 안해 본 일 없이 닥치는 대로 일을 하면서 살아오고 있다. 부인과 남매를 두고 있다. 아들은 중학교 1학년이고 딸은 초등학교 3학년이다. 막노동을 해서 고작 한 달에 120만 원 남짓한 돈으로 빠듯한 생활을 하고 있어 저축은 엄두도 못내고 있다. 최근에는 부인이 식당에 나가 일을 하여 가계를 보태고 있다.

지금까지는 그럭저럭 생활은 해오고 있으나 수철 씨는 요즘 부쩍 고민이 많아졌다. 나이가 더 들면 막노동도 하기 힘들다는 생각이 들어서이다. 조그마한 장사라도 하려고 해도 배운 기술이 딱히 없고 자본도 없다. 배운 기술이라고는 자동차를 운전할 수 있는 1종 면허를 가지고 있고 건물 보수와 같은 기술, 예를 들면 방수작업, 보일러 설치 정도를 할 수 있는 기술이 있다. 마음이 무척 착하여 남에게 해 되는 일은 못하는 성격이고 매우 부지런하다. 약간 내성적이기는 하지만 그를 싫어하는 사람은 없다.

최근에 친구가 자꾸 서울이나 수도권은 일거리도 많으니 집을 옮기라고 권한다. 수철 씨도 일거리는 많을 것이라고 생각하지만 새로운 시장을 개척하는 것이 만만치 않을 것이라는 두려움도 있고, 생활비, 교육비가 많이 들어 큰 이익이 없을 거라는 생각도 든다. 집도 전세를 얻어야 하는데 작은 빌라를 얻을 수는 있으나 이 역시 지금 지방에 있는 집에 사는 것에 비하면 주택비도 부담이 된다. 그래서 집을 옮겨 월 200만 원을 번다 하더라도 지방에서 현재대로 사는 것 이상으로 형편이 나아지지 않을 것 같은 생각이 들어 주저하고 있다. 그렇다고 계속 지방에서 이런 저런 잡일을 하는 것도 나이가 들면 한계가 있을 것 같아 어떻게 해야 할지 고민에 빠져 있다.

1. 내담자가 안고 있는 문제를 해결하기 위하여 우선 자세히 알아야 할 정보에는 어떤 것이 있는지 얘기해 봅시다.
2. 지방에서 생활하는 것이 더 나을 수 있다는 내담자의 판단과 수도권으로 옮기라는 친구의 판단에 대하여 어느 쪽이 합리성이 있는지 서로 얘기해 봅시다.
3. 내담자의 장래 설계를 어떻게 하면 좋을지 얘기해 봅시다.

3. 가족상담

1) 가족상담의 개념 및 필요성

성인학습자 역시 가족체계 속에서 생활하고 학습한다는 사실에 주목할 필요가 있다. 더욱이 성인학습자는 더 다양한 역할을 수행하여야 하기 때문에 가족 간에 생기는 문제로부터 자유로워지기 어렵다.

가족이란 부부관계를 기초로 하여 부모-자녀관계, 형제관계 등 소수의 사람이 주요한 관계를 형성하며, 구성원들이 서로 깊이 정서적으로 유대되어 있는 제1차적 집단을 말한다. 가족이 건강하지 못할수록 그 가족 구성원 간에는 갈등이 발생하게 된다. 가족의 건강 여부를 따질 때에는 일반적으로 부부관계의 특성, 가족 내의 권력 통제, 가족 응집력의 양과 유형, 가족 내의 의사소통, 가족의 문제해결 능력, 정서를 다루는 능력, 가족 구성원의 자존감, 친밀감과 자립성 등을 기준으로 판단할 수 있다(김유숙, 2006). 이 세상에 완벽한 가족은 없다고 볼 때 누구나 가족상담은 필요하다.

가족상담은 가족을 하나의 체계로 보며, 그 체계 속에 있는 개인 간의 상호교류 패턴에 개입함으로써 개인의 증상이나 행동에 변화를 가져오도록 추구하는 접근방법이다. 개인은 가족 속에서 서로 끊임없이 상호작용하면서 나름대로 독특한 역할이나 규칙을 만들어 낸다. 그러므로 가족은 물리적 또는 정서적으로 공간을 같이하는 개인들의 집합체 이상의 역동적 구조이다(김유숙, 2006).

가족은 부부뿐만 아니라 자녀, 노부모 등 세대 간의 다양한 욕구가 분출하는 곳이기 때문에 언제나 언제, 누구를, 무엇을 우선하고 무엇을 뒤로 돌려야 하는지에 대한 판단과 조정이 끊임없이 일어난다. 또한 출산, 육아, 진학, 취직, 결혼, 이사 등 일상 사건도 긴장을 유발하며, 여기에 복잡해지는 사회적 압력도 가족기능에 어려움을 가중시키고 있다. 이처럼 가족 안팎의 힘이 가족을 어렵게 만들고, 가족은 자신들을 방어하고 가족의 통합을 위하여 결속을 강화하는 부단한 노력을 하여야 한다. 이 과정에서 가족의 병리는 필연적으로 생기게 마련이다.

가족상담은 가족이 갖는 모든 문제를 상담의 대상으로 할 수는 없다. 일반적으로 가족에게 역기능이 존재하거나 그러한 역기능이 호소문제와 관련이 있을 때 가족상담을 하게 된다(Barker, 1986). 그러나 역기능이 어떤 것인지는 합의된

표준이 없는 실정이지만 다음 세 가지를 가족상담의 지표로 삼을 수 있다(Walrond-Skinner, 1978).

첫째, 가족 구성원의 어떤 증상이 가족 전체의 고통이나 역기능을 나타낸다고 생각되는 경우이다.

둘째, 내담자의 호소문제가 개인의 문제라기보다는 가족 간의 관계에 기인할 때, 예를 들면 어려움이 부부관계, 부모-자녀관계, 형제관계에 기인한 경우이다.

셋째, 가족이 서로 분리되는 것에 어려움을 겪는 경우이다.

2) 가족상담의 접근방법

가족상담은 가족문제의 근원이 어디에 있느냐, 또는 가족상담의 초점을 어디에 두어야 하느냐에 따라 여러 이론이 대두되었다. 세 가지 접근의 입장만을 간략히 소개한다(김용태, 2000; 천성문 외, 2009).

(1) 보웬의 가족상담

이 접근에서는 가족은 서로 정서적으로 뭉쳐 있는 조직이지만 그 정도가 심하면 문제가 된다고 보는 입장이다. 이 접근은 보웬(Bowen)이 체계화하였다. 가족은 원래 정서의 덩어리로 뭉쳐져 있으며 그것은 하나의 생존 방식임에는 틀림없지만 궁극적으로 각 가족은 독립적으로 성장하기 위해서 이러한 정서적 덩어리로부터 분리되어야 한다. 각 구성원이 정서적으로 의존적일수록 자신을 독립된 개체로 느끼지 못한다.

가족 간의 정서적 상호작용에서 개체가 자유로울 수 있는 현상을 '분화'라고 하고, 반대로 다른 가족 구성원을 자신의 연장으로 보는 현상을 '융합'이라고 한다. 분화는 감정을 지적 체계를 통해 얼마나 잘 통제하고 지배하는가 하는 개념이다. 감정체계는 모든 것을 충동적으로 결정하게 하는 데에 반해 지적 체계는 합리적으로 결정하게 한다. 지적 체계는 감정 충동에 의한 힘을 지적 능력을 활용하여 효과적으로 환경을 통제하고 목표를 달성하도록 해준다. 즉, 분화의 정도를 높이면 성공적으로 환경을 지배하여 잘 살 수 있게 된다. 분화의 관건은 강력한 지적 체계의 발달이다.

따라서 당연히 융합가족일수록 적응에 어려움을 겪는다. 이러한 가족은 서로 분리되는 것에 불안을 느껴 스트레스에 약하고 성장에 방해를 받는다. 이러한 현상은 우리 주위에서 쉽게 찾아볼 수 있다. 예를 들면 결혼을 한 아들이 어머니로부터 정서적으로 독립하지 못하고 일만 있으면 부인과 상의하지 않고 어머니에게 달려가 상의하고 의지한다면 그 가정은 문제가 생긴다. 또 시집간 딸이 항상 친정어머니와 한편이 되어 남편을 공격한다면 문제가 생길 것이다. 이러한 문제는 핵가족보다 확대가족에서 더 잘 일어날 가능성이 있다. 이러한 접근에서는 가족 각자의 분화 수준을 높여 개인의 독립과 성장을 하도록 하는 데에 목표를 둔다.

(2) 대화 가족상담

이 접근에서는 가족체계 내에서 일어나는 언어적 또는 비언어적 의사소통을 통해 가족의 문제점을 찾고 치료하려는 입장이다. 대화는 주로 언어가 가지고 있는 구조를 통해서 정보를 전달한다. 언어를 통해서 의미를 전달하고 서로의 행동을 통제하고 조절한다. 대화에는 언어 대화와 비언어 대화를 모두 포함한다. 이 접근에서 관심을 갖는 것은 대화의 행동 측면이다. 대화는 사람의 마음을 표현하는 수단이기 때문에 대화의 형태를 파악하면 그 사람의 마음을 이해할 수 있다. 대화이론에서는 바로 이 대화 형태에 관심을 갖는다.

대화형태는 연속적으로 흐르는 특징이 있다. 사람들은 자신들의 목적에 따라서 그 연속된 흐름을 끊어서 이해를 하게 된다. 그런데 일정한 형태로만 끊어서 받아들인다면 병적인 대화가 된다. 어떤 사람이 늘 자신이 피해를 보는 방식으로 대화를 끊는다면 그 사람에게는 어떤 대화도 피해를 보는 방식으로 하게 된다. 대화는 전달하려는 내용과 두 사람 간의 관계 두 측면이 담겨 있다.

가족체계가 잘 기능할 때에는 대화에 가족체계의 유연성과 변화가 잘 반영되지만 역기능을 할 때에는 가족체계가 고정된다. 이러한 가족들은 체계가 변해야 할 시점을 성장과 발전의 기회로 생각하기보다는 도전과 위협으로 생각한다. 이럴 때 나타나는 대화는 설교, 비판, 비난, 협박 등이다.

대화를 부정하려 할 때 대화의 역기능이 나타난다. 대화 부정은 자신이 대화 주체라는 것을 부정하는 것, 대화 상대 자체를 부정하는 것, 대화 내용을 부정하는 것, 대화 상대와의 규정되어 있는 관계를 부정하는 것 등이 있는데, 이 중에서 어느 하나라도 부정하면 문제가 생긴다. 이 외에 언어로 전달하는 내용과 신체로 전달하는 것이 일치하지 않는다거나, 서로 우위를 차지하기 위하여 경쟁적으로 대화를 하는 것도 문제의 원인이 된다.

이러한 역기능적 대화를 기능적으로 바꾸어 주는 것이 이 접근의 주된 목표가 된다. 그러기 위하여 가족들에게 기능적 대화방법을 가르쳐 주거나, 역기능의 대화를 분석해 내고, 역기능 형태가 무엇을 의미하는지 해석해 주고, 마지막으로 역기능 대화형태를 바꾸도록 한다.

(3) 구조적 가족상담

이 접근은 미누친(Minuchin)에 의하여 개발되었다. 여기서 구조란 가족체계를 의미하는데, 문제를 삼는 것은 전체 체계와 하위 체계인 가족 구성원 간의 관계이다. 가족체계는 세대, 성별, 기능에 따라 하위 체계로 분화된다. 이러한 하위 체계는 대인관계 경계선, 타인과의 접촉을 규제하는 보이지 않는 장벽에 의하여 한계가 정해진다. 가족기능이 원활한 가족구조를 가진 구성원은 가족체계 안팎에서 신체적·정신적 독립성과 자율성을 갖는 동시에 가족에 대한 소속감과 친밀감 사이에 균형을 이루어 하위 체계 간에 분명한 경계선을 이룬다. 그러나 각 구성원 간의 상호작용 방식이 지나치게 밀착되어 서로의 일에 끼어들거나 반대로 지나치게 소원하여 무관심할 때에는 문제가 발생한다.

가족 구성원 간의 경계가 너무 모호하여 서로 지나치게 감정 개입을 할 경우에는 개인의 공간이나 시간이 허락되지 않고 지나친 간섭과 과민반응을 하게 된다. 이와 반대로 가족 경계선이 너무 경직되어 있으면 가족 구성원 간에 정서적 교류가 없거나 가족 구성원이 너무 독립적이고 자율적이어서 의사소통이 어려워진다.

이 접근에서는 이러한 가족구조를 변화시켜 문제를 해결하고자 한다. 지나치게 밀착되어 있는 가족은 독립성과 자율성을 높여 하위 체계의 경계선을 강화하고, 경계선이 너무 경직되어 있는 가족은 가족 간의 경계의 융통성과 상호작용을 증진시킨다. 이 접근은 우리나라 문화권과 같은 가족문제를 설명하는 데에 적합하다.

3) 가족상담의 과정

(1) 가족상담 운영지침의 수립

가족상담을 시작하기 이전에 사전에 지침을 마련해야 할 필요가 있다. 가족상담에 참여하는 범위를 어떻게 할 것이며, 상담과정에서 계약을 통해 무엇을 다룰 것인지, 가족 중 한 사람이 개인상담을 요청할 경우 수락할 것인지, 상담의 비밀을 어느 정도 유지할 것인지, 공동상담을 어느 정도로 할 것인지 등에 대하여 지침을 마련할 필요가 있다.

① 참가범위

가족상담에서는 가족 사정이라고 하여 어떤 가족인지 알고 어떤 형태의 상담이 적합한지를 판단하는 과정을 거치는데 이러한 상담활동에는 반드시 모든 가족 구성원이 상담에 참여하여야 한다. 상담자는 가족들에게 가족 참여의 이점을 설명해 주고 이해시켜야 한다. 그러나 첫 면접 이후 누가 참여할 것인가에 대해서는 앞으로 논의가 가능하다는 점을 알린다. 상담자는 여러 가지 방법을 사용하여 비협조적인 가족이 변하도록 노력을 하되, 그 가족이 희생양이 되지 않도록 하여야 한다. 참석하지 못한 가족을 위하여 빈 의자를 준비하여 그 가족을 대신하게 한다든지, 참석하지 못한 가족의 의견을 가족들에게서 추론한다든지, 상담내용을 녹음이나 녹화하여 전하거나 상담자가 전화를 하는 등 상담내용을 전하는 등의 노력이 필요하다. 부부관계인 경우 어느 한 배우자가 참석하지 않았을 경우에는 직접 그와 의사소통하는 것이 바람직하다고 할 수 있다.

어린 자녀를 상담과정에 참여시킬지의 여부를 결정하는 것도 중요하다. 의사소통에 문제가 있기 때문이다. 그러나 의외로 좋은 정보를 제공해 줄 수도 있다. 어린 자녀를 면담에 참여시킨다면 상담 초반부터 적극적으로 참여시키는 것이 좋다.

② 상담계약

상담자는 가족과 무엇을 다룰 것인지 계약을 맺는 것이 바람직하다. 계약에는 상담의 횟수와 간격, 상담 시간, 참석 대상, 상담목표, 상담 비용 등이 포함된다. 이 중에서 상담목표는 상담자가 자신들의 문제를 해결해 줄 것이라는 수동적 태도를 불식시킬 수 있다. 그 밖에 상담과정에서 이루어진 것은 상담실 밖에서 말하지 않는다는 것, 사전 통고 없이 상담 약속을 파기한 경우에는 상담 비용을 부담해야 하는 이유도 설명하는 것도 필요하다.

③ 개인면담의 수락 여부

가족 중에 어떤 구성원이 개인상담을 요청할 경우 그 의도와 나머지 구성원의 의견을 확인하여야 한다. 나머지 가족이 부정적 생각을 갖지 않는 한 개인상담을 할 수 있다. 이때 상담자는 개인상담이 가족상담에 미칠 영향, 개인상담 요청의 의도와 목적을 나머지 가족과 공유할 수 있는지의 여부 등을 확인하여야 한다. 개인상담을 반대하는 가족이 있을 때에는 가족들이 해결하도록 맡기는 것이 바람직하다. 이 해결과정에서 상담자는 가족관계의 구조와 상호작용에 관한 정보를 얻을 수 있다.

④ 비밀 유지

가족상담은 개방적으로 운영되기는 하지만 어떤 문제나 정보에 대해서는 가족 내에서 비밀로 해야 하는 경우가 있다. 상담자에게 전화를 하거나 상담이 끝난 후 상담자와 따로 얘기하고 싶어 한다. 이러할 때에는 이러한 행동의 의미를 신중하게 생각하고 개인상담을 할 것인지를 가족체계에 대한 이해를 근거로 하여 결정하는 것이 바람직하다. 가장 이상적인 것은 이러한 개인적으로 언급한 내용도 가족상담 과정에서 다룰 수 있다면 이상적이지만, 경우에 따라서는 자신과 나눈 상담 내용을 다른 가족 구성원에게 비밀로 할 것을 요구할 수도 있다. 이 같은 경우에 대비하여 상담 계약을 맺을 때 필요에 따라서는 특정 가족과 개인 간 상담 내용을 비밀로 할 수 있다는 점을 미리 동의를 받아 놓는 것이 필요하다.

⑤ 공동상담과 관찰 기록의 문제

두 명의 상담자가 가족상담을 하는 경우도 있다. 초기 가족상담자들은 이러한 방식이 바람직하다고 생각한 적이 있었다. 이러한 공동상담을 하면 가족상담 과정에서 일어나는 상황을 더 잘 관찰할 수 있다고 생각했기 때문이다. 가족의 규모가 큰 경우에는 상담과정을 통제하거나 모든 가족과 접촉하기 위하여 두 사람 이상의 상담자가 필요한 경우도 있다. 이러할 경우 상담과정이 복잡해지는 문제가 발생할 수 있다. 그래서 공동상담을 하기 위해서는 상담자 간에 이론적 관점, 상담 기술이 비슷하고 상담자 간의 원만한 인간관계가 선결되어야 하고 상담계획을 치밀하게 세워야 한다. 공동상담을 하는 대안으로 상담실에 일방경을 설치하여 다른 상담자가 볼 수 있도록 하거나 녹화를 하여 상담이 끝난 후 다른 상담자와 함께 보는 것이다. 가족상담의 과정은 매우 복잡하고 내담자의 언어적·비언어적 행동이 동시에 많이 일어나므로 여러 명의 상담자가 관찰하여 도움을 받는 것은 유용할 때가 많다. 녹화를 하여 다시 보는 것은 상담자가 상담 당시에 미처 관찰하지 못했던 것도 다시 볼 수 있고,

또한 자신의 상담기술을 반성할 수 있으며, 상담 기록의 자료로 쓸 수 있도록 해주는 데에도 도움이 된다. 어떤 형태의 관찰이나 녹화를 하더라도 사전에 가족의 동의를 얻어 놓아야 한다.

(2) 초기 상담의 과정

가족상담이든 개별 상담이든 상담의 일반적 과정은 대동소이하다. 여기서는 가족상담에서만 특별히 유의해야 할 부분만 소개하고자 한다. 다만 다음에 소개되는 내용 순서는 개략적인 것이지 절대적인 것은 아니다.

① 접수 면접

가족상담은 여러 명이 참여하기 때문에 모든 가족이 참여하는 첫 회기 상담 이전에 가족 중 누구와의 사전 접촉이 필요하다. 전화로 할 수도 있고 직접 만나서 할 수도 있다. 이것을 접수 면접이라고 하는데, 가족상담은 특히 접수 면접이 중요하다. 접수 면접에서 어떤 문제로 상담을 하게 되는지 등을 파악하고 상담의 방향 등에 대하여 협의하는 등 개별 면접과 비슷하지만 가족상담에서 독특한 것은 가족상담에 누가 참여하게 되는지를 확인하고, 가능하면 첫 회기 상담에 모든 가족이 참여하는 것이 상담의 신뢰를 위해서 바람직하다는 것을 이해시키는 것이 필요하다. 가족상담이 어느 일부 가족만 한다면 그만큼 상담결과에 대한 신뢰가 떨어지기 때문이다. 첫 회기 상담이 시작되면 접수 면접에서 논의되었던 대화 내용을 모두 가족 구성원에게 다시 언급하는 것이 좋다.

② 문제의 명료화

가족상담은 개별 상담과 달리 자신들의 문제에 대하여 의견이 다르고 거기에 내포된 감정도 다르다. 그러기 때문에 상담자는 제시된 문제를 명료화하는 것이 무엇보다 중요하다. 왜 가족상담을 받으려 하는지를 물어서 그들이 안고 있는 문제에 대한 가족들의 생각을 반드시 확인하여야 한다. 이와 아울러 가족상담이 무엇인지 전반적으로 이해시키는 과정이 필요하다. 여기에는 상담의 의미, 상담자와 내담자의 역할과 책임의 한계, 상담 시간, 비밀 보장, 대화 규칙 등이 포함될 것이다. 아울러 어떤 가족 구성원의 문제는 가족 간의 상호작용의 영향을 받기 때문에 가족의 맥락에서 보다 잘 이해된다고 설명함으로써 모든 가족이 상담에 참여하는 것이 필요하다는 것을 납득시켜야 한다. 가족이 안고 있는 문제를 명료화만 하더라도 가족상담은 절반의 성공을 하였다 하여도 과언이 아니다. 문제를 명료화하는 과정에서 간혹 가족 간에 파괴적인 상호작용도 있을 수 있지만 이 과정을 통해서 가족 구성원은 각각 자신이 문제에 어떻게 개입되어 있는지를 이해할 수 있고 이것은 치료에 도움이 된다. 이러한 파괴적 상호작용을 상담자가 성공적으로 조정하게 되면 내담자들에게 상담자의 전문성을 신뢰하게 하는 기회도 될 것이다.

대부분의 문제는 정확하지 않고 장시간 지속되어 온 것이다. 상담자는 문제를 명료화할 때 내담자들에게 각자가 생각하는 문제는 무엇이며 어떻게 변해야 하는지를 표현하도록 하여야 한다. 이 과정에서 상담자는 무엇이 변해야 하는지를 정의하고 가족의 관점이 변해야 한다는 메시지를 전달할 수 있다. 또한 이 과정에서 가족들이 이야기를 하는 동안 누가 먼저 이야기를 하는지, 호소하는 문제 이외의 다른 것도 이야기하는지, 특정 가족 이야기를 방해하는 일이 있는지, 가족 중 연합을 이루는 가족이 있는지, 가족 중에 누가 힘이 있는지 등 가족구조 파악에 관심을 기울여야 한다. 필요한 경우 다양한 질문지나 객관적 사정도구를 보조적으로 사용할 수도 있다.

③ 상담관계 형성

모든 상담과 마찬가지로 가족상담에서도 상담자와 내담자 간의 친밀감이 형성된 후에 상담을 진행한다. 특히 가족이 자신의 문제를 노출하기를 꺼려하는 상담의 초기 단계에서는 이를 위해 상담자의 수용, 공감적 이해, 진실한 태도가 더욱 중요하다. 초기 상담단계에서는 이러한 라포르 형성이 하나의 상담목표가 된다. 라포르 형성을 위해서 상담자는 내담자의 가족체계에 합류하는 것이 필요하다. 이를 위해서는 상담자가 가족의 조직 유형을 받아들이고 거기에 융해되어야 한다. 즉, 상담자가 가족의 기존 질서 속으로 들어가서 상담을 하는 것이다. 예를 들면 권위적 아버지가 있는 가족의 경우에는 다른 가족 구성원보다 먼저 아버지에게 질문을 한다든가, 다른 가족에게 질문을 할 때 아버지의 동의를 먼저 구한 다음 한다든지 한다.

④ 상담의 목표 설정

목표 설정은 모든 상담에서 중요하지만 많은 가족이 참여하는 가족상담에서는 특히 중요하다. 상담목표에 도달하였는지를 어떤 형태로써 알 수 있는지에 대한 합의를 하는 것이 필요하다. 합의가 쉽지는 않지만 우선 가족들에게 상담을 통해 달성하고자 하는 상태를 구체적으로 표현하도록 해야 한다. 현재 상태와 바람직한 상태 간에 어떤 차이가 있는지 분명히 하는 것도 목표 설정에 도움이 될 것이다. 목표를 정하는 과정에서 의견 충돌이 있을 수 있는데, 이럴 때에는 상담 회기를 더 진행하면서 합의를 도출하는 것이 좋다. 목표는 장기 목표와 단기 목표로 나눌 수 있는데, 가족상담에서는 판단하기 쉬운 몇 가지 구체적 목표를 설정하고 이를 달성해 나가면서 최종 목표를 달성하도록 하는 목표구조를 갖는 것이 좋다. 경우에 따라서는 중간 목표를 설정할 수도 있다. 상담자는 내담자가 불안하고 좌절하는 것을 막기 위하여 일정 기간 내담자의 모호한 입장을 받아들일 여유도 필요하다.

⑤ 가족 사정

가족 사정이란 가족의 역사나 가족의 구조를 이해하기 위한 활동을 말한다. 가족상담에서 가족 사정은 가족을 변별하기 위하여 하는 것이 아니라 가족에게 어떤 형태의 상담이 바람직한지를 판단하기 위한 일종의 한 방편이다. 가족 사정의 목적은 가족의 현재 기능을 이해하는 것에 있다. 가족 사정을 통해 가족을 범주화하고, 판단하고, 평가하지만 정신의학적 모델처럼 그리 강조되는 것은 아니다. 그러나 상담자는 최소한 가족이 어떤 과정을 거쳐 현재에 이르렀는지를 파악하는 것이 필요하다. 일반적으로 부모의 출생과 그들의 어린 시절 이야기부터 가족사를 파악하고, 자녀에 대해서도 똑같은 과정을 거친다. 가족이 어떻게 기능하는지는 내담자에게 직접 질문하기보다는 내담자가 관찰한 것을 토대로 추론하는 것이 바람직하다. 대부분의 상담자는 상담 초기에 가계도를 많이 활용한다. 이 외에 다른 객관적 도구를 활용할 수도 있다. 이러한 도구를 사용할 때에는 가족들에게 왜 이러한 도구를 사용하는지 이해를 시킨 다음에 실시하는 것이 바람직하다. 그렇지만 이러한 도구에 전적으로 의존해서는 안 된다. 상담자는 내담자와의 면담이나 관찰한 것을 포함하여 종합적으로 하여야 한다.

상담자는 가족 사정을 통해 자료를 수집한 다음에는 체계적으로 평가해야 한다. 즉, 가족이 어떻게 기능하고, 호소하는 문제가 그것과 관련이 있는지, 관련이 있다면 어떻게 관련이 있는지를 검토해야 한다. 가족 사정의 결과는 가족에게 알려 주어야 하는데, 그 방식은 사례의 특성이나 상담자가 추구하는 이론적 방향에 따라 달라진다. 다만 가족에게 사정결과만을 전하는 것만으로는 충분치 않다. 가족들에게 자신들의 문제를 이해시키는 것은 물론 어떻게 변화시켜야 하는지도 알도록 해야 한다. 따라서 피드백에는 상담자의 관점, 상담의 필요 여부, 어떤 형태의 상담이 필요한지 등도 포함시켜야 하는 것이다.

사례 토의

창옥은 고등학교 1학년 여학생이다. 중학교까지 모범생이었으나 최근 들어 학교에 가기 싫어하며 무기력하고 죽고 싶다는 이야기를 자주 해서 어머니가 상담기관을 찾아왔다. 창옥은 어릴 적부터 사회성이 부족해서 친구들과 잘 지내지 못했지만, 최근에는 아버지와의 관계가 상당히 나빠서 집에서 함께 생활할 수 없을 정도이다.

창옥이는 전업주부인 어머니에 의해 별 어려움 없이 자랐다. 단지 어려서부터 고집이 세고 거칠고 퉁명스러워서 그다지 인상이 좋은 아이라는 평은 듣지 못했다. 친구는 많지 않았으나, 적응에 심각한 문제를 가질 정도는 아니었다. 초등학교 3학년 때 가족이 지방에서 서울로 올라와 6학년까지 세 번에 걸쳐 전학을 했는데도 학교 성적은 항상 상위권이었다. 단지, 학교에서 아이들과 잘 어울리지 못했으며 그런 이유 때문인지 집에서 학교에 관한 이야기는 거의 하지 않았다. 중학교 졸업 때는 최우수상을 받았는데, 친인척들이 축하하기 위해 졸업식장에 오는 것을 싫어하여 어머니에게 노골적으로 막아 달라고 요구할 정도였다. 또한 과학고등학교 입시 때는 '떨어지면 어쩌나'하는 걱정 때문에 친할머니에게도 알리지 않은 채 시험을 칠 정도로 소심하고 자기표현이 없으며, 내성적이고 고집이 센 아이였다. 창옥이 스스로도 주위 아이들이 자신을 싫어하고 비웃는다고 여기며 친구 사귀는 데 자신감이 없었다. 최근 들어 매사 의욕이 없으며 외모에 대한 열등감도 심했다. 만사가 귀찮고 무기력하며, 친구 앞에서 자기표현을 잘 못한다. 최근 몇 달 사이에 자기비하감이 더욱 심해 죽고 싶다는 생각을 많이 하며 공부는 거의 포기한 상태다. 원하는 것이 있다면 집에서 강아지나 한 마리 기르면서 사는 것이다. 장래희망은 없고 힘들게 들어간 과학고등학교지만 그만두고 검정고시를 보겠다고 자퇴를 고집하고 있다. 매사를 심각하게 생각해 잘 울고 상처를 많이 받아서 한때 어머니에게 편지를 써 놓고 학교를 결석한 채 가출을 시도하기도 했다. 여름방학에는 자신이 쓸모없는 인간이라며 수면제 10알을 먹고 자살을 기도한 적도 있었다.

창옥의 아버지는 44세로 대학을 졸업하고 회사원이다. 3남 1녀 중 첫째로 내성적이면서도 욱하는 성격이며 가족에게 자상하지 않은 편이다. 자기주장이 강하고 고집이 센 편이어서 다른 사람의 이야기는 안 듣는다. 어린 시절 엄한 가정교육을 받고 자라났다. 할아버지는 어릴 때 아버지가 동생을 때리더라도 그러한 장남의 행위를 권위라고 용납하는 편이었다. 아버지는 할아버지의 많은 기대가 부담스러웠으나, 그대로 하지 못한 것을 후회한다. 창옥이는 할아버지가 자식을 훈육했던 방법을 아버지도 그대로 자녀에게 적용하는 것 같다고 생각한다. 아버지는 창옥이가 어릴 때부터 술을 좋아하고 포커 등 도박에 빠져 외박도 잦아서 부부 사이가 좋지 않았다. 창옥 어머니는 이 때문에 부부싸움을 하며 아버지에게 하고 싶은 말만 쏟아붓고 나가 버린다. 이렇게 되면 집에 남아 있는 아이들만 들볶이는데, 동생이 재빨리 자신의 방으로 피하는 것과 달리 창옥은 항상 아버지 주위를 맴돌다 야단을 맞았다. 어려서부터 고집이 센 창옥은 아버지에게 자기표현을 하면 아버지는 버릇을 들인다며 엄하게 대했다. 심한 경우에는 술을 먹고 따귀를 때리거나 큰소리를 치며 말대답을 못하게 하였다. 이처럼 아버지는 집안의 절대 권력자여서 다른 가족은 아버지에게 전혀 대항하지 못하고 순종적이었으며, 이로 인해 아버지는 말도 안 되는 억지 주장을 많이 하였다. 창옥은 아버지와 갈등상황일 때마다 억울했지만 자기 느낌을 전혀 표현하지 못했다.

가족은 매년 여름이면 가족끼리 여행을 가는데, 창옥은 즐거운 여행을 가서도 아버지가 무서워 어머니를 통해 모든 의사소통을 했다. 중 3이 시작되는 3월 어느 날 집안에 소동이 나 아버지가 VTR과 소파를 던질 듯이 하자, 창옥이는 얼떨결에 옆에 있던 화병을 아버지에게 던지고 말았다. 창옥은 순간 '끝장이구나' 생각했는데, 예상과는 달리 아버지가 당황하면서 안방으로 들어가 버렸다. 이 일이 있은 후 아버지와 말을 안 했으며, 이때부터 창옥은 자신은 마음이 정리되었다고 생각했다. 입시를 앞둔 가장 중요한 시기에 이런 일이 생겼다고 생각한 아버지는 창옥의 마음을 달래고 가까워지려고 노력하지만 그럴수록 창옥은 냉담한 반응을 보였다. 이 가정은 오래전부터 아버지가 일찍 들어오는 토요일 저녁은 모든 가족이 함께 식사를 하도록 정해져 있었다. 친구들과 밖에서 재미있게 지내다가도 저녁 약속이 되면 반드시 돌아왔던 창옥이 그때쯤부터 아버지가 일찍 들어오는 주말이 되면 일부러 늦게 귀가했다. 그해 5월부터는 아버지가 얘기하자고 해도 문을 닫아 버리고 상대를 안 했으며, 식사도 같이 하려 하지 않고 외면해 버렸다. 어린 시절을 회상하면서 '아버지는 하고 싶은 거 하면서 나는 왜 못하게 했느냐'며 억울해 하였다. 특히 아버지가 어머니도 없을 때 친구들을 데려와 새벽까지 포커를 하면서 자신에게 심부름을 시켜서 자신이 짜증을 냈을 때 때렸던 사건은 용서하지 못한다고 어머니에게 털어놓았다. 아버지로 인해 위축되고 기가 죽어서 매사 자신감이 없어졌으며, 자신의 인생을 망친 아버지에게 나중에 복수할 것이라고 했다. 아버지가 자신에 대해 아는 게 싫다면서 가족상담에서도 아버지를 배제시켜 달라고 요구하였다.

창옥의 어머니는 41세 대졸로서 주부이다. 1남 6녀 중 막내로 태어났으며 사교적이며 낙천적인 성격의 소유자이다. 어머니가 따뜻하거나 잘 챙겨주는 성격이 아니어서 어려서부터 창옥에 대한 애정표현은 별로 없었다. 아버지의 도박과 잦은 외박으로 부부싸움이 잦았다. 남동생과 달리 창옥은 그것을 예민하게 느꼈던 것 같다. 초등학교 1학년 때 부모가 자주 싸워 아침에 일어나면 잠을 잘 수 없었다고 투덜대기도 했다. 창옥은 대부분의 요구를 어머니를 통해 했으며, 가족들이 주말에 자주 외출하는 편인데 그것도 그다지 즐거워하지 않았다. 중학생이 되면서 창옥은 더욱 가족과 같이 다니는 것을 부담스러워했지만 아버지가 무서워 거절하지는 못했다. 창옥은 아버지에게 야단맞을 때 일방적으로 당하는 편인데, 어머니는 중간에서 창옥이의 속상한 감정을 달래주지 못했을 뿐만 아니라 무심했다. 어머니가 할 수 있는 것은 창옥에게 참으라고 말하는 것뿐이다. 어머니는 남들과 잘 어울려서 주로 바깥생활을 즐기는 편이어서 그동안 창옥의 문제를 대수롭지 않게 여겼다. 창옥이도 중학생이 되면서 어머니에게도 자기표현을 별로 하지 않았다. 고등학교 1학년에 올라와서 창옥이가 죽고 싶다는 얘기를 자주 하면서부터 창옥에게 신경을 쓰기 시작했으며, 창옥의 요구대로 들어주고 함께 여행도 다녔다. 여행을 함께하면서 창옥은 그동안 힘들었던 부분을 호소하기도 했다. 그러나 요구를 들어줄수록 요구나 시위성 발언이 더욱 많아져 어머니는 차츰 창옥의 요구를 무시하였다. 여름방학 때는 누가 들어올 것 같다며 창문을 닫고 커튼을 내리고 혼자 있으려고 한 적도 있었다. 과학고등학교에 입학한 것은 창옥의 선택이 아니라 부모의 결정이었다. 고등학교 입학 후 친구 사귀기를 어려워하는 등 적응하는 데 힘들어 하고 있다.

남동생은 14살이고 내성적이고 얌전하며 순종적인 편이다. 자기표현이 없는 편이며, 창옥에게 의지하고 있다. 아버지와의 관계에서는 큰 어려움이 없으며, 창옥은 주로 동생에게 죽고 싶다는 등의 표현을 하는 편이다. 어릴 때부터 창옥은 동생을 잘 챙겼으나 최근에는 챙기지 않고 짜증을 낸다. 오히려 요새는 동생과 비교해 부당한 대우를 받는다고 느끼면 한 치의 양보도 하지 않는다.

위 사례에서 다음을 생각하고 토의해 봅시다.

1. 내담자의 문제를 해결하기 위하여 개인상담만으로 가능하겠습니까?
   그 이유는 무엇입니까?
2. 내담자의 문제를 해결하기 위하여 어떻게 해야 좋겠습니까?
3. 이 가정의 가족 규칙은 무엇이며, 가족 규칙의 문제는 무엇입니까?

⑥ 초기 상담의 종료

앞 단계까지 이루어지는 초기 상담이 성공적으로 종료될 무렵에는 가족들이 다음에 무엇이 일어날지에 대하여 알게 된다. 이때 상담자는 내담자에게 가족상담을 계속하고 싶은지 그 의향을 물어서 원하면 다음 일정을 잡는다. 그리고 이후에 어떤 내담자가 상담에 참여하게 될지에 대해서도 논의할 필요가 있다. 만약 초기 상담에 주요한 인물이 참여하지 못했다면 다음 상담에는 함께 참여하기를 권하거나 아니면 어떻게 하면 좋을지 의논하는 것이 바람직하다. 이 외에 함께 살고 있지 않는 확대가족의 참여가 필요한 경우도 있다.

12 REFERENCE

김명소, 김원형, 민병모, 박동건, 박영식, 유태용, 탁진국(2000). 직업심리 및 상담. 학지사.

김용태(2000). 가족치료이론. 학지사.

김유숙(2006). 가족상담. 학지사.

김유숙 역(2003). 심리치료와 사회구성주의. McNamee, S. & Gergen, K. J. 지음. 학지사.

송성자(2004). 가족과 가족치료(제2판). 법문사.

이영분, 기유숙, 정혜정(2005). 가계도: 사정과 개입. 학지사.

이정근(1980). 진로지도와 진로상담. 중앙적성연구소.

이정근(1988). 진로지도의 실제. 성원사.

천성문, 박명숙, 박순득, 박원모, 이영순, 전은주, 정봉희(2009). 상담심리학의 이론과 실제. 학지사.

청소년 대화의 광장 편(1996). 청소년 진로상담.

Barker, P.(1986). *Basic family therapy*. New York: Blackwell Scientific Publication.

Brammer, L. M.(1984). Counseling theory and older adult. *Counseling Psychology, 12*(2).

Brock, G. W. & Banard, C. P.(1992). *Procedure in marriage and family therapy*. Boston: Allyn & Bacon.

Brown, D. & Brooks, L.(1985). Career counseling as a mental health intervention. *Professional Psychology: Research and Practice, 16*, 860-867.

Brown, D. & Brooks, L.(1991). *Career counseling techniques*. Boston: Allyn & Bacon.

Crites, J. O.(1981). *Career counseling: Models, methods and material*. New York: McGraw-Hill.

Gelatt, H. B.(1967). *Information and decision theories applied to college choice and planning*. In preparing school counselors in educational guidance (pamphlet). New York: College Entrance Examination Board.

Heikkinon, C. A.(1989). Reorientation from attend states: Pleas more carefully. *Journal of Counseling and Development, 67*, 520-521.

Houl, C. O.(1961). *Inquiring mind*. Madison: University of Wisconsin Press.

Janis, I. L. & Mann, L.(1977). *Decision making: A logical analysis of conflict, choice's, and commitment.* New York: Free Press.

Liptak, J. J.(1991). Leisure counseling: An antidote for the living death. *Journal of Employment Counseling, 28*, 115-120.

Miller, H. L.(1967). *Participation of adults in education: A force-field analysis.* Boston: The Center for the Study of Liberal Education for Adults, Boston University.

Nation Career Development Association(1991). *The professional practice of career counseling and consultation: A resource document.* Alexandria, V.A.: National Career Development Assocoation.

Pedersen, P., Goldberg, A. D., & Papalia, T.(1991). A model for planning career continuation and change through increased awareness, knowledge and skill. *Journal of Employment Counseling, 28*, 74-79.

Savickas, M. L.(1991). Improving career time perspective. In D. Brown & L. Brooks(Eds.), *Career counseling techniques*(pp.236-249). Boston: Allyn & Bacon.

Seligman, L. W.(1994). *Developmental career counseling and assesment*(2nd ed.). London: Sage.

Super, D. E.(1990). A life-span, life space approach to career development. In D. Brown, L. Brooks, & Associates(Eds.), *Career choice and development* (pp.197-261). San Francisco: Jossey-Bass.

UNESCO(1985). The developments of adult education: Aspects and trends(p.14). *Fourth International Conference on Adult Education Documents.* Paris.

Walrond-Skinner, S.(1978). Indication and contra-indications for the use of family therapy. *Journal of Child Psychology and Psychiatry, 19*, 57-62.

찾아보기

〈인명〉

〈내용〉

저자 약력

나항진

서울대학교 대학원 졸업(석사)
중앙대학교 대학원 졸업(박사)
전, 대진대학교 교육대학원 겸임교수
  중원대학교 사회과학부 교수

〈저서 및 논문〉
저서 : 평생교육론(공저, 2011), 교육사회학(공저, 2011) 외
논문 : 유아가 경험하는 세대통합 프로그램의 의미에 관한 연구(2011) 외

강갑원

중앙대학교 대학원 졸업(석사)
미국 오하이오 신시내티 제비어대학교 사회과학대학원 졸업(석사)
중앙대학교 대학원 졸업(교육학 박사)
전, 중앙대학교 산업교육원 책임연구원, 대진대학교 교육대학원장
현, 대진대학교 교육대학원 상담심리전공 주임교수

〈저서 및 논문〉
저서 : 상담심리학(2012), 특수아동교육의 이해(공저, 2011), 인간의 동기(공역, 2011),
  예술, 음악 영재학생(공역, 2011), 영재교육과정연구(공역, 2011) 외
논문 : 각성 수준에 따른 배경음악이 과제 수행에 미치는 영향(2006) 외

권희완

중앙대학교 대학원 졸업(석사)
미국 덴버대학교 교육대학원 졸업(석사)
원광대학교 한의학전문대학원 졸업(박사)
전, 모아교육문화원 원장
현, 연성대학교 겸임교수, 성결대학교 강사

〈논문〉
한방테마관광시설의 오행프로그램 모형(2011) 외

김경미

이화여자대학교 대학원 졸업(석사)
미국 라이스대학교 대학원 졸업(석사)
미국 뉴욕주립대학교 대학원 스토니브룩 졸업(박사)
전, 이화여자대학교 강사, 충북대학교 전임연구원
현, 선문대학교 교양학부 교수

〈저서 및 논문〉
저서 : 현장교육학(공저, 2008), 인지발달(공역, 2011) 외
논문 : 유치원 아동의 마음 이해와 사회적 능력의 관계(2008),
수업개선을 위한 교수멘토링 프로그램의 개발(2011) 외

박성희

독일 게오르그-아우구스트 괴팅겐대학교 대학원 졸업(석사)
독일 게오르그-아우구스트 괴팅겐대학교 대학원 졸업(박사)
전, 대진대학교 교직부 초빙교원, 강원대학교 교수학습개발원 연구교수
현, 국립공주대학교 교육학과 강사

〈저서 및 논문〉
저서 : 노인교육론(2011), 생애사에 기초한 질적 연구방법(2011), 교육사회학(공저, 2011) 외
논문 : 농촌 지역아동센터의 아동 행복 위협에 관한 질적 연구 및 부모교육의 필요성(2012),
아동청소년의 행복 보장을 위한 독일의 교육복지 개념 고찰(2011),
노년기의 자기정체성 만들기와 비판적 제라고지의 의의(2010) 외

송선희

고려대학교 대학원 졸업(석사)
고려대학교 대학원 졸업(박사)
전, 고려대학교 교육문제연구소 연구조교수
현, 호서대학교 교양교직학부 교수, 호서대학교 교육대학원 상담교육전공 주임교수

〈저서 및 논문〉
저서 : 교수-학습의 이론적 탐색(공저, 2001), 현대 교수학습의 이해(공저, 2007),
교직실무(공저, 2011), 교육학개론(공저, 2011), 노인교육론(공저, 2011) 외
논문 : 고등학생의 역기능적 진로사고, 정서지능, 학업몰입간의 관계 모형(2011),
한국노인의 성공적 노후 개념에 대한 암시적 타당화(2011),
교원능력개발평가의 지표 개발에 관한 연구(2011) 외

▌성인학습 및 상담▐

1판 1쇄 발행 2012년 6월 7일
1판 2쇄 발행 2014년 2월 20일
2판 1쇄 발행 2016년 8월 30일
2판 3쇄 발행 2025년 2월 28일

지 은 이 | 나항진 · 강갑원 · 권희완 · 김경미 · 박성희 · 송선희
발 행 인 | 박철용
발 행 처 | 양서원
주 소 | 경기도 파주시 직지길 522 파주출판도시
전 화 | 031-955-8000(代)
팩 스 | 031-955-8005
홈페이지 | www.yswpub.co.kr
이 메 일 | yswgroup@naver.com
출판등록 | 1987년 11월 24일 제 406-2003-037 호

ISBN 978-89-994-0565-5

정가 20,000원